科学出版社"十四五"普通高等教育本科规划教材
天津大学创新创业教育教材

创业法律实务

主　编　刘晓纯
副主编　郑春东　杨雅婷　薛　杨

科学出版社

北 京

内 容 简 介

本教材从法律视角，根据相关法律规定，对创业行为进行阐释，揭示创业的创新性甚至颠覆性属性所带来的创业者不得不面对的很多法律风险及对策。主要涉及企业创设、企业融资、企业财税、企业科技创新等相关法律。同时，本教材从创业的视角搭建逻辑架构，既有助于读者把握创业法律制度的全貌，也有利于读者快速检索出解决创业所面临的具体法律问题的答案。

本教材既可作为大学生创业类课程的教材，也可作为创业者的实用手册。

图书在版编目（CIP）数据

创业法律实务/刘晓纯主编. —北京：科学出版社，2023.5

科学出版社"十四五"普通高等教育本科规划教材 天津大学创新创业教育教材

ISBN 978-7-03-075504-9

Ⅰ.①创… Ⅱ.①刘… Ⅲ.①企业法-中国-高等学校-教材 Ⅳ.①D922.291.91

中国国家版本馆 CIP 数据核字（2023）第 081401 号

责任编辑：乔宇尚 张翠霞/责任校对：贾伟娟
责任印制：张 伟/封面设计：无极书装

科 学 出 版 社 出版
北京东黄城根北街 16 号
邮政编码：100717
http://www.sciencep.com

北京中石油彩色印刷有限责任公司 印刷
科学出版社发行 各地新华书店经销
*

2023 年 5 月第 一 版　开本：720×1000 1/16
2023 年 5 月第一次印刷　印张：12 3/4
字数：257 000
定价：59.00 元
（如有印装质量问题，我社负责调换）

前 言

创业是创业者及其搭档对他们拥有的资源或通过努力能够拥有的资源进行优化整合，从而创造出更大经济或社会价值的过程。创业是创业者及其搭档对他们拥有的资源或通过努力获取的资源进行优化整合，从而创造出更大的经济或社会价值的行为过程。

创业是一种商业行为，但由于其创新性甚至颠覆性，难免遭遇很多法律问题。然而，在目前创业领域的教材当中，对法律相关的问题与对策的阐述十分匮乏。《创业法律实务》正是对这一现状的回应，教材编写团队包含法学和经管专业的师资，从创业的视角搭建教材架构，从法学的视角提出相关创业法律问题的解决方案。

就法律部门而言，创业支持法律涉及民法、经济法、刑法、行政法、劳动法等众多部门法乃至整个法律体系。就创业过程而言，创业支持法律主要涉及企业创设、企业融资、企业财税、企业科技创新等相关法律。我们对目前我国创业支持相关法律、政策规定进行了系统的梳理和剖析，力图使本教材既可作为大学生创业类课程的教材，也可作为创业者的实用手册。

除了几位合著者以外，张盼、张子轩、盖鑫蕾、姜延顺、车天莹等同学分别参加了本书各章的资料搜集、整理工作，在此一并致以衷心的感谢。也感谢科学出版社为本教材提供的出版机会，感谢乔宇尚、张翠霞编辑的辛苦付出。

另外，本书将相关参考文献列于全书的最后，在此也向这些文献的作者致以崇高的敬意。

创业活动涉及的法律、政策都在不断修订或新增，本书只能以编写时的规定为内容，希望广大读者能够不断跟进最新的法律法规和政策；同时，由于编者能力所限，不足之处在所难免，恳请大家批评指正。

目　　录

第一章

创业项目的法律识别

【学习目标】

1. 掌握创业项目合法性识别的两个基本步骤以及主要工作内容。
2. 能说出创业团队合伙协议的主要内容和需要注意的问题。
3. 知道与创业密切相关的法律有哪些。

创业是富民之本、发展之基、崛起之途。推进全民创业，是激发全民创业激情，让一切生产要素的活力竞相迸发、让一切创造财富的源泉充分涌流的有效途径。目前，大学生创业成为一种趋势。为加强对创新创业教育人才的培养力度，从多个不同的层面来培养学生的创造能力、创新精神与创业意识，首先应当做好大学生创业项目的法律识别，强化大学生创业法律风险的防范，明确大学生创业的路径选择和资源整合，为大学生成功创业保驾护航。

第一节　创业项目的合法性识别

笔者近年在天津所作的一项关于大学生创业失败原因的调查显示，60%的大学生创业者认为创业资本与融资情况是影响创业成功的根本原因，90%的创业者认为缺乏核心技术与优秀创意是导致企业难以为继的主要原因，30%的人认为社会资源稀缺是最终导致创业失败的关键，仅有5%的大学生创业者认为缺乏法律知识对创业存在不利影响。很多大学生创业者受教育体制和专业背景的限制，自身缺乏系统、基本的法律知识，在选择创业项目时往往忽视法律在创业过程中的作用，遇到纠纷时难以采取法律途径保护权利，创业活动面临诸多法律风险。由此可见，对于大学生创业者而言，必要的法律知识储备对创业项目的合法性识别，以及创业过程中的风险防范和处理都有着至关重要的作用。

一、创业项目的合法性

创业项目是凝聚创业团队、吸引创业投资人的一面旗帜，因此创业项目的选择是非常重要的。而创业项目，顾名思义，要有创新和突破，这就可能涉及法律的模糊地带，因此就会产生对创业项目的合法性识别问题。

曾经，海外代购作为一种新型商业模式，吸引了众多创业者的目光，但对于初创企业来讲，若没有对创业项目进行合法性识别，很容易出现涉嫌违法犯罪的情形。比如，"空姐代购案"中的前空姐李某某因从事代购业务、带化妆品入关长期不申报，涉嫌走私普通货物、物品罪被判处有期徒刑 3 年。因此，对创业项目进行合法性识别有助于创业项目的顺利进行。

在面对一个潜在的创业项目时，如何认定其是否合法成为一个关键性问题。就现行的法律规范来讲，根据不同的制定机关，可以分为宪法、法律、行政法规、部门规章等效力层级；从禁止效力来讲，又可以分为管理性规范和效力性规范。效力性规范包括以下两种情形：一是法律明文规定禁止某种商业模式或某种商业行为；二是法律没有明文规定，但这种商业模式或商业行为侵犯了公共利益，则违反了效力性规范。在创业的过程中，要善于识别创业项目，杜绝涉入可能违反效力性规范的地带。

对于既没有法律明文禁止，也没有侵犯国家利益与公共利益的行为，则属于管理性规范的规制范畴。创业在法律性质上属于商事行为，可以适用"法无禁止即自由"的法律原理。因此涉及管理性规范的领域，对于创业者而言，可以说是一种机遇。例如 2009 年之前的快递业，许多快递公司一边缴纳罚款一边经营快递配送业务，最终倒逼了邮政法的修改。

具体而言，对创业项目进行合法性识别分以下两个步骤。

（一）合规性

对创业项目合规性的考察主要包括以下三个方面。

1）考察项目方是否有工商登记，其工商登记是否合法，还要注意项目方的工商登记是否在有效时间内。

2）若想加盟营业，要注意按照国家对连锁加盟的相关规定，即项目方必须满足"2+1"的条件（有两个以上直营店，且均经营了一年以上），才可以对外招商，这是国家为保护投资者利益出台的专门规定。

3）由于有些项目发起人会借用他人的营业执照去寻找投资人，所以投资者或合作方要辨识项目方所持有的营业执照是不是项目所有，还应注意项目方所提供资料中的企业名称和办公地址是否真实，以及与项目方提供的营业执照上的企业名称、地址、经营范围是否相符。如有不符，应当要求项目方给出合理的解释。在签约时，注意签字人要和营业执照上的法定代表人相符，并且应加盖营业执照载明的法人章。为了保险起见，也可以向发执照的工商机关查询。

（二）风险性

每个创业项目都是机遇与风险并存的，创业者要结合自身情况来选择适合自己的项目。为了尽可能将风险控制在可承受的范围内，投资者应在选定创业项目之前对其风险性进行充分的勘察，主要包括市场风险与管理风险两个方面。

1）市场风险。训练有素的创业者在投资一个项目前，一般都会制订完备的商业计划，并以商业计划书作为进一步行动的指导方案。其中，"市场调查"是商业计划书的基础，市场调查的内容包括：生产者供应、消费者需求、销售渠道、新产品发展趋势，以及市场竞争的有关情况。

2）管理风险。要规避创业项目的管理风险，需要了解项目方的管理机制和管理力度，应注重考察项目方的管理机制是否完善、合理，管理力度是否恰当，除此之外，还应考察项目方的用人能力和员工积极性。人才是创业的第一生产力，如果项目方用人和管理都有所欠缺，项目再好，其前景也是不容乐观的。

二、创业团队合作协议

在创业初期，许多创业团队的成员都是亲朋好友，因此忽略了合作协议的订立，这极可能为日后发生矛盾埋下隐患。由于人们都有趋利避害的心理，创业初期若没有设定合作协议，一旦涉及利益分配，就容易引发纠纷，而导致创业项目的失败。因此，尽可能详尽的创业团队合作协议对规避风险、定分止争有着重要的作用。

一般来讲，由于创业的项目不同，创业团队的合作协议内容也会相应不同，但大体而言，创业团队合作协议的条款应当包括以下内容。

（一）创业合作背景

合作背景往往很容易被忽略，但这恰恰是最为基础与重要的部分。探究合作背景，是对合伙人之间据以合作的资源进行整合、分析，是对合伙人之间各自的角色定位和对项目的贡献的梳理过程。

（二）创业项目概述

创业项目是合作事业的载体，项目概述部分应当包括项目类型、经营范围、领域、定位、运营模式、项目推进计划、发展愿景等。

（三）出资

根据企业法律制度的规定，合作各方可以用货币出资，也可以用建筑物、机器设备或者其他物料、工业产权、专有技术、场地使用权等作价出资。出资期限应明确约定，包括资金到位、动产和不动产权利转移的具体日期等，在创业团队中，常见的转移是工业产权的权益转移。出资方式及出资期限需要予以明确约定，以确保合作人的合作资源及时到位，保证创业项目的顺利推进。

在创业实践中，创业者计划合作设立有限公司进行创业时，有的创业者没有足够的资金，却有着丰富的社会资源、管理经验和创业思路等，但是《中华人民共和国公司法》（简称《公司法》）规定劳务不得作为出资方式，原因在于劳务无法评估作价，一旦公司财产不足以清偿债务时，债权人很难主张劳务出资股东的责任。如果创业思路有广阔的市场前景，一般不会缺乏资金充足的投资者。但是在创业思路并不被认可，创业者又希望通过管理经验等劳务形式进行出资的情况下，在法律规定的范围内，采取什么形式才可以实现以劳务出资，或者如何才能入主创业企业呢？可以考虑以下几种劳务出资的实现路径。

1. 约定认缴期限

《公司法》规定公司股东可自主约定公司注册资本的认缴期限，对于计划以劳务出资的股东来说，这是一条很好的途径，即基于公司设立时需要资金运营，可约定资金出资股东实缴出资，但创业者共同约定劳务出资股东无须于公司设立时就实缴出资，而是约定公司设立后的几年乃至十几年之后再缴足。当然，需要提醒大家注意以下两点：①虽是认缴出资，但是公司资不抵债时，认缴期限有加速到期的风险；②投资协议或公司章程中需要对分红比例、表决权比例及增资比例的依据等相关条款进行特别约定。

2. 提供资金出资股东购买劳务

具体路径为：由资金出资股东向劳务出资股东提供无偿借款或赠与资金，之后双方以各自持有的资金进行投资设立公司，根据约定设定股权比例。但是此种方法对于资金出资股东来说，会存在较大的风险，这需要敏锐的投资嗅觉与较大的魄力；对于劳务出资股东而言，在资金出资股东向其无偿借款时，一定要对借款事项及基础法律关系进行明确约定，避免之后因投资失败而产生借款纠纷。

3. 搭建持股平台

根据《中华人民共和国合伙企业法》（简称《合伙企业法》）的规定，允许普通合伙人以劳务出资，只要全体合伙人协商确定劳务出资的评估办法，并在合伙协议中载明即可，且普通合伙人可以作为有限合伙企业的执行事务合伙人，合伙企业持有的公司股份由其掌控。这就为创业者以劳务出资设立企业提供了路径，劳务出资股东可以设立有限合伙企业，也可以以有限合伙企业作为股东的形式设立创业企业。但是需要注意两点：①普通合伙人需要对合伙企业的债务承担无限连带责任，对普通合伙人来说存在一定的风险；②设立有限合伙企业作为持股平台，存在资金及管理成本。

4. 约定出资比例与表决权比例不一致

根据《公司法》的规定，公司股东可以通过公司章程对表决权比例进行约定，表决权比例并不需要与出资比例相一致。据此规定，在公司设立时，以劳务出资的股东可以通过很少的出资，以章程约定的形式获得比出资比例高的表决权比例。此种形式既保证劳务出资股东的股东身份，也能确保其参与公司决策。但是此种情况客观上加重了资金出资股东的责任，因此需要在设立时进行明确约定，同时需要注意的是，公司章程中的分红比例以及增资比例也需要做出明确约定。

（四）股权比例

一般而言，出资比例就代表了股权比例。但如上所述，创业团队在制定合作协议时除了要考虑资金因素，还应考虑合作各方对项目的其他综合贡献因素和价值，并且在设计股权结构时，还必须要考虑股权激励池、未来融资及引进新合作人的股权代持等问题。所以，在股权比例条款中，不仅要做常规约定，对于存在代持情况的，应以特别条款予以明确。

（五）分工

明确分工的重要性在于能够将合作人在项目中的职责以直观的方式予以落实，作为决策权限的依据。理想的合作人团队结构应当是各自独当一面，各司其职的。

（六）薪资

创业团队的创始人一般都是没有薪资的，如果需要象征性薪资的话，需要在合作协议中做具体的约定。

（七）财务

创业团队的财务应当规范，即使暂时没有配备专职或兼职会计人员，也应当规范资金保管、支出、记账和监督。

（八）决策和表决

合作人在创业企业中依法享有法定的权利，这点是毋庸置疑的。但创业的不确定性决定了其决策和表决权必然不同，因此必须引入分歧表决规则。

（九）股权稀释

创业项目在融资时肯定要稀释股份，一般而言，创始人的股权都是按股权比例平等稀释，但也有不作平等稀释的情况，同时也可能会有股份代持的特殊情况。因此，对于股权稀释，应根据不同情况，作具体安排。

（十）创业项目保护

在创业过程中，创业团队可能会因为各种分歧，导致合作人分崩离析，部分合作人退出。退出的合作人一般会带走创业积累的技术、知识、经验和模式，另起炉灶。

为防止这种情况出现，创业团队在合伙协议中必须加入保密、竞业限制、同业禁止、全身心投入和商业模式保护等条款。其中，商业模式保护条款比较少见，在美国，商业模式是受法律保护的，目前中国的知识产权保护法律里面，对于商业模式，法律未将其列入保护范围，但不意味着合作人不可约定。所以，在合作协议中加入商业模式保护条款是具有法律效力且必要的，即如果大家对创业项目的商业模式进行明确约定，那么合作人一旦另起炉灶甚至泄密，就应当依约承担违约赔偿责任。

（十一）股权转让、退伙和吸收入伙

首先，对于公司企业而言，为保证创业项目的稳定性，合作协议一般禁止合作人对外转让其股份。

其次，对于合伙企业而言，创业过程中，部分合伙人因各种原因退出，以及因项目需要引进新的合伙人，属于常态，因此合伙协议对退伙的准许事由、退伙流程，以及吸收入伙条件、表决和流程进行详尽的约定是有必要的。

（十二）清算

对创业失败后合作事业、财产的清算流程和规则进行约定，特别是对创业过程中取得的知识产权成果的清算，能够让合作人无后顾之忧，同心协力，同舟共济，且有效保证项目的推进。

三、创业组织财务

在企业创立初期，能否对企业资金管理得当，也是企业财务管理中重要的一环。笔者近年在天津高校进行的调研显示，创业大学生群体中仅有 1/3 左右学习过财务管理或市场营销相关知识，大部分创业者由于相关知识的欠缺，可能会在创业及未来发展过程中遇到种种困难。大学生在创业初期面临多重压力，一般会把企业的重心放在产品的生产、销售、人员管理以及制度建设等方面。由于企业管理经验不足，创业者往往忽略财务管理工作，或者把财务管理等同于简单的会计记账，无暇顾及企业成本管理、未来的财务预测和潜在的财务风险。创业者没有控制成本、优化企业资源的意识，一旦企业遇到外部环境变化、资金回收困难、严重亏损等经营风险，就会因为没有相应的财务管理而导致创业失败。

在创业初期，大多数的创业者会面临资金短缺、难以周转的问题。资本市场的资金基本没有注入大学生创业企业，创业资金一般来源于政府创业相关资金支持、高校创业资金支持、创业者自筹和内部合资等几个有限的渠道。有一半以上的大学生是通过自筹、合资的方式获得创业所需要的资金，仅有极少数大学生能通过风险投资的方式获得资金。对刚刚起步的创业者来说，通过众筹平台发起股权众筹、获得风险投资，不失为快速获取资金的办法。但是，对于很多创业者来说，由于存在难以解决的因出资人众多而导致的财务、人员管理方面的问题，再加上对股权、债务的审计困难重重，使得这些投资渠道往往很难成为其主要的资金来源。经营者对流动资金的管理不到位，也会导致一系列问题。资金可能在不同时间出现短缺，这一方面可能由于企业在市场预测或销售环节出现问题，导致存货过多；另一方面也存在一些企业，在创业初期为了抢占市场而采取赊销等销售方式，有些应收账款往往很难及时收回，甚至形成坏账。管理好流动资金，企业能够正常运转，才能使企业健康地发展。

创业者应该认识到财务管理的内容绝不仅仅是简单的算账、记账，而是通过经营者的预测、管理做出更好的决策并及时规避风险，从而保障企业能够顺利发展。另外，健全财务管理制度是非常必要的。在创业初期，由于资金往往来源于自筹、父母帮助筹集或同学合资，创业大学生往往很容易将企业的财产与创业者的个人财产、家庭财产混同，一般很少建立专业的会计账目。即使有，也常常存在记录过于简单、内容不清晰、记错的现象。这些做法容易导致企业的财务状况混乱，从而影响创业者判断企业财务状况并采取相应的措施，甚至会导致企业面临严重的法律风险。

在法律上，由于公司企业具有独立人格，以自己的全部资产对外承担责任，股东仅以出资为限承担责任，这意味着公司即使经营失败，股东的损失也是具有可预期性的。但是，若股东资产与公司财产发生混同，则股东应当以全部资产对公司债务承担连带责任。《公司法》第二十条规定："公司股东应当遵守法律、行政法规和公司章程，依法行使股东权利，不得滥用股东权利损害公司或者其他股东的利益；不得滥用公司法人独立地位和股东有限责任损害公司债权人的利益。"比如，如果经营者利用自己对公司的绝对控制优势，将企业资金用于个人财产的购置，却以公司的名义承担债务、随意挪用公司财产、允许公司为其个人贷款提供担保，甚至从事非法活动等，会使公司承担与经营无关的巨大风险。股东的过度操纵，会造成公司实际上失去独立的法人人格，还可能违法甚至构成刑事犯罪。

所以，创业者在企业建立的初期就应当建立并健全合理、完善的财务制度，应当在财务方面把企业当作一个独立的个体。只有把企业作为独立承担民事责任、独立享受民事权利的个体，才能避免个人财产与公司财产混同的情况。

四、创业项目的知识产权保护

作为创业、创新主体，企业的成长性直接决定了我国市场的繁荣程度，因此，如何避免初创企业在知识产权方面遭遇高风险，有效保护创业项目自主知识产权利益不受侵害成为核心问题之一。

在激烈的国际国内竞争中，面对百年未有之大变局，我国企业的生存、发展面临着很多困难，特别是在知识产权方面，存在着诸多法律风险。初创企业忽视保护创新成果知识产权的问题也比较突出。因此，企业遭受侵权后有时无法得到法律的支持。另外，还有一些企业不愿下功夫搞创新，单纯地希望"利用"他人的智力成果作为其致富的捷径，以致陷入侵犯知识产权的违法境地。

因此，创业之路行稳致远的根本保障之一就在于，明确如何保护企业自主知识产权并且将企业发展过程中的相关风险降到最低。只有真正认识到这一点，创新创业企业的发展战略才能顺利实现。

首先，创业者必须转变观念，把知识产权的创造、管理和运用作为自己占领市场、提高企业竞争力和活力的重要法宝。应根据国家有关政策，制定适合本企业的知识产权战略规划；大力加强对高新技术企业管理和科技人员的培训，增强企业的知识产权保护观念，使企业全体员工充分认识知识产权保护对企业发展的重要性；特别是企业领导者、决策者要有对知识产权保护的紧迫感、责任感，改变落后的观念，增强企业的自我保护意识。

其次，企业根据规模和特点，可以考虑设立专门的工作机构，配备专职人员，建立知识产权档案，加强对企业自主知识产权的维护与管理。应制定相关规章制度，界定企业与发明人、设计人之间的权责关系，明确对企业关键技术的保密措施，完善技术秘密保护制度。其中保密协议和竞业限制协议尤为重要，对工作内容涉及公司机密或者核心技术的员工，有选择性地签订保密协议和竞业限制协议，也能较好地保护商业秘密。同时，发现侵权行为应及时采取措施。

最后，加强行业信息互通、合作。预防是最有效的。企业与企业牵手协作，就是要根据不同行业特点把企业组织起来，让企业与企业之间及时交流各类知识产权信息，互相沟通，经验共享，共同预防侵权行为的发生。各企业还可以签署共同宣言，交流、座谈，通过研究已经发生经济类违法犯罪情况的企业，及时总结教训，防患于未然。

五、人力资源管理

创业企业还应当重视人力资源规范化的管理和运作。

一些企业通过与劳动者签订协议，而不为劳动者缴纳或者是少缴社会保险。一旦有职工离职时，劳动者以用人单位没有为其缴纳或者没有为其足额缴纳社会保险为由提起劳动争议仲裁或到社会保障部门投诉，劳动者要求补缴社会保险的请求必然会得到法律的支持。其他在职员工看到第一位劳动者胜诉后，也必然纷纷效仿。最终，公司因在创业初期不重视对劳资进行法律化、规范化的管理而面临巨额的资金危机，导致初创企业陷入窘境。

因此，良好的人力资源管理模式有利于初创企业平稳度过创业期，进而顺利发展，最终实现产能最大化、经济价值最大化。企业在发展过程中，必须要在当前阶段企业自身发展形势的基础上，探索和实践与企业本身相适应的人力资源管理模式，以满足员工合法的生活和心理需求。

第二节　创业者与创业团队

在"大众创业、万众创新"的时代，越来越多的人加入创业的队伍。人们创业情绪高涨的同时，创业竞争也越发激烈。创业者自身能力和素质是否适合创业，需要在进行创业之前做出一个客观的、尽可能量化的评估，并以此结论作为是否适合进行创业的参考依据。另外，竞争的加剧，也对创业者的创新创业能力和创业团队的组织架构提出了新的要求。

一、创业者必要的法律思维

很多创业者认为法律只是在涉诉时才会用到。实则不然，法律思维和法律手段不仅能够帮助创业者解决业务和管理上的难题，还能规避经营风险，创造商业利益。

在经营风险层面，必要的法律知识可以帮助创业者识别项目的合法性与机会性，选择符合国家法律规范且有发展前景的领域进行创业。另外，创业项目与品牌都凝聚着创业者的智力成果，如何保护自身的智力成果，让它的经济效益最大化，同时避免侵犯他人的智力成果，是企业面临的最为核心的问题。知识产权相关的事务贯穿企业业务运作的始终。

在企业管理层面，除了基础的合同管理以及期权管理，人事管理的问题对于创业企业来说尤为突出。拥有强大的创新创造能力的人才是创业领域的稀缺资源，良好的人才挖掘与管理都需要相关法律知识支撑。

在基础架构层面，许多行业都有着自身特殊的准入规则。例如文创行业，在文化产业被列为国民经济支柱产业的背景下，多地政府对文创企业有着各具特色的扶持制度。充分利用政策利好，避开企业融资、股权分配时的常见风险，需要创业者对国家法律法规等具备一定的认知与了解。

二、创业团队的组建

创业团队的组建是整个创业过程中非常重要的一环，是成功的基石。

当下的社会，看重竞争也看重合作，企业越来越重视团队。对于创业来说，大多数项目是一个人很难完成的，所以需要采取团队合作的形式进行。创业团队的组建会受到多方面因素的制约，也存在缺乏规章制度的情况。比如，熟人组建起来的创业团队，碍于情面，担心清晰明确的权利义务以及利益分配条例影响情义，故而，团队在利润分配、人员安排、绩效考核等方面缺乏严格的规章制度，导致权责不清，人员工作量分配不均，相互推诿，缺乏活力，矛盾频发，效率低下。

无规矩不成方圆。清晰明确的规章制度，会将权、责分配到各个职位，各个职位对应到个人，也使得利益分配有据可依，绩效考核有证可考。成文的规章制度如果能够严格地执行与监督，发挥其应有的作用与价值，则可以合理、有效地解决矛盾冲突。

第三节　创业资源的整合

创业资源是指初创企业在创造价值的过程中需要的特定的资产，既包括有形与无形的资产，也包括直接与间接的资源。它是初创企业创立和运营的必要条件。能否整合、利用好创业资源，对创业的顺利与否具有关键性作用。创业资源可以分为物质资源、资金资源、人才资源以及智力成果四大类。创业者在创业期间，一方面，需要积极地拓展社会资源的获取途径，提高创业团队自身的资源吸引力；另一方面，还需要不断地丰富相关法律知识，加强企业资源优化和法律整合能力，促使企业更优质更长远地发展。

一、物质资源层面

物质的法律特征体现为非人格性，可以为人力所支配和控制，具有独立价值。在创业期间整合物质资源的过程中，应当注意遵守《中华人民共和国民法典》（简称《民法典》）物权编的基本原则与相关制度。

（一）《民法典》物权编的基本原则

《民法典》中有关物权的基本原则包括物权法定原则、公示公信原则和物权平等保护原则。

1. 物权法定原则

《民法典》第一百一十六条规定："物权的种类和内容，由法律规定。"这一规定就是物权法定原则的体现。物权法定原则要求物权的类型，各类物权的内容、效力，以及创设的方式，都由法律直接规定，不能由当事人任意创设。倘若违反物权法定原则，即不发生物权效力，但不影响合同效力。

2. 公示公信原则

公示是指以一定的方式使公众知悉物权变动的事实。物权的公示分为物权存在的公示以及物权变动的公示。其中，动产以占有为物权存在的公示，交付为物权变动的公示；而不动产以不动产登记证书的记载为物权存在的公示，以不动产登记的变动为物权变动的公示。公信，又叫公信力，物权的存在和变动符合法定公示方式的就具有可信赖的法律效力。依公信原则，物权变动经公示的，即发生物权法上的效力，即使公示所表现的物权状态与真实的物权状态不相符合，不经确权诉讼，也不影响后续物权变动的效力。

3. 物权平等保护原则

《民法典》第二百零七条规定："国家、集体、私人的物权和其他权利人的物权受法律平等保护，任何组织或者个人不得侵犯。"这是一个立法理念的进步，也是对宪法规定的自然人财产权利的有力确认。当然，国家拥有的物权不仅受《民法典》的保护，也受《中华人民共和国企业国有资产法》的保护。从整个法律体系的角度而言，我国法律对国家、集体财产的保护较对一般自然人的物权保护更加全面。

（二）具体的物权制度

物权包括所有权、用益物权和担保物权三大类。

1. 所有权

所有权是所有权人依法对自己的财产（包括不动产和动产）所享有的占有、

使用、收益和处分的权利。它是一种财产权，又称财产所有权。所有权是物权中最重要也是最完全的一种权利。当然，所有权在法律上也受到一定的限制。最主要的限制是，为了公共利益的需要，依法按照法律规定的权限和程序可以征收集体所有的土地和单位、个人的房屋及其他不动产。财产所有权的权能，是指所有权人对其所有财产依法享有的具体权利，包括占有权、使用权、收益权和处分权。

2. 用益物权

用益物权是权利人对他人所有的不动产，依法享有占有、使用和收益的权利。用益物权包括土地承包经营权、建设用地使用权、宅基地使用权、居住权和地役权。国家所有或者国家所有由集体使用，以及法律规定属于集体所有的自然资源，单位、个人依法可以占有、使用和收益。此时，单位或者个人就成为用益物权人。因不动产或者动产被征收、征用，致使用益物权消灭或者影响用益物权行使的，用益物权人有权获得相应的补偿。例如创业中的民宿项目，可以是创业者在农村租集体所有的土地来进行经营，这就涉及农村集体建设用地使用权。

3. 担保物权

担保物权是权利人在债务人不履行到期债务或者发生当事人约定的实现担保物权的情形，依法享有就担保财产优先受偿的权利。债权人在借贷、买卖等民事活动中，为保障实现其债权，需要担保的，可以依照《民法典》物权编和其他法律的规定设立担保物权。担保物权依据《民法典》的规定，具体分为抵押权、质权和留置权。同时，较以前的民事法律规定，《民法典》确认了流质流押的合法性。

二、资金层面

资金要素包括自有资金与借贷资金。

（一）自有资金

对于初创企业来讲，自有资金的可能来源包括向他人借款、各创业者自行出资，创业者可以对自有资金进行占有、使用、收益。自有资金的性质是货币，货币的特殊性质在于，货币的直接占有人被依法推定为货币的所有权人。生活中较为多发的情形是储户将存款存在银行，那么该笔存款在银行储蓄期间，其所有权人为银行，储户拥有对银行的债权。这一点，法律的规定与人们的生活体验确实存在着差异。有这样一则案例，周某错将应当转给他人的 18 万元钱转给了王某，周某立即打电话与王某商议将钱退还，王某不答应。此时这 18 万元由于被王某直接占有，王某成了所有权人。周某只得将王某起诉到法院，与王某的其他债权人平等参与分配债权。

因此创业者在获取与整合资金要素时要格外注意货币的特性。上述案例中若是周某将货物错发给王某，则周某可以行使物上请求权，请求王某返还原物。

（二）借贷资金

借贷资金的来源包括向银行贷款、预收款等，这些都属于债权形式的融资方式。借贷资金的法律性质是债。

《民法典》第一百一十八条规定："债权是因合同、侵权行为、无因管理、不当得利以及法律的其他规定，权利人请求特定义务人为或者不为一定行为的权利。"债权是现代社会生活中民事主体的一项重要财产权利。享有权利的人是债权人，负有义务的人是债务人。债权人有权要求债务人按照合同的约定或者依照法律规定履行义务。债的关系和一切民事法律关系一样，必须基于一定的法律事实而发生、变更和终止。创业过程中借贷资金的获取与整合就会形成合同之债。债权人有权按照合同约定，请求合同义务人履行合同义务。

合同关系具有相对性，合同债权人仅有权向合同债务人请求给付，一般无权向不特定人请求给付。但相对性原则在现代合同法上已有所突破，如：在由第三人履行的合同中合同债权人有权请求第三人为给付；租赁权已物权化，具有绝对性，即所谓的"买卖不破租赁"；期房债权因登记备案而有绝对效力等。

合同债权具有相对性，非排他性，因此对同一客体可成立多个合同债权，并且不论发生先后均以同等地位并存。在债务人财产被法院依诉讼程序强制执行又不足以清偿全部债务时，依债务人的总财产数额，在数个债权人之间按各个债权数额的比例分配，但租赁权因其物权化而有优先性，期房债权因其登记备案而有优先性。

三、人才资源层面

在创业阶段，企业常常会大量征集人才，以满足经营需要，却往往忽略了因此而产生的法律风险。

（一）竞业限制协议

创业中最为重要的是人才，很多创业团队为了征集经验技术和管理经验丰富的人才，会对已经在其他企业从业的人才抛出"橄榄枝"。但如果被延揽者与原单位签署竞业限制协议，则必须妥善解除该竞业限制协议，否则，其离职加入创业企业后，原单位一旦依据竞业限制协议提起诉讼，对创业企业非常不利。

《中华人民共和国劳动合同法》（简称《劳动合同法》）第二十三条规定："用人单位与劳动者可以在劳动合同中约定保守用人单位的商业秘密和与知识产权相

关的保密事项。对负有保密义务的劳动者，用人单位可以在劳动合同或者保密协议中与劳动者约定竞业限制条款，并约定在解除或者终止劳动合同后，在竞业限制期限内按月给予劳动者经济补偿。劳动者违反竞业限制约定的，应当按照约定向用人单位支付违约金。"《最高人民法院关于审理劳动争议案件适用法律问题的解释（一）》自2021年1月1日起施行。其第三十六条规定："当事人在劳动合同或者保密协议中约定了竞业限制，但未约定解除或者终止劳动合同后给予劳动者经济补偿，劳动者履行了竞业限制义务，要求用人单位按照劳动者在劳动合同解除或者终止前十二个月平均工资的30%按月支付经济补偿的，人民法院应予支持。前款规定的月平均工资的30%低于劳动合同履行地最低工资标准的，按照劳动合同履行地最低工资标准支付。"

可见，竞业限制是指用人单位和知悉本单位商业秘密或者其他对本单位经营有重大影响的劳动者在终止或解除劳动合同后的一定期限内不得在生产同类产品、经营同类业务或有其他竞争关系的用人单位任职，也不得自己生产与原单位有竞争关系的同类产品或经营同类业务。限制时间由当事人事先约定，但不得超过两年。竞业限制条款在劳动合同中为延迟生效条款，也就是劳动合同的其他条款法律约束力终结后，该条款开始生效。若创业团队中有成员受竞业限制条款所累，那么其在进行相关领域创业时，不得泄露原单位的商业秘密，否则应承担相应的法律责任。

（二）侵犯商业秘密

企业为了节约成本、缩短培养过程、迅速抢上新项目等，有时会直接利用引进的人才从原企业带来的技术资料、客户信息等，这就可能遭遇原企业的侵犯商业秘密、专利侵权等诉讼。

根据《中华人民共和国反不正当竞争法》（简称《反不正当竞争法》）第九条的规定，商业秘密是指："不为公众所知悉、具有商业价值并经权利人采取相应保密措施的技术信息、经营信息等商业信息。"经营者不得实施下列侵犯商业秘密的行为：

（一）以盗窃、贿赂、欺诈、胁迫、电子侵入或者其他不正当手段获取权利人的商业秘密；

（二）披露、使用或者允许他人使用以前项手段获取的权利人的商业秘密；

（三）违反保密义务或者违反权利人有关保守商业秘密的要求，披露、使用或者允许他人使用其所掌握的商业秘密；

（四）教唆、引诱、帮助他人违反保密义务或者违反权利人有关保守商业秘密的要求，获取、披露、使用或者允许他人使用权利人的商业秘密。

经营者以外的其他自然人、法人和非法人组织实施前款所列违法行为的，视为侵犯商业秘密。

第三人明知或者应知商业秘密权利人的员工、前员工或者其他单位、个人实施本条第一款所列违法行为，仍获取、披露、使用或者允许他人使用该商业秘密的，视为侵犯商业秘密。

就创业企业而言，若员工曾以不正当手段获取了前单位的商业秘密，又将该秘密泄露给创业企业，那么创业企业就涉嫌第三人侵权。

四、智力成果层面

在创新创业的过程中，就智力成果的保护而言，是先为产品申请专利保护，还是先将产品投放市场占领先机？多数创业者一般都会选择先做产品，市场效果反响好再进行专利保护，这种策略有其合理性，但也有在产品成功后专利却被他人先行申请的案例。因为在产品投入市场到收到效果反馈这一段时间内，很有可能出现相同、相似的产品并提前进行了专利申请。对产品的专利保护是否及时，有时会影响到企业的发展。

可见，创业企业在智力成果的保护上，应该根据企业智力成果的特性和对产品未来的愿景，制定符合企业需求的智力成果保护措施。

【练习与思考】

1. 你最推崇的企业在创业之初，在创业项目的选择、创业团队的组建等方面给你提供了哪些宝贵的经验？

2. 你所体会到的法律思维的具体思维方法有哪些？

第二章

创业成员关系

【学习目标】

1. 知道创业成员合作框架协议与其他企业成立法律文件相比所具有的特殊性。
2. 掌握合作框架协议的主要内容。
3. 能说出创业团队激励与道德风险约束的基本方法及其相互关系。
4. 了解契约精神的内涵及其对企业发展的作用。

创业实践活动发生在人与人之间的微观社会互动情境之中。创业企业面临的一个首要问题是如何处理创业成员之间的关系。在创业过程中创业成员的关系会对创业团队的存续和发展产生深刻影响，初创企业的成功往往离不开和谐的成员互动关系，需要将成员及其拥有的不同人力资本进行融合，团队成员间不良的人际互动关系可能导致冲突进而引起敌意和怨恨，致使团队成员产生不满甚至退出。因此，成员关系一直是困扰团队创业的突出问题，甚至是导致创业失败的主要原因之一。本章从契约的角度出发，将合作框架协议作为纠纷产生时的解决依据，以期为创业企业提供源源不断的发展助力。

第一节　创业成员间的合作框架协议

合作创业的组织体都是利益共同体。人都有趋利避害的心理，如果在一开始就没有详细的合作框架协议，以后就有可能因为利益纠纷出现纷争。一份详尽的合作框架协议不仅能防止纷争，也是对创业成员彼此权利义务的保护和规范，更能为企业长久的存续和发展提供助力。因此，在创业初期，应了解创业成员间的合作框架协议与相近协议的异同，从而尽可能详尽地约定创业团队成员合作框架协议。

一、合作框架协议与公司章程的异同

合作框架协议和公司章程可以说是公司自治的两个基础法律文件。合作框架协议也被称为股东协议。公司章程是指由公司股东（发起人）共同制定并对公司、股东、公司经营管理人员有约束力的调整公司内部关系和经营行为的自治规则，它是以书面形式固定下来的反映全体股东共同意思表示的基本法律文件。

（一）合作框架协议与公司章程的联系

合作框架协议与公司章程的相似之处，首先表现为功能上的相似——都是股东实现公司自治的工具。公司章程是公司股东意思一致的合意或多数决通过的结果，公司章程的形式与内容均体现了股东的集体意志。与之相似，合作框架协议也是所有参与缔约股东意志的集中体现。对于《公司法》允许股东意思自治的内容，股东既可以通过公司章程对之予以填补或变通，也可以借由缔结合作框架协议实现上述功能。总之，无论是公司章程还是合作框架协议，事实上都可以起到实现公司自治的作用。

其次，合作框架协议与公司章程在内容上也可能存在重合的情况。《公司法》明确了公司章程必须记载公司住所、注册资本等法定记载事项，公司章程同样也可以记载非法定的记载事项。股东可以通过公司章程对股权转让加以特殊约定，或者就红利分配做出特殊安排。当公司章程没有规定该内容时，股东可以通过协议的方式进行约定。而且在实践中，也存在股东在通过公司章程的同时签订合作框架协议的情况。

最后，合作框架协议可以发挥弥补章程内容不足的作用。相较于公司章程订立、修改、公示的法定程序，合作框架协议无论在形式还是内容上都更为灵活，因此，出于方便与保密的需要，股东可以通过协议的形式约定公司章程未能规定或者不宜由其规定的事项。

（二）合作框架协议与公司章程的区别

尽管合作框架协议与公司章程之间存在相似之处，但两者之间仍有诸多不同。首先，合作框架协议与公司章程最为显著的差异体现为两者法律地位的不同，合作框架协议从形式上而言是一种合同，但公司章程至少就以下几个角度而言，更应被视为一种具有法律规范意义的自治规则：①公司章程是《公司法》要求的设立公司必备的法律文件。《公司法》对公司章程的记载事项、决议通过、章程效力均有明确的规定，公司章程是公司的"宪章"。公司章程在订立程序与内容上，更多地体现了国家强制色彩，而崇尚形式自由、内容自由的合同自由原则并非公司章程的设立原则。②公司章程不仅对参与章程表决的股东有效，对其他股东以及

公司董事、经理等高级管理人员都具有约束力，而这与合同效力的相对性是完全不同的。③公司章程虽然是股东意志的体现，但是公司章程的效力需要经过严格的认定，如果公司章程存在与《公司法》相违背的规定，那么公司将会承担设立失败的后果，这与合同效力认定中积极认定合同有效的认定态度存在显著的区别。因此，公司章程不宜被视为一种合同，而应被视为一种具有法律规范意义的自治规则。相较于公司章程，合作框架协议在《公司法》上并非不可或缺。《公司法》并没有明确合作框架协议在公司中的地位，合作框架协议存在与否对于公司设立和存续并不存在法律意义上的必要性，合作框架协议更多的是股东为满足公司权力分配或者实现股东权利义务调整的一种补充的自治措施。

其次，合作框架协议与公司章程的制定主体和修改程序也不相同。公司章程虽然可能是由部分股东制定的，但是公司设立时的公司章程必须由全体股东一致同意才能够通过，就此意义而言，公司章程的制定主体可以理解为全体股东。合作框架协议却并不一定是由全体股东参与协商而缔结的产物，这是其与章程存在的一个明显的差异。这种差异还体现在两者的修改上，公司章程在公司治理中居于"宪章"的地位，因此我国对公司章程的修改采取较为谨慎的态度，规定只有在 2/3 以上股东同意的情况下才能通过公司章程的修正案，这种修正规则更多地体现其自治规则的属性。与章程修改不同的是，合作框架协议只有在全体缔约股东一致同意的情况下才能够修改，这是因为合作框架协议从形式上而言与合同相同，合作框架协议的修改与合同变更相同，必须有缔约方的一致意思表示方可，因此合作框架协议是全体缔约股东意志的体现，更多地体现了其合同属性。

再次，合作框架协议与公司章程在约束力范围上也存在显著的差异。作为公司治理的"宪章"，公司章程在公司治理中的作用是全方位的，这也意味着，公司章程必然要对公司中的多数成员产生拘束力。《公司法》第十一条规定："设立公司必须依法制定公司章程。公司章程对公司、股东、董事、监事、高级管理人员具有约束力。"由此可见，公司章程效力也体现出了公司章程具有自治规则的属性。与公司章程不同，合作框架协议仅仅在缔约主体之间具有约束力，除非该协议授予协议外第三人以权利。

最后，两者在公开与否上也存在不同。作为公司的"宪章"性文件，公司章程不仅对公司治理具有重要影响，对公司外第三人尤其是潜在的股东与潜在的债权人也具有重要的参考意义，上市公司章程更是如此。因此，《公司法》第十二条规定："公司的经营范围由公司章程规定，并依法登记。"不仅如此，公司章程也需要对外加以公示，以便更好地让公司外第三人了解公司的基本情况。《民法典》第六十六条规定："登记机关应当依法及时公示法人登记的有关信息。"作为公司登记时必须提供的材料，公司章程自然在公示范围之内。与公司章程相比，目前各国并没有关于合作框架协议必须公示的立法，我国也没有规定合作框架协议需要对外公示，也正是这一原因成就了合作框架协议的保密性优势，这使得股东乐于通过协议对公司行使权利、对股东间的权利义务加以安排。

二、合作框架协议与股东会决议的异同

股东会决议，亦称公司决议，是指经股东表决而形成的公司意思表示。股东会不仅仅是公司必须设立的机关，还是公司的权力机关。股东会决议的本质是参与股东会表决的股东的集体意志的体现，因此，股东会决议与合作框架协议在内容与形式上也存在诸多相似之处。

（一）合作框架协议与股东会决议的联系

首先，合作框架协议与股东会决议的性质相近。依照法律行为是否由一方之意思表示而成立，法律行为有单方法律行为、多方法律行为与共同法律行为三种。合作框架协议的性质相对而言较为简明，不论参与缔约的股东人数多少，合作框架协议都是按照彼此意思表示一致而缔结的，因此合作框架协议从本质上而言是一种合同。而股东会决议之性质为共同行为，共同行为是指两个或两个以上的主体意思表示一致而达成的法律行为。与多方法律行为相比，在共同行为中，当事人的意思表示往往是平行而非相对的，而且共同行为往往要求一定的形式要件，通常表现为行为主体通过表决的方式形成共同的意志。虽然股东会决议与合作框架协议存在以上的区别，但在实践当中，合作框架协议中的意思表示通常也不是相对的，股东（创业团队成员）常常通过协议约定股份转让程序或者董事会人选，这些均是股东之间"平行"意志的体现。可见，至少在意思表示形式上，合作框架协议与股东会决议存在诸多相似之处。由于法律行为的核心在于意思表示，所以合作框架协议与股东会决议在性质上具有相当的近似性。

其次，两者法律行为主体重合，在某种程度上甚至可以转换。股东会决议，顾名思义，必然是以股东为主体做出的决议行为。虽然有理论强调了其他主体如债权人、职工等对公司亦具有重要影响，但是《公司法》依旧规定股东会决议只能由股东参与，只是在股东会决议损害非股东的利益时，允许其他主体请求撤销该决议或者认定决议无效。合作框架协议更是如此，作为一种合同，狭义的合作框架协议只能由股东缔结。而且，在同一个公司当中，股东会决议主体与合作框架协议主体存在高度的重合，因此实践中也不乏股东（创业团队成员）在达成股东会决议的同时缔结合作框架协议。另外，虽然股东会决议存在多数决通过的形式要件，但如果将合作框架协议中的所有股东全体意思表示一致理解为一项比多数决更为苛刻的形式要件，那么合作框架协议与股东会决议在形式要件上的区别就很小了。

最后，两者在内容上也存在高度的重合。公司章程、股东会决议、合作框架协议是公司自治的三种途径。与后两者相比，公司章程在形式与内容上都较为固定，在我国的实践中，公司章程往往是对《公司法》相关内容的"复制"，对于公司章程未尽事宜，股东通常会通过决议或者协议的方式加以弥补。如此即意味着，股东会决议、合作框架协议所商定之事项常常是《公司法》与公司章程规定内容之外的事项。《公司法》仅规定部分事项必须由股东会决议决定，因此，其他事项诸如公司红利分配方式、公司股权转让程序、公司管理人员选任等都可以通过股东会决议或者合作框架协议加以商定，这意味着，合作框架协议与股东会决议在内容上往往具有较多的重叠。

（二）合作框架协议与股东会决议的区别

尽管合作框架协议在诸多方面表现出了与股东会决议相似的特点，但是合作框架协议与股东会决议仍然存在诸多差异，比如，合作框架协议的效力认定不能适用《公司法》有关股东会决议效力认定的相关规定。当然，尽管合作框架协议的效力认定可以借鉴股东会决议的效力认定，但是基于以下差异，明确合作框架协议的效力认定标准仍然是必要的。

首先，合作框架协议与股东会决议的内容不完全一致。尽管合作框架协议与股东会决议在内容上存在较多的重叠，但是正如前文所述，根据《公司法》的相关规定，某些特定事项仍然只能通过股东会决议以及公司章程而非合作框架协议加以决定。

其次，合作框架协议与股东会决议的形成规则存在明显区别。我国对股东会决议的形成有明确的规定，根据股东会决议内容的不同，股东会决议的成立需要半数或 2/3 多数股东同意。与之不同的是，合作框架协议的成立则遵循合同的要约与承诺程序，缔约股东就缔约事项达成一致时，合作框架协议即告成立。

最后，合作框架协议与股东会决议在履行主体和效力范围上存在明显的区别。这种区别直接决定了合作框架协议与股东会决议的效力认定必须采取不同的标准。股东会决议之主体虽然仅限于股东，但是表决通过的决议不仅是股东意志的体现，更是公司意志的体现，因此，股东会决议之效力在范围上与公司章程相同，对公司中的所有主体均具有约束力。如此即意味着，股东会决议不仅可以拘束参与表决的股东，即便是未参与表决的股东、董事、经理等其他管理人员也均须受到股东会决议的约束。相较于股东会决议强大的拘束力，合作框架协议则更为单纯，其从本质上而言属于合同，因此鉴于合同相对性原理，合作框架协议仅能拘束股东本身。股东会决议既是股东自治的体现，同时也是公司自治的体现，但是合作框架协议原则上仅被视为一种股东自治的实现方式。

三、合作框架协议与发起人协议的异同

发起人协议是公司的设立协议，是指发起人之间就设立公司事项所达成的明确彼此在设立公司过程中的权利义务关系的合同。不过在实践当中，发起人协议的内容不限于设立公司过程中的权利义务，往往存在部分关于公司治理、公司成立后股东间的权利义务等的内容。虽然《公司法》仅要求股份有限公司在设立时需要订立发起人协议，但是根据私法上"法无禁止皆可为"之基本精神，《公司法》并不禁止有限责任公司股东于公司设立时签订发起人协议，而且在实践中，为了更好地明确公司发起人之权利义务关系，有限责任公司股东间也常常会订立《公司法》第七十九条所规定的发起人协议。发起人协议被视为一种债法上的合同，发起人应当受到发起人协议内容的约束，但这种约束是债法意义上的，即对发起人之外的第三人不具有约束力。当然，由于发起人协议的合同属性，发起人协议须以《劳动合同法》为法律适用基准。

（一）合作框架协议与发起人协议的联系

与公司章程、股东会决议相比，发起人协议与合作框架协议之间的相似度更高，甚至从某个方面而言，发起人协议与合作框架协议在某种程度上是重合的。无论是从协议的形式、协议的主体、协议的内容而言，合作框架协议与发起人协议均存在诸多相似甚至是相同之处。发起人协议制定于公司设立之前，彼时的缔约主体并不具有股东身份，但是公司发起人往往在公司设立之前便会对公司成立后的诸多问题，如由谁担任董事长、由谁担任公司经理、公司红利如何分配等问题加以约定。而且，该部分内容通常会在公司设立之际为公司章程所吸收。即便该协议没有被公司章程所吸收，如果协议中没有有关发起人协议自公司成立后失效等约定情形，发起人协议中的部分内容在公司设立后仍然会约束当时缔约的股东（发起人）。由此可见，合作框架协议与发起人协议十分相似。

（二）合作框架协议与发起人协议的区别

合作框架协议与发起人协议的区分更多的是形式意义上的。总的来说，两者的区别主要体现为以下三个方面。

首先，缔约主体不同。合作框架协议的缔约主体仅限于股东，其他主体缔结的有关公司治理的协议并不能被归类为合作框架协议。发起人协议中的缔约主体虽然与股东（创业团队成员）仅有"一步之遥"，但公司仍存在设立失败的可能，因此，发起人并不能与股东（创业团队成员）画等号。

其次，两者属性存在差异。虽然合作框架协议、发起人协议在性质上均属于合同，但是，由于发起人之间存在的特殊关系，发起人协议在理论与实践中都被

视为合伙合同。如此即意味着，在发起人协议当中，发起人彼此就因公司设立行为而产生的债务负有连带责任，而合作框架协议中的股东并不互相承担连带责任，除非合作框架协议有相关约定。

最后，两种协议内容的重点也不尽相同。在实践中，发起人协议订立于公司设立阶段，因此，出于公司设立的需要，发起人协议必须对法律要求的公司设立的必要事项加以约定。通常包括：发起人姓名（名称）、住所；公司名称、住所、经营范围；公司的注册资本、认股期限等内容。尽管发起人协议可能会对董事和经理的选任、股份转让规则等内容加以规定，但后者并非发起人协议之重点。与之相对，合作框架协议通常是在公司成立之后，股东间就具体的公司治理问题加以协商的产物，因此合作框架协议的内容更具有针对性。通常而言，合作框架协议一般不会重复发起人协议、公司章程或者股东会决议的内容，而是对行使股东表决权、增加与认购注册资本、明确股份转让规则等内容加以约定。因此可以说，发起人协议是针对设立公司而订立的合同，而合作框架协议主要是针对如何经营、管理甚至退出公司而订立的合同。

四、合作框架协议的架构内容

以上内容对合作框架协议与公司章程、股东会决议、发起人协议进行了异同的比较，合作框架协议的内容第一章第一节"二、创业团队合作协议"中已经进行了说明，这里不再赘述。

第二节 激励与道德风险约束

许多创业企业都是"摸着石头过河"，创业者因为缺乏管理经验，难以制定较为妥善的规章制度，甚至有创业企业长期没有成文且科学的企业管理制度，仅仅依靠员工与管理者的个人自觉性规范其行为，依靠激情以及理想相互鼓励。本节分别从创业团队与员工两个方面探讨激励与道德风险约束制度。

一、创业团队的激励与道德风险约束

团队激励机制对创业企业的长期持续发展具有重要意义。企业创始人为团队设立的激励机制应该起到提高创业团队的积极性，使团队成员能够更好地把握企业商机的作用。这种激励机制必须贯穿于建立团队、增强创业氛围、培养团队有效性的整个过程中。一个创业企业能否吸引所需要的高素质团队成员并留住他们，在很大程度上取决于企业能否给予他们足够的物质报酬和精神满足，即团队的物质激励和精神激励。团队成员的技能发挥、经验积累、敬业精神、风险意识和对

创业企业的关心程度等都是通过合理的激励机制来实现的。

（一）激励机制构建的影响因素

在创业企业发展的各个阶段，创业团队的激励机制应体现出灵活性，不同时期的激励应有所不同。对团队成员的自我发展机会和自我实现机会这种精神激励应贯穿于企业发展的全过程，而对团队成员的物质激励应在企业发展的不同阶段有所不同，物质激励对团队所有成员都是至关重要的。在创业企业发展的早期阶段，企业能够给予团队成员物质激励的经济能力通常是有限的，企业创始人在一开始就必须仔细而全面地考虑企业的总体情况，立足于企业发展的全过程去制定团队激励机制。

外部创业环境对创业企业建立的激励机制会产生重要影响。一方面，企业与外部投资者之间的权益分配会影响团队成员所能获得的权益份额；另一方面，创业企业所制定的激励机制也将影响投资者和其他人对企业的信赖程度，他们会通过企业的激励机制来判断创业团队的敬业精神。企业创始人制定团队早期激励机制的关键任务就是合理地分配企业的股权。企业创始人必须十分重视构建激励机制的程序。通过激励机制构建过程，在创业企业内形成一种良好的创业氛围，让所有的团队成员都勤奋地工作。创业团队的每一个关键成员都必须致力于为企业建立一套最佳的激励机制，使这个激励机制能够尽可能公平地反映所有团队成员的责任、风险和为企业做出的贡献。一个好的激励机制能够体现出特定的企业目标，有助于团队成员实现个人的价值。

（二）物质激励机制的运用

关于创业企业的物质激励问题，即团队成员之间的报酬分配问题，没有现成的有效公式可以套用，也没有固定的标准答案。但企业创始人在制定报酬分配制度时，必须要注意以下几个关键问题。

1. 不能搞平均主义

分配方式所包含的潜在风险很大。一般情况下，不同的团队成员对企业的贡献不可能完全一样，那么企业制定的报酬分配制度就应该合理地反映出这种差异。为此，应该以团队成员对企业的贡献为基础来制定差异化的报酬分配制度。

2. 要体现工作业绩

对于企业而言，不管团队成员的努力程度如何，最终都必须体现在工作的业绩上。这里的业绩是指团队成员在创业企业早期发展的整个过程中所表现出来的业绩，而不是这一过程中某一阶段的工作业绩。对于创业企业而言，在企业成立后的几年时间里，每一个团队成员所做出的贡献都会发生变化，有的人的贡献程度变化会很大。如果企业的报酬分配制度不能体现出这种变化，那么这个创业企业很快就会因为这种不合理的报酬分配制度而土崩瓦解。为此，创业企业制定的报酬分配制度必须能够反映出团队成员工作业绩的大小和变化状况。

3. 要有灵活性

一方面，对任何一个团队成员来讲，在某一固定的时间段内，无论他做出的贡献有多大或多小，这种状况都会经常随着时间的变化而发生改变，而且团队成员的工作业绩甚至与预期会有很大的出入。另一方面，任何一个团队成员都有可能会因为某种原因被替换掉而离开创业企业。这样，就要招聘新成员补充到团队中去。为此，创业企业在制定报酬分配制度时应该体现出这种灵活性。目前，比较灵活的报酬分配制度主要有股票托管、提取一定份额的股票备日后调整等，这样的激励机制有助于使团队成员产生公平感。

4. 要考虑某些特定方面的价值

首先，应重视提出创业思路的团队成员，尤其是当团队成员提供了极为重要的技术诀窍、经营信息、产品和市场的调研结果时，在制定报酬分配制度时应对这些团队成员的贡献予以考虑。其次，由于制订一份能够吸引投资者投资的商业计划，需要花费团队成员大量的资金和时间，在制定报酬分配制度时应当对这些团队成员的付出予以考虑。再次，有的团队成员在企业成立时把大部分个人净资产投资于企业，当企业失败时要承担巨大风险，牺牲较大的个人利益，有时甚至要拿个人的声誉去冒险，在制定报酬分配制度时应当对团队成员的敬业精神和承担的风险予以考虑。最后，如果团队成员为创业企业带来的工作技能、工作经验、良好的工作记录，以及在营销、金融和技术等方面的社会关系，对创业企业而言至关重要，那么团队成员的这些工作技能、经验、业绩记录和社会关系在制定报酬分配制度时也必须予以考虑。

5. 要考虑激励的时机

既能够保证企业在初创时期就对团队成员进行物质激励，又不至于使企业创始人的权益受到损失或者被冻结的方法是股票托管。股票托管是指创业企业将团队成员认购的股份交由第三人托管，并在托管期（一般为期四年）满后交付给受让人。股票托管有助于培养团队成员为促使企业成功而长期奉献的敬业精神，也为团队成员在合作不成功的情况下提供了一种平和的离开方式。在托管期间，企业创始股东可以通过工作以原先认购时的价格（通常很低甚至是免费的）来赚得股份，如果决定在托管期满前离开企业，则必须以原先认购价格把股份全部售还给企业。在这种情况下，团队成员在离开企业时就不能拥有任何股份，也不会获得任何资本收益。

6. 在企业初创时期实行低薪

团队成员的月薪、股票期权、红利及其他福利都可以用来作为促进工作业绩提升的手段，运用这些手段的能力在一定程度上取决于企业发展的程度。薪水、红利、福利都会"吞噬"企业的现金流，而在创业企业获得持续的盈利能力之前，企业需要大量的现金用于经营与发展，因此，在一般情况下，创业企业成立的前几个月，团队成员的薪水应当维持在一个较低的水平，甚至不发薪水，至于红利和其他福利也根本不作考虑。就企业发展的实际情况而言，只有创业企业顺利实现盈亏平衡后，团队成员薪水的提高才会不影响企业的竞争力。总之，在创业企业具备持续多年的获利能力后，才可能考虑提高成员的红利和其他福利。在此之前，保持较低的红利和福利有利于促进企业的发展。

（三）职业经理人的道德风险约束

部分创业企业因缺乏管理能力会聘请一些职业经理人进行管理，但应从以下三个方面对公司职业经理人进行道德风险约束。

1. 重视公司章程

公司章程就是企业的"宪章"，在公司所有制度中，对公司全体股东具有最高的效力，并且它的具体规定还能够在不违反相关权利人合法权益的条件下，比《公司法》更加优先适用于股东之间的权利义务关系，在股东发生基于公司的权利义务纠纷的情况下，公司章程是最主要的解决纠纷的依据。

因此，制定章程时需要做较为长远的考虑，凡是涉及公司设立、变更、终止、组织结构、运营行为等事项以及其他可能影响公司的现在和未来的重大事项，都应当写入公司章程之内，这样出现问题时才能有据可依。

2. 制定合理的薪酬制度

不同于公司股东，职业经理人只是董事会选拔和聘任的专业经营人，他们对委托人的奉献程度有时候完全取决于预期的报酬。因此，公司应当为职业经理人提供合理的固定薪酬与期权，公司能够合理地犒劳经营者的付出，才能让职业经理人对公司产生感恩和敬畏。

3. 降低公司职业经理人的入罪门槛

我国刑事立法对于公司职业经理人犯罪一直保持着一种谨慎谦抑和摸索渐进

的态度，但在经济飞速发展、商事经营活动迅速变化的今天，严厉打击有损职业道德并对公司造成实际损失的职业经理人正当其时。法律制度本身就存在着一定的滞后性，如果在打击职务犯罪的时候依然畏首畏尾，会导致职业经理人对自身违法犯罪行为的放纵。

二、员工的激励与道德风险约束

对企业员工进行激励和约束，实际上就体现为奖励和惩罚。所谓员工的激励和约束机制，实际上就是为企业员工事先建立的行事标准。员工的激励机制和约束机制是相互依存的，两者相互促进。在企业的日常经营管理过程中，激励机制能够利用多种资源激励的方式来提升员工的工作积极性，从而实现企业管理者的管理目标。同时，约束机制也是企业日常管理中利用资源管理对员工偏离管理目标行为的一种制约。换言之，如果缺乏合理的激励机制，那么员工将失去工作的积极性；而如果缺乏合理的约束机制，那么员工在工作中又会过于随意，影响工作效率。只有两者合理地结合才能够得到最好的效果。

（一）员工激励机制的概念

在通常情况下，企业员工激励，需要符合企业员工的内在需要，并在这一基础之上，进一步激发员工动机及行为。在现代企业管理特别是人力资源管理工作中，员工激励手段是企业落实战略管理以及实现企业发展目标的重要手段，同时也是引导工作人员奋发向上与同步提高企业绩效和员工绩效的重要助力，是将"以人为本"作为理论基础的典型管理活动，其目的是使人力资源管理活动更为科学化与人性化。因此，该管理模式也被相关学者定义为一种静态的管理模式。若从企业的角度讨论员工激励，则激励需要借助优化工作环境、在现有薪资的基础之上提升员工薪资水平和奖金福利水平、引导员工逐渐规范自身的行为，并使员工行为与企业管理层预期行为模式逐渐统一，最终实现组织绩效同工作人员个人绩效同步提升的目的。

广义的员工激励包含激发与约束两个方面：积极的鼓励，也可称为正激励，如职工获得的奖励；消极的激励，也可称为反激励，如职工受到的处罚。若管理人员仅狭义地理解激励，并以此指导实践，反而不利于企业的未来发展。处于创业期的企业在制定激励政策的过程中，通常重视正面的奖励措施，而轻视甚至忽视约束与惩罚措施的制定，这会导致奖励政策难以达到预期的目的。

员工激励机制指的是于企业系统内，企业能够借助激励因素或是激励方式同被激励员工之间产生相互作用的关系的总和，即激励的内在关系结构、运行模式以及发展演变规律的总和。企业激励是以人本思想为核心的管理活动，需要也追求实现管理活动人性化，于组织内构建科学且行之有效的激励机制，也可理解为管理活动人性化同制度化的平衡。

（二）员工激励机制的特征

员工激励机制具备如下五个特征。

1. 系统性

企业激励措施的实质是消除员工对企业的不满或是消极情绪。因此，激励措施难以在短时间内产生明显效果，也无法一蹴而就，其属于一种较为系统的工程，需要企业管理人员进行统筹安排，通过对各个方面的调整予以实现。

2. 易逝性

激励是指管理人员通过刺激员工实现利于企业发展的目的，属于人的精神层面。但是，精神具有易变动的特征。随着企业发展阶段的不同，企业员工的精神需求也随之改变。即使企业处于某一时期，员工的精神需求也会因具体环境的不同而发生变化，所以，激励具备一定的易逝性，其内容与效力也将随着时间、环境的变化而变化。因此，企业管理人员需要为企业员工营造更为良好的工作环境与氛围，以使激励效果得到更好的发挥。

3. 超前性

员工激励方案自制订到开始落实，过程相对较长。针对员工而言，如果预估企业激励措施对自身较为有利，他们便会适当规范自己的言行，通过提高个人绩效以获得组织的认可，被组织纳入激励之列，而这也有利于企业的激励目标得以提前实现。

4. 推动性

员工激励的本质是激发员工的动机，将组织目标转换为个人目标，是利用外界的推动力刺激内部的驱动力，使得员工逐渐主动规范自身行为。企业在落实激励方案时，需要使员工从心理层面了解激励策略对自身的有利性，如此一来，企业方能将外部的推动力转化为内部驱动力，引导员工积极地优化自身行为，进而形成更为积极向上且持久的工作激情。

5. 差异性

针对企业而言，员工激励方案面向所有工作人员，而实际产生的驱动力与推行力所形成的效力，还取决于工作人员的受教育程度、对激励的认知以及期望水平。事实上，不同员工的期望水平、个体诉求以及个人喜好等均有不同程度的差异，所以对不同的员工而言，统一的激励方案所产生的效果也存在一定差异。

（三）员工激励机制的原则

1. 岗位与员工技能匹配是企业合理安排工作人员的基础

为了实现岗位与员工技能相匹配，管理人员特别是人力资源管理人员需开展岗位能力分析以及员工个人能力素质评估，以实现人尽其才。在管理实践中，企业管理人员可借助各类方式完成人员与岗位的匹配。如创业企业可以用高管与人力资源管理人员同时面试某一位员工的方式，从不同角度全面分析员工所具有的性格特征、工作能力以及个人喜好等。此外，也可以借助岗位职责内容以及工作制度，规范员工日常的从业行为，将其外化为员工职业表现；还可以利用动态评估，考核岗位与人员的匹配程度。

2. 明确并坚持落实赏罚制度

企业员工为组织所做的贡献虽然受到多方面因素的影响与干扰，如员工受教育程度、对待工作的态度及其职业操守等，但就整体而言，员工贡献的核心内容依旧是员工个人岗位表现。故而，企业管理人员在给予员工激励的过程中，必然需要遵守最为基础的原则，即赏罚分明和论功行赏。

（四）员工激励机制的落实方案

有关员工激励机制的落实方案，建议企业管理人员按照以下三个方法开展工作。

1. 加强培训，不断提高企业员工的个人能力

首先，可以选择优秀的培训师对员工进行有针对性的培训，提高员工的综合性技能，为之后职工绩效的提高提供更好的基础。其次，创业企业在开展培训工作之前，必须开展顶层设计，以企业战略目标为中心进行计划设计，如员工培训方式、培训具体时间以及培训所用的教材等，合理强化员工培训工作的针对性、科学性以及应用性。企业培训员工的过程，事实上是对人力资源的投资，不但能够强化员工的个人能力，同时也能够有效提高员工对企业的情感与忠诚度，进而大幅度减少创业企业员工的流失。另外，强化员工的工作量同其薪资的正比关系，即工作努力且成绩颇为显著的员工能够切实获得企业领导的肯定以及经济奖励，久而久之，必然形成积极的工作氛围。

2. 关注员工的工作环境以及工作条件，并加以改善

良好的工作环境和工作条件有利于刺激员工的工作热情与主动性，同时提高其进取精神，使得员工能够较为轻松、愉悦、和谐地工作，为提高组织绩效以及

员工个人绩效提供良好的基础。企业优化员工工作环境和工作条件是人文关怀的体现，它使员工感受到企业对其生命健康的关注，从而对企业充满感激之情。例如：创业企业可根据员工当前工作内容设立医务部、消防部以及安全生产部等有利于保证员工生命安全的组织部门，同时定期对员工进行健康检查，诊断员工是否患有职业病；对于患有职业病的，征询员工个人意见后，可将其调至其他岗位，对身心因工作受到伤害的员工给予适当的经济补偿；等等。

3. 企业管理人员需应用合作共赢的管理模式

企业管理人员在引导与组织员工时，必须选用合理且科学的工作方式，以令员工感到自己不仅是企业的一名普通员工，还是企业必不可少的一员，且已然受到企业管理人员的重视。企业管理人员，特别是部门主管人员以及企业人力资源管理人员，在开展工作中须按照员工当前的职业诉求及性格特征设计工作环节、布置工作内容。例如，企业管理人员在设计企业未来发展规划的过程中，可采用广泛收集意见的方式，公开向所有员工征集意见，并进行反馈和多次讨论，再由企业管理人员将员工所提出的建议纳入考虑范围当中，制订既符合企业未来发展目标也符合员工实际诉求的方案。此外，企业管理层应多用正面激励措施，适当减少负面激励，对态度端正、工作积极的员工给予公开奖励，对出现工作失误的员工则建议采用内部处理的方式予以惩罚，以此体现企业的人文关怀，引导企业员工积极开展工作。

（五）员工激励机制的激励方式

企业员工激励通常有如下四种分类方式。

1. 物质激励与精神激励

物质激励的形式以薪资、奖金、股份、福利以及保险等为主；精神激励则以升迁、授权以及情感等为主。物质激励的本质是从外部给予员工刺激，借此激发员工的工作积极性与主动性；而精神激励则更偏向于心理方面，产生持久的动力激发效果。

2. 内部激励与外部激励

事实上，内部激励与外部激励是精神激励与物质激励的演变结果，可以认为是一个问题的两个不同方面，两种分类方式在本质上基本相同。内部激励更注重工作人员在心理层面的认知激励，进而在自我驱动层面提高自身以及所属组织的绩效，表现形式为员工工作内容丰富、员工有权参加管理工作以及员工获得上级赏识等。外部激励主要受到组织支配，是由员工各类外部诉求引发的，表现形式有员工获得企业提供的福利、工作环境和工作条件得到优化等。

3. 正面激励与负面激励

企业管理层的正面激励行为以物质奖赏以及提供良好的工作环境为主，借此引导员工主观上愿意对自身行为进行适当的优化，并最终令员工个人行为服务于企业未来战略目标。负面激励则指的是企业管理人员借助各项规章制度，针对不遵守企业行为准则的行为与员工，进行必要的惩处，借此告知企业员工只有努力工作方能不受处罚。此外，还有零激励方式，处于正、负激励之间，虽然名称中存在"激励"两字，但实际上是一种不予员工任何形式激励的激励方案。尽管如此，零激励依旧被认定为激励方案。

4. 个体激励与团队激励

该分类方式的依据为激励的范围。扁平化管理模式在创业企业中的应用愈发普遍，而许多管理岗位的职责也变得愈发模糊。原有以个体激励为主的激励体系已经难以满足当前企业发展的实际需求，而以团队激励为基础设计的激励体系逐渐被企业所接受。团队激励指的是按照团队当前的工作业绩确认团队工资水平的激励方案。就目前而言，团队激励方式以利润分享、工作人员持股为主。团队激励与个体激励之间的区别在于，前者将团队协作的最终成果作为激励效果的评判标准。

（六）员工的道德风险约束

企业员工的道德教育是企业竞争力的基础之一。道德是通过自身的修养、社会舆论的约束，让人们明白是非、美丑，并将正确、良好的行为表现出来。道德决定着人们的行为，没有良好的道德就不可能有正确的行为和良好的工作氛围，企业就不可能有竞争力。建议对员工道德风险的约束从以下六个方面入手。

1. 把好道德关

企业在引进人才时，不仅仅要看文化素质、工作能力，更要重视思想道德水平，若思想道德水平低下，一定要拒之门外，坚决不用无德之人。

2. 对专业技术人员的培训要加强道德教育内容

专业技术人员是企业的骨干、中坚力量，不断提高他们的专业知识，是企业发展的条件。在进行专业知识培训时，要进行道德教育，提高其道德水平，只有道德水平提高了，才会更好地服务于企业，使企业发展有后劲。

3. 道德教育要有灵活性

企业开展道德教育活动要有方法性、目的性、多样性。道德教育不仅仅是大谈大道理，也不仅仅是面对面的谈话，更不是有时间就做没有时间就搁置，而要循循善诱，结合实际来进行，要树立学习典范。通过各式各样活动的开展，让道德教育在多方面、多层次、多种形式的活动中发挥其作用。

4. 领导层要带头注重道德水准的提高

领导是企业的领头羊，是员工效仿的对象，而榜样的力量是无穷的。因而，企业领导一定要树好形象，做好榜样，带头提高自己的道德水准，起到表率作用。

5. 对道德水平低下的员工应严肃处理

对于企业中道德低下的人，要进行批评教育，若不悔改则必须严惩不贷，不能碍于情面而放纵其行为。严惩也是为了教育。

6. 职业道德教育要持之以恒

道德教育是以加强干部、员工的思想品德修养，培养良好的道德情操，更好地为社会提供优质服务为目的的一项长期工作。企业领导一定要充分认识职业道德教育的长期性和艰巨性，充分认识到抓好道德建设是企业精神文明建设的一项不可或缺的内容，是促进企业发展，建立一支现代化员工队伍的要求。因此，不能操之过急，更不能一蹴而就，而应该持之以恒，常抓不懈，将职业道德教育摆在重要的议事日程。同时，每年都要制订具体的工作计划，分阶段采取措施，严防道德教育的形式主义。

第三节　契约精神的价值

党的十八届四中全会通过的《中共中央关于全面推进依法治国若干重大问题的决定》要求："强化规则意识，倡导契约精神，弘扬公序良俗。" 2020 年 7 月 21 日习近平总书记在企业家座谈会上指出："法治意识、契约精神、守约观念是现代经济活动的重要意识规范，也是信用经济、法治经济的重要要求。"[①]

一、什么是契约精神

契约又可称为合同，是指当事人设定、变更、终止民事关系的协议。作为民事法律上的契约，其设定必须符合以下原则：①契约必须得到所有当事人的认可，即每个契约主体都同意和认可契约的规则和条款，契约当事人自觉遵守契约、信

---

① 光明网. 同企业家座谈，习近平传递了信心！信心！还是信心！[EB/OL]. (2020-07-22)[2021-12-15]. https://m.gmw.cn/baijia/2020-07/22/34018691.html.

守契约。②契约是当事人不受外界影响自由选择的结果，任何个人和组织，包括作为立法者和司法者的国家均应尊重当事人的意愿。③契约体现了契约当事人所处的地位平等，体现各方的意愿和要求，这是契约区别于命令和服从的重要特征。失去了平等的原则，当事人就不可能自愿签订契约。同时，契约的当事人地位平等是契约发生的重要基础。④契约一经建立，要受法律的保护，并且以不违背法律为基础。⑤平等的协商所约定的方式与内容，能够给契约当事人带来利益或有效的利益保障，这是订立契约的基本条件。

契约关系中最为核心的就是缔结契约的各方之间的权利、义务，契约关系的确立就意味着契约主体必须为自己的选择负责，必须为自己的选择承担相应的责任。契约不仅强调自由意志，更强调契约主体的责任，即所有的契约当事人都必须履行契约的责任与义务，才可以享受契约的权利。契约本身就是一个承诺，是对未来关系的一种约定。因此，契约的履行需要契约各方恪守信用。当原本作为当事人之间的民事法律的契约开始逐渐成为人们行为与处事的规则，成为人们的一种生活方式的时候，契约精神就形成了。因此，契约精神即反映契约关系及其内在原则的自由、平等、守信的精神。契约精神从实质上来说就是一种尊重规则和重视规则的意识，是一种对自己和对他人负责的态度和强烈的责任感。如果从契约精神和法律的内涵来说，契约精神由自由精神、平等观念、权利意识和责任意识以及信用意识构成。

二、契约精神与法治精神、社会规则

（一）契约精神与法治精神

契约精神与法治精神的内在关系是一致的。法治社会实质上是一种规则取向的社会，法律实质上是人们的行为规则。而规则是众人意志的体现，是人与人之间形成的契约。因此，契约构成了现代法治社会的基石，并且体现于国家、社会生活的方方面面。

在国家层面，契约构成了统治权的正当性来源。在古代，不论是东方还是西方，人们信奉"君权神授"的思想。中国古代的皇帝称自己为天子，将朝代更替阐释为顺从天意。西方的国王在登基时往往要由教皇为其加冕。这些都是"君权神授"思想的体现。社会发展到现代，社会契约论的观点已经深入人心。这种观点认为，不同的个人通过达成契约而联结在一起，由此形成了国家；统治者的权力也来源于统治者与人民之间形成的契约，即人民让渡出自己的一部分权力，委托给统治者行使。

在社会层面，契约构成了人们交往的本质。在现代社会，每个人都渴望也必须与别人交往，从而结成了各种各样的关系，称为社会关系。社会关系的本质是人与人之间形成的契约。父母子女之间的抚养赡养关系是一种契约，夫妻之间的婚姻关系也是一种契约，经济生活更是契约的体现。

这些形形色色的契约后面深藏着的是契约精神。对契约精神最通俗的阐释就是"没有规矩不成方圆"。然而，这并不是对契约精神的完整阐释。契约精神应当包含三个方面的内容：①国家、社会生活的方方面面都应当纳入契约之中，成为规则规制的对象；②人人都应当有一种自觉遵守契约、尊重规则的意识；③任何人违背契约、违反规则都应当受到惩罚。

契约规定着利益双方在权利与义务方面的双向依存关系，是现代社会文明发展的基石，是法治社会的构成要素之一。契约精神倡导的是一种平等、尚法、守信并且为社会公认的行为规则，是一种代表了人类文明和进步的规则。契约精神不但是现代工业文明、商业文明赖以存在的基础，而且是现代国家政体、民主和法治存在的前提。

建设法治国家的核心是使人们形成法治理念，而要形成法治理念，就必须使人们具有契约精神。

（二）契约精神与社会规则

前文已经述及法治社会实质上是一种规则取向的社会，而规则是公众意志的体现，是人与人之间形成的契约，同时，契约精神从本质上来说是一种尊重规则和重视规则的意识，让依照规则办事成为一种行为习惯、一种生活方式，为社会提供良好秩序的同时，降低了社会治理的成本。法律规则的有效实施离不开法律规章的强制作用和强制执行，但是社会生活不可能仅仅依靠立法的强制作用，理想的状态就是每个公民都自觉养成规则意识。所谓规则意识，就是指发自内心地规范自身的行为方式和意识，如遵守法律，遵守社会公德，遵守各种游戏规则，遵守各种规章条例等。契约精神是法律规则和各种社会规则得以遵守的前提。

在社会交往中、在市场经济条件下，市场竞争是在一定规则约束下进行的。市场主体的竞争应该接受道德的约束，不违背法律，讲诚信守规则。同时，市场经济建立在自愿交易的基础上，商业契约和市场规则在很大程度上规范着人们的交易等个人行为和经济活动。市场经济是法治经济，而契约精神就是法治的核心。没有契约精神和商业诚信，就不会有发达的市场经济。

同样，在社会交往中，如果社会各界人士都能够遵守契约精神，遵守国家的法律和社会道德，都能够按照章程和规则办事，社会就会少许多矛盾和纠纷，变得更加和谐。反之，如果社会普遍缺少契约精神，大家就都会不履约。个人不履约、企业不履约甚至政府不履约，带来的结果就是大家都不讲信用，不遵守规则。如果大家都习惯从破坏规则中获得利益，遵守规则的人的利益就一定会受到损害，就会导致劣币驱逐良币的道德逆向选择。市场经济既是法治经济，也是道德经济和契约经济。契约精神是市场经济和现代文明社会最基本的理念。

三、契约精神的作用

契约精神是社会主义核心价值观的本质要求之一。2014 年党的十八届四中全会通过的《中共中央关于全面推进依法治国若干重大问题的决定》指出："加强公民道德建设，弘扬中华优秀传统文化，增强法治的道德底蕴，强化规则意识，倡导契约精神，弘扬公序良俗。发挥法治在解决道德领域突出问题中的作用，引导人们自觉履行法定义务、社会责任、家庭责任。"2016 年中共中央办公厅、国务院办公厅印发的《关于进一步把社会主义核心价值观融入法治建设的指导意见》中有两处强调"契约精神"："推进民法典编纂工作，健全民事基本法律制度，强化全社会的契约精神"，"强化规则意识，倡导契约精神，弘扬公序良俗，引导人们自觉履行法定义务、社会责任、家庭责任，努力形成中华儿女互有责任的良好风尚"。2018 年中共中央印发的《社会主义核心价值观融入法治建设立法修法规划》再次重申："以保护产权、维护契约、统一市场、平等交换、公平竞争等为基本导向，完善社会主义市场经济法律制度。"

公司是现代社会伟大的发明，它把非亲非故的人连接在一起，为实现更大目标而共同奋斗，其存在的核心是法律下的契约精神。另外，企业创立以后会进入运营的阶段，随着企业的发展，在具有了一定的市场地位和市场能力以后，企业也随之有了更重的注意义务，要注意自己提供的合同或者和其他人缔结的合同是不是有权利义务上的对等性。这说明公司的治理与契约精神也有着千丝万缕的关系。

另外，契约精神与法治精神都是内在统一的。契约精神是基础，法治精神是契约精神在社会生活和法治生活、经济生活中的法律体现，是实体性的契约。契约精神所体现的自由和平等的原则，是一种以法律为准则、以平等为前提、以诚信为基础的意识。而法律的最高价值要求的是维护社会的公平正义，保障在全社会实现公平正义。法的契约精神的价值内涵可以概括为以下三点。

1）契约精神是法治文明的基础。人民群众对法律法规的自觉遵守和忠实履行是精神化的契约。契约精神倡导的是公正、平等、尚法、守信，并且成为社会公认的行为准则，是法律的最高价值要求，是法的契约精神的价值内涵，代表了现代文明和进步的规则。同时，现代社会培养契约精神，高扬契约精神，人们才会自觉地信仰法律、尊重法律，忠实地履行法律和执行法律，才可以达到推进法治中国建设的目的。

2）契约精神是市场活动的灵魂。当今世界的市场经济是法治经济，也是契约经济。市场经济的发展主要依赖主体平等、意思自治的法律规范的调整，它本能地、内在地要求树立法律的权威地位，实行法治。契约精神在市场活动中履行程度越高，则意味着商业活动越发繁荣、高效和低成本。

3）契约精神是维护社会规则和自觉维护公平正义的基础，也是推进和谐社会的文化基础。和谐社会是社会系统中的各个部分、各种要素处于一种互相协调、功能最优化状态的社会。因而，我们所要构建的社会主义和谐社会应当是人与自然和谐发展的社会，应当是物质文明、精神文明、政治文明和谐发展的社会。契约精神是建立和谐人际关系的重要道德准则。契约精神在当今是安身之本，也是处理人际关系的重要标准。遵守契约精神的诚信原则，作为很重要的道德原则，在协调人际关系方面也已经是日常生活中不可缺少的手段。缺乏契约精神，会使得人们互相猜忌，对人的心理、工作和情感造成极大伤害。因此，以契约精神为重点，处理好人与人之间的关系，培育社会主义新型人际关系，是构建和谐社会的重要任务，也是一个民族综合素质的体现。在经济、文化生活领域，契约精神是国家经济、文化和社会建设协调发展的精神支撑，是社会经济发展的道德基础，是市场经济的立足点。契约精神要求尊重他人的利益，以对待自己的态度对待他人，保证法律关系中的当事人都能得到应该得到的利益，不得损害他人利益而获得自身不合法的利益。在当今的社会主义市场经济社会中，契约精神已经升华到了每个社会成员立身、修德、处事的高度。人们追求自身的和谐，最重要的是实现身心和谐，然后以此为基础实现人与人、人与社会以及人与自然的和谐。契约精神的养成不仅仅来自道德本身，还受到国家经济、政治、文化等诸多因素的影响。一个国家的诚信道德状况直接关系到整个和谐社会的建设，如果一个社会不能在民众中普遍地培养起契约精神，其政治、经济、文化等方面的关系就不可能协调，人与人之间就不能做到真正的平等友爱、相处融洽，社会也就不可能和谐发展。

【练习与思考】

1. 根据你自己的创业打算起草一份创业成员合作框架协议。

2. 检索并阅读企业坚守契约精神的案例，从中体会契约精神对企业生存和发展的作用。

第三章

创业的法律环境

【学习目标】

1. 了解我国目前的创业法律、政策环境。
2. 掌握市场自由的内涵。
3. 知道创业企业在发展的不同阶段可能面临的法律风险及一般的防范措施。

　　法律是社会主义市场经济条件下规范创业者行为的准则，国家的法律法规，特别是关系到经济活动中创业创新活动的立法，能够鼓励或限制创业者的创业行为，对创业者的行为和活动进行合理的规范，使创业创新活动在公平正义的法律环境下顺利进行。良好的法律环境对创业创新的推进具有不可忽视的作用。一方面，从社会角度来看，法律环境是创业宏观环境的必然组成部分，对"大众创业、万众创新"的推进具有深远的影响。法律的颁布和实施在调动人民群众创新创业积极性的同时，也为创新创业提供强大的法律保护，诸如《公司法》的实施可以规范新创办企业的行为以及保障企业所享有的合法权利，而《中华人民共和国知识产权法》（简称《知识产权法》）的实施和遵守可以使各项人才的智力成果得到法律层面的保护。另一方面，从创业者自身角度来看，具备相应的法律知识可以使创业者厘清自身的权利义务关系，在法律允许的范围内从事创业活动。创业者在获得法律保护和政策红利的同时，也应积极履行相应的义务，即遵纪守法、诚实守信以及维护公平的市场竞争环境。

第一节　创业法律环境的变迁

　　市场经济是法治经济，在市场条件下开展的各种经济活动，无一不是在法律的引导、规范和保护之下才能正常进行和取得预期成果的。企业创业活动同样是在一定的法治环境下进行的，创业者必须考虑法律所带来的影响和作用，充分了解和掌握创业活动所面临的法治环境，并在创业活动的各个环节采取相应的对策，以达到成功创业的预期目标。

一、社会主义市场经济的确立

从 1978 年党的十一届三中全会做出改革开放重大决策至今，经济体制改革一直是改革开放最重要的内容之一。40 多年来，我国一直基于中国特色社会主义的国情不懈探索经济体制改革。改革开放之前，我国实行计划经济的弊端日益显现，生产者完全依附于政府，缺乏创造利润的动力，而消费者亦无法按需消费，这一切都极大地限制了经济活力，并促使我国开始经济体制改革的探索。自 1978 年党的十一届三中全会提出"按经济规律办事，重视价值规律的作用"以来，我国经历了从完全的计划经济到计划经济为主、市场调节为辅，再到在公有制基础上的有计划的商品经济，直至社会主义市场经济这一循序渐进的过程。1993 年通过的《中华人民共和国宪法修正案》（简称《宪法修正案》），将"国家在社会主义公有制基础上实行计划经济"修改为"国家实行社会主义市场经济"。至此，社会主义市场经济正式以根本大法的形式确定下来。

从社会主义市场经济确立至今，我国不断探索如何建立、完善市场，促进资源合理配置，规范经济行为，刺激经济活力，从而让市场经济与中国特色社会主义制度完美结合。2022 年党的二十大报告着眼于全面建设社会主义现代化国家的历史任务，做出构建高水平社会主义市场经济体制的战略部署，明确了新举措新要求。报告中还就促进民营经济发展壮大做出许多新的重大论述，为民营经济实现高质量发展指明了方向，标志着我国民营经济将迎来新的历史机遇和进入一个新的发展阶段。可见，社会主义市场经济体制是我国改革开放的伟大创造，已成为社会主义基本经济制度的重要组成部分。

二、法律对非公有制经济的保护

时至今日，非公有制经济参与市场活动的范围之大、程度之深均是前所未有的，这也对国家对非公有制经济主体基本权利的保护提出了较高要求。

我国从计划经济向市场经济的转变体现在资源配置由政府主导转变为市场主导，由消灭非公有制经济转变为鼓励、支持和引导非公有制经济。在经济体制转变的过程中，个体经济、私营经济、外资经济等非公有制经济发挥了不可取代的重要作用。现如今，非公有制经济在国家发展中扮演着越来越重要的角色，不仅体现在非公有制经济对支撑增长、促进创新、扩大就业、增加税收以及对 GDP 总量的贡献上，更体现在非公有制经济在市场中的主观能动性和国家对其权利的法律保护上。自 1982 年个体经济第一次被写入宪法以来，经历数次修正，宪法对非公有制经济的保护范围逐渐扩大，保护程度逐渐加深。改革开放以后，在社会主义市场经济体制正式确立之前，1982 年《宪法》第十一条就规定了："在法律规定范围内的城乡劳动者个体经济，是社会主义公有制经济的补充。国家保护个体经济的合法的权利和利益。"在我国长期的计划经济背景之下，首次将个体经济纳入宪法保护具有突破性的意义。1988 年的《宪法修正案》进一步将私营经济补充到《宪法》第十一条之中。在 1993 年社会主义市场经济入宪以后，1999 年《宪法修正案》正式将非公有制经济纳入宪法保护范围，并规定："在法律规定范围内的个体经济、私营经济等非公有制经济，是社会主义市场经济的重要组成部分。"至此，非公有制经济的宪法地位正式确立。非公有制经济的范围涵盖了个体经济、私营经济，以及合伙企业、外资企业、中外合资企业、有限责任公司、向社会招股和发行股票的股份公司等公有制以外的经济形式。为了表述方便，将这些非公有制经济组织的所有者和经营者统称为私营企业家，与公有相对。

国家对非公有制经济的管理方式由最初的 1982 年《宪法》规定的"国家通过行政管理，指导、帮助和监督个体经济"变为"国家对个体经济、私营经济实行引导、监督和管理"，发展到现在的"国家鼓励、支持和引导非公有制经济的发展，并对非公有制经济依法实行监督和管理"。可见，国家对非公有制经济从最初的带有计划经济特点的行政管理逐渐发展为依法监管，管理依据由行政转向立法，更具民主合法性。国家对待非公有制经济的态度也从"指导、帮助和监督"逐渐变为"鼓励、支持和引导"，这样的变化既保持了社会主义市场经济体制下国家对市场的宏观调控作用，又体现了国家对非公有制经济自主经营的尊重。

改革开放 40 多年来，非公有制经济的经营自主程度越来越高，成为国民经济发展强劲稳定的动力，与公有制经济各有侧重、相辅相成。公有制经济的经营主要是为了实现公共利益，与之相区分，非公有制经济最重要的目标是创造利润，其经营过程更多地体现私营企业家的个人意志。私营企业家密切关注市场，分析市场需求，自主决定资本投入和经营策略。私营企业家的自由经营活动不仅是市场活力的重要来源，更是个人尊严和价值的实现。这种自由经营的权利是私营企业家的基本权利，存在宪法依据，依法受到国家的保护。

三、创业法律环境的发展与完善

目前，中国政府推进创业创新的法律环境不断发展与完善，越来越有助于推进创业创新活动。近几年，国家颁布了许多有关鼓励支持创业创新的法律、法规。尤其是《公司法》、《中华人民共和国证券法》（简称《证券法》）、《知识产权法》等法律的实施和完善，为实现"大众创业、万众创新"打下了坚实的法律基础。创业者对于相关法律缺乏足够认识，可能使其面临法律风险困境。尤其是处于发展阶段的初创型企业，在缺乏对他国的反垄断法、反倾销法及产品安全规范等法律法规的系统性认识之前，就贸然进入他国市场从事生产经营活动，往往面临较大的创业法律风险。

除此之外，我国对创业者创业活动的规范化管理也在不断完善。同时，国家通过制定相应的法律法规来规范初创企业的登记行为。近年来，国家颁布了《中华人民共和国公司登记管理条例》《中华人民共和国企业法人登记管理条例》《企业名称登记管理规定》《税务登记管理办法》等。随着创业创新相关法律法规的不断完善，"大众创业、万众创新"的局面也将快速形成。

第二节　市　场　自　由

作为社会资源主要配置手段的"市场"，其配置资源的作用时刻激励着市场主体的自由发展；作为市场的积极参与者的"政府"，在不同方面参与市场活动的同时，维护着市场的规则和社会的正义。任何自由都有边界，市场自由也不例外。市场自由主要包含了三层含义，分别是营业自由、竞争自由和合同自由。

一、营业自由

改革开放以前，我国曾较长时间实行计划经济，一切经济活动由国家整体规划和调控，个体经济、私营经济等非公有制经济遭到排斥。可以说，彼时的我国几乎没有营业自由。随着改革开放后市场经济的确立，非公有制经济得以复苏和发展，营业自由才具有存在的必要性。营业自由在我国受到保护的过程与社会主义市场经济体制改革的过程相一致。

（一）营业自由的含义

营业自由是指营利主体在进行营利性活动时，除了受到法律和法规等强制性规定的约束之外，不受其他行为的外来约束。因为营业行为本身就是营业主体有目的的连续性的活动行为，营业自由就是要保护营业行为不随意受到外来干扰，经营的个体有权根据自己的意愿选择经营方式，也有权因违背自己的意愿而拒绝某些营业行为。在商法上，"营业"具有主客观两种意义：主观上的营业是指以营利为目的而进行的相应的商业活动；客观上的营业是指在营业活动中所用到的财产和所形成的有价值的事实关系的总和。

（二）对营业自由的保障

改革开放以来，非公有制经济对我国社会主义市场经济的发展做出了重要贡献，非公有制经济市场地位的确立和权利的保护受到宪法的明确保障。《宪法》第十一条规定："国家鼓励、支持和引导非公有制经济的发展，并对非公有制经济依法实行监督和管理。"这意味着国家有义务为非公有制经济的自由经营创造良好的市场环境和规范的制度保障，不得由多数代表以立法等形式改变甚至取消，这也是营业自由的基本权利的客观价值秩序性质对国家提出的要求。

1. 营业自由的防御权功能

私有财产权是营业自由的基础，因为私营企业家的财产为经营活动提供了必要的物质基础，而且经营活动创造出的增值价值会为私营企业家带来经济回报，这种经济回报是对其自由经营结果的认可，也成为其施展更多自由的前提和物质基础，激励私营企业家在未来进行新的营业活动。在现行宪法之下，所有保护经济利益的私法权利都被纳入了《宪法》第十三条私有财产权的保护范围。私营企业家作为企业资产的所有者，必然受私有财产权条款的保护，但其动态的营业活动更多地受到营业自由的保护，这是因为私有财产权和营业自由的保护内容各有侧重。私有财产权侧重于保护静态的财产存在状态，营业自由则侧重于保护营业活动中财产的动态使用和收益过程。具体到营业活动中，私有财产权保护的是营业活动创造的价值结果，营业自由则保护私营企业家自由经营的过程。

基本权利的主要目的在于确保个人的自由免受公权力的干预，因此基本权利最原始、最重要的功能是防御权功能。这种个人对国家的防御体现在两个方面：首先，公民可以自由地行使基本权利，国家有尊重义务，非经证明具有宪法正当性不得对其进行限制。其次，当基本权利受到国家侵害时，公民可以要求国家主动停止侵害、消除影响甚至给予赔偿。也就是说，公民行使基本权利是不需要向国家提供理由的，而国家限制公民基本权利则必须有具备宪法正当性的理由。营业自由是被我国宪法保护的基本权利之一，因此，公民在行使营业自由时国家不得进行非正当干预。值得注意的是，国家干预等于介入，并不必然意味着对个人基本权利的侵害，是否构成对基本权利的侵害需要分析干预的宪法正当性，只有不能通过宪法正当性审查的干预才应该被认定为侵害。

2. 国家保护中小企业的营业自由

在市场经济活动中，公平的竞争环境是营业自由的前提和保障，同行竞争不但不构成对营业自由的限制，还是市场创造力的重要来源。然而，如果大型企业滥用其市场支配地位，在定价、数量、生产要素配置等方面实施垄断，则会对中小型企业的营业自由构成限制，而小型企业由于其资源和市场地位的限制很难凭借一己之力挽回因垄断企业的限制而造成的损失。此时，国家有义务进行市场干预来保护中小型企业的营业自由。毕竟确立基本权利的最根本目的就是使公民能够真正行使宪法所赋予的自由与平等的权利，因此当基本权利遭到非国家权力的侵害而又无防御能力时，国家有义务进行干预来保护公民的基本权利。国家保护义务功能需要通过立法、行政和司法的协调合作来实现。立法保护是最基本、最重要的手段，也是行政和司法保护的规范依据。在对营业自由的保护上，为了避免垄断、不正当竞争等市场行为对营业自由造成的侵害，世界各国纷纷立法保护各营业者在市场中的公平地位。社会主义市场经济体制入宪以来，我国先后于1993年和2007年出台了《反不正当竞争法》和《中华人民共和国反垄断法》（简称《反垄断法》），这两部法律于2022年进行了最新的修订，为保护市场公平竞争、维护私营企业家的营业自由提供了重要保障。

值得注意的是，国家保护基本权利不是没有界限的，若国家过度保护被侵害方，则可能构成对侵害方基本权利的侵害，此时，侵害方可基于基本权利的防御权功能对国家提出停止侵害的主张。此外，国家从事经济活动对营业自由构成限制时也要受到《反垄断法》和《反不正当竞争法》的约束，但这并不意味着国家履行保护义务功能。由于国家从事经济活动行为带有公权力属性，对私营企业家营业自由构成限制时，仍应属于营业自由的防御权功能范围。

（三）对营业自由的限制

考虑到营业自由是一种客观价值秩序，国家对非公有制经济的"引导""监督""管理"应理解为尊重营业自由条件下的适当干预，目的是营造健康的市场环境以及保障公平的市场竞争。我国仍处于社会主义初级阶段，基本经济制度是以公有制经济为主体、多种所有制经济共同发展，国有经济被定义为国民经济的主导力量，国家保障国有经济的巩固和发展。在这样的经济制度背景下，私营企业家营业自由的限制主要来源于以下两个方面。

1. 国家从事经济活动的需要

国家以企业或公司的形式大量从事经济活动，具体表现为特殊国有企业、国有独资公司、国有控股公司、国有参股公司等形式。国家从事经济活动具备天然优势，无疑会对私营企业家的经营自由带来消极影响，对国家行为导致的损失进行防御符合营业自由的保护目的。如前文所述，私营企业家可以基于营业自由的防御权功能向国家提出主张，但如果限制营业自由的行为具备宪法正当性，则公民的主张可以不被支持。任何自由和权利的行使都不是没有边界的。《宪法》第五十一条规定："中华人民共和国公民在行使自由和权利的时候，不得损害国家的、社会的、集体的利益和其他公民的合法的自由和权利。"由此可见，公共利益可以成为限制营业自由的理由。国家干预经济的活动要具备宪法意义上的正当性，需要同时满足如下条件：①国家必须追求宪法认可的某一公共目标，而不能单纯为了营利而从事经济活动；②国有独资和持股企业在市场中的行为必须直接有助于该目标的实现，国家不得以通过企业创收来实现该目标为由从事经济活动；③市场机制自身以及那些对市场干预强度较弱的手段均无法同样实现这一目标；④同样能够实现目标时，国家持股比例要尽可能减少；⑤国家所追求的公共利益与所损害的私营企业家利益必须成比例，不能显失均衡。

2. 营业准入方面的限制

各个国家的营业准入制度和营业行政许可往往与该国调控经济的方式密切相关。《宪法》第十五条规定："国家加强经济立法，完善宏观调控。"社会主义市场经济体制下，我国强调国家对市场的宏观调控作用，立法干预营业自由的情况较为普遍。比如《中华人民共和国行政许可法》规定的设定行政许可的事项，就涵盖了安全、生态、资源等涉及公共利益的诸多领域。这些规定无疑会对营业自由构成限制。

在营业准入方面，我国对营业自由的限制主要包含以下几个方面：①基于公益理由的营业禁止，如《中华人民共和国治安管理处罚法》第七十条禁止为了营利而为赌博提供条件。②基于对财政收入的考虑和对特殊行业的规制等理由，对个别行业实行国家垄断经营，如烟草业、军工业等。③基于所经营事业的特殊性和公共利益的保护，该类保护分为两类：第一类是基于公共安全和秩序而设定的许可，其功能主要是防范危险、保障安全，这种安全既包括人身财产安全，也包括经济安全，前者如医药业，后者如金融业；第二类是专业技能和专门知识领域设定的许可，因这些专业领域需要通过专门的知识学习和实践训练，以较高的专业水准向消费者提供特定服务，所营事业涉及广大公众的利益，所以需要设定准入门槛。

在党和政府进一步完善社会主义市场经济的正确指导下，对营业自由构成较多限制的国家经济活动和营业准入规定都在逐步规范化。国家鼓励国有企业进行现代产权制度改革，鼓励和引导民间资本进入法律法规未明确禁止准入的行业和领域，鼓励民办社会事业参与医疗、教育等社会公共服务等，这些积极举措对减少公权力在市场中的活动、促进私营企业家的营业自由具有重要意义。

二、竞争自由

自由竞争是市场经济的基本特征，自由竞争的实现以市场主体拥有自由竞争权为主要体现。作为经济法的基本范畴之一的自由竞争权，具有保护市场经济自由竞争的作用，并具有确切的确立标准，且存在于实际的经济法律制度中。

（一）竞争自由的含义

竞争自由是指可以自由地进行资本投入、转移和商品买卖的竞争。竞争自由的实现，需以经济法上自由竞争权的取得为前提。自由竞争权是市场竞争中经济参与者的自由竞争行为延伸到法律上的权利，是从法律上为竞争主体的自由竞争提供的保障。随着社会经济的发展，现代意义上的自由竞争权的内容得以升华为公平竞争权。

（二）自由竞争权与经济公平原则

一般而言，正义分为形式正义与实质正义，理性分为形式理性和实质理性，公平当然也可分为形式公平和实质公平。形式公平就是我们所说的水平公平，实质公平就是垂直公平。对于经济法的经济公平原则，应当从一个更加全面的角度看待，它应当包括经济形式公平、经济实质公平以及合理性三个方面。具体而言，形式公平是一种自由进入市场参与竞争的权利，是第一层次上的自由竞争。进入市场自由是公平竞争的前提，是实现自由竞争权的基础。实质公平则是一种承认人们能力差距，鼓励能力强者追求利益最大化，促使实现资源最优化配置的垂直公平，也即差别待遇。差别待遇也是允许自由竞争的表现。在人们的观念中，出现差别待遇就意味着一定的不公平，需要一定手段进行调节。实际上，公平包括三个方面，其自身就具有调节不公平的因素，即公平的第三要素"合理性"。合理性主张给予人们相同的进行竞争的自由，也承认能者通过经营所产生的财富，只是强调差别不能超过必要的限度，对自由竞争产生不必要的伤害。由此，在经济公平原则中本身就存在自由竞争的内容，在实质公平上的一定差距也是自由竞争的结果，本身就存在对自由竞争的限制即合理性要求。应当在全面分析经济公平原则内涵的基础上看待自由竞争与经济公平的关系，不能把它们视为一对不可调和的矛盾。

（三）自由竞争权与国家干预

我们知道，国家干预是一把"双刃剑"，不能对其进行绝对的"善"或"恶"的界定，应当寻求国家干预经济的合理边界——市场主体自由竞争权最大范围的实现，而不是完全追求自由竞争的极端。国家干预是一种尊重市场经济体制的干预，市场机制是国家干预的前提，只有出现市场机制不能自行调节之处，才产生经济法国家干预的要求。经济法的国家干预仅仅是对自由竞争不当行使的一种约束，而不是对自由竞争的完全取缔。经济法的国家干预，主要表现为《反垄断法》和《反不正当竞争法》，是在市场不能有效运行之时对市场进行的干预。

1. 自由竞争权与《反垄断法》

法律上关于垄断的基本含义是指各国反垄断法律中规定的，垄断主体在市场运行过程中进行排他性控制或对市场竞争进行实质性的限制，妨碍公平竞争秩序的行为或状态。市场经济中，一旦垄断取代了自由竞争，就会对市场经济的自由竞争形成阻碍。但是，垄断存在两个方面，国家并不否认所有的垄断，甚至以法律明确规定一些垄断行为可以豁免或者适用除外制度。对于关系国计民生的垄断，《反垄断法》做出了明确的规定，允许其存在。从表面上看，《反垄断法》制定的目的是对垄断的规制，实质上是为了保证市场主体自由竞争权益的实现。国家在需要国家干预之处存在干预必要，法律对合理垄断的这种允许并不妨碍自由竞争权的实现。目前，我国对垄断的规制主要集中在《反垄断法》。《反垄断法》由中华人民共和国第十届全国人民代表大会常务委员会第二十九次会议于 2007 年 8 月 30 日通过，自 2008 年 8 月 1 日起施行。2022 年 6 月 24 日，第十三届全国人民代表大会常务委员会第三十五次会议通过修改《反垄断法》的决定。修订后的《反垄断法》自 2022 年 8 月 1 日起施行，共分为 8 章 70 条，其中包括对滥用市场支配地位、垄断协议（限制竞争协议）、经营者集中（企业合并）、滥用行政权力排除及限制竞争四个方面的反垄断规制。《反垄断法》第一章第一条就将"预防和制止垄断行为，保护市场公平竞争"作为其立法目的之一，并且位于其他目的之首。对于保障自由竞争，《反垄断法》以立法目的的形式对其加以规定，可见国家对自由竞争社会的积极维护。

2. 自由竞争权与《反不正当竞争法》

正当的竞争有利于市场主体自由竞争权利的实现，不正当的竞争损害市场主体的自由竞争权利。自 1993 年 12 月 1 日我国开始实施《反不正当竞争法》（2019 年 4 月 23 日修订）以来，一直将"鼓励和保护公平竞争，制止不正当竞争行为"作为其首要目的。它与《反垄断法》一起构成了我国竞争法的主要组成部分。目前，我国的《反不正当竞争法》对欺骗性交易行为、引人误解的虚假宣传行为、不正当有奖销售行为、商业诽谤行为、搭售或者附加不合理交易条件的行为、侵犯商业秘密行为、商业贿赂行为以及串通招投标行为几项具体的不正当竞争行为进行了规制。从性质与后果来看，不正当竞争与垄断都会破坏市场的自由竞争环境，在立法上也存在一定的交叉。但是，相对于垄断行为，不正当竞争行为的实施主体更具有广泛性，也比垄断更具有影响力。不正当竞争与垄断都会对正常的竞争秩序造成一定的危害，不利于自由竞争权的实现。为了保障自由竞争权的实现，需要对二者进行法律的规制。

三、合同自由

确立合同自由原则，是打破计划经济体制、巩固改革成果、发展社会主义市场经济的必然要求和必由之路，在中国具有重要的历史意义。《民法典》确立了合同自由原则，打破了计划经济体制下市场的条块分割，由统一的法律来规范市场行为；同时，《民法典》赋予市场主体充分的自由，最大限度地调动市场主体的参与意识和竞争意识。

（一）合同自由的含义

所谓合同自由，是指当事人依法享有缔结合同、选择相对人、决定合同内容、变更和解除合同、确定合同方式等方面的自由。其实，从中文的文字意义上，可以把"合同"理解为"相合相同"，即"合而同一"，合同双方有了相合、同一的意思表示，继而才产生了法律意义上的"合同"。如此，合同的产生首先源于当事人的意思表示，这种意思表示是自由的。当然，合同的意思表示也有不自由的，但这种不自由多是源于受胁迫，依据《民法典》的规定，受胁迫签订的合同是可变更和可撤销的合同。这样，如果一方当事人是在受胁迫的情况下签订的合同，法律给予其救济的机会，因而，即使是在受胁迫的情况下签订的合同，如果当事人放弃救济机会，不予变更或撤销，说明其已经认可了该合同，不能认为当事人没有签订合同之意思表示的自由。同样，在西方国家的合同法中，合同自由亦是合同法最基本的原则。具体而言，合同自由包括以下五个方面。

1. 缔结合同的自由

指双方当事人均有选择是否缔结合同的自由，这种自由是合同自由原则的基础，是决定合同内容等方面自由的前提。如果当事人不享有缔结合同的自由，也就谈不上自由决定合同内容的问题。

2. 选择相对人的自由

指当事人有权自由决定与何人订立合同。此种自由通常可以包括在缔结合同的自由之中，但也可以与其相分立。例如，现代社会某些公用事业服务领域不存在竞争，公用事业组织利用其垄断地位，以标准合同方式从事交易时，消费者别无选择。也就是说，他们很难享有选择订约伙伴的自由，但仍享有订立契约的自由。所以，从这种意义上说，选择缔约伙伴的自由和缔结合同的自由还是有区别的。也正是这种区别，使我们看到，要真正实现该项自由，必须以市场交易中有大量的参与主体存在为前提。因此，这项自由能否在市场交易中实现，关键在于是否存在一个充分的完全竞争市场。

3. 决定合同内容的自由

指双方当事人有决定怎样缔结合同具体条款的自由。从自由决定合同内容而言，当事人有权通过协商，改变法律的任意性规定，同时也可以在法律规定的有名合同之外，订立无名合同或者混合合同。但是，合同的内容若违背了法律、法规的强行性规定和社会公共利益的要求，则将被宣告无效。

4. 变更和解除合同的自由

指当事人有权通过协商，在合同成立以后变更合同的内容或解除合同。如前所述，当事人享有的合同自由，首先包括缔结合同的自由和决定合同内容的自由。既然当事人可以自由缔结合同，当然也可以通过协商自由解除合同；当事人可以决定合同的内容，同样可以通过协商变更合同的内容。因而，变更和解除合同的自由也是合同自由的组成部分。

5. 确定合同方式的自由

指缔结合同的形式由双方当事人自由选择。古代法律曾经十分注重合同的缔结形式及程序，如古罗马法对买卖的仪式做了具体规定。近代法律则崇尚形式自由，随着经济生活节奏的加快，越来越注重交易形式的简化、实用、便捷、经济，从而在合同方式的选择上以不要式为原则，以要式为例外。

（二）合同自由的限制

人类社会发展到现代，社会经济生活发生了深刻变化，原先完全竞争的自由市场不复存在。随着垄断的出现，劳动者与雇主、大企业与消费者、出租者与租借者之间地位的不对等日益明显，彼此的矛盾开始激化；反映在民法领域，传统民法所推崇的合同自由原则受到怀疑。对合同正义的追求，成了限制合同自由的一把锐利武器，这种限制主要体现在以下几个方面。

1. 诚实信用原则的确立

合同自由原则以个人为本位，诚实信用原则则以社会为本位。所谓诚实信用，其本意是自觉按照市场制度中对等的互惠性原则办事。诚实信用原则就是要求民事主体在民事活动中维持双方的利益均衡，以及当事人利益与社会利益平衡的立法者意志。《民法典》第七条明确确立了这一原则。这主要体现在：①在合同成立前，规定先合同义务。传统民法认为，只有合同成立后双方当事人才互负权利义务。《民法典》规定合同成立前，双方当事人之间已形成"合理信赖利益"，由此派生出相应的协作、通知、照顾、保护及保密等附随义务。这种附随义务在合同订立阶段称为先合同义务，违反此义务的当事人应承担缔约过失责任。《民法典》第五百零一条对保密义务的规定便是典型的先合同义务。《民法典》第五百零九条规定："当事人应当按照约定全面履行自己的义务。"同时又规定："当事人应当遵循诚信原则，根据合同的性质、目的和交易习惯履行通知、协助、保密等义务。"②在合同终止后，规定后合同义务。传统民法认为合同终止后，当事人之间权利义务关系归于消灭；而现代民法基于诚实信用原则，为更周到地保护当事人利益，创设出后合同义务。诚实信用原则有效弥补了合同自由对合同正义背离的不足，因此，诚实信用原则被奉为"帝王条款"而得到遵守。

2. 某些种类合同订立的强制性

强制订立某些种类的合同，限制和剥夺了某些合同当事人决定是否订立合同和选择合同对方的自由，如果拒绝订立合同，则要承担相应的责任。例如，《民法典》第四百九十四条规定，国家根据需要下达指令性任务或者国家订货任务的，有关企业、事业单位之间应当依照有关法律、行政法规规定的权利和义务签订合同。

3. 设立合同无效条款

《民法典》比之《中华人民共和国民法通则》，对无效合同的认定更加严格。不轻易认定合同无效，也是司法实践人士对待合同纠纷所采取的共识。但是，《民法典》还规定了一些强制性规范，禁止当事人违反这些规范或规定，当事人违反强制性规范或规定的合同条款一律无效。例如，《民法典》第五百八十六条规定，定金不得超过主合同标的额的 20%。《民法典》第五百零六条规定："合同中的下列免责条款无效：（一）造成对方人身损害的；（二）因故意或者重大过失造成对方财产损失的。"

4. 某些种类合同的订立须审查先置

《民法典》第五百零二条规定，法律、行政法规规定应当办理批准等手续的，依照其规定。这说明，如果法律、行政法规规定应当办理批准等手续合同才生效，如若使合同生效，则必先办理相应的批准等手续。

虽然合同自由原则受到诸多限制，但都是为维护国家利益、社会公共利益和他人的合法权益所必需的，并没有动摇合同自由原则的地位，合同自由原则依然是《民法典》"合同编"的一项极其重要的原则。

第三节　法律风险

对创业者而言，创业的道路上必然会碰到各种法律问题，因为市场经济从某种意义上讲就是法治经济，创业、投资离不开法律的引导、保障和规范。创业者如能了解一些常用法律法规和政策，以法律规范其投资、经营和管理行为，将会大有裨益；反之，则可能会走很多弯路，或者权益得不到保障，或者纠纷不断，或者受到行政处罚甚至被追究刑事责任。

一、创业法律风险概述

创业法律风险，是指创业者在创业过程中由于未能按照法律规定或合同约定行使权利、履行义务，或者由于外部法律环境发生变化但不能做出有效应对，而导致创业活动承受不利法律后果的可能性。在典型的法治国家，人们生活的各个方面时刻都直接或间接地受到法律的规范、约束，如果违反了相关的规定，法律的强制力发挥作用，人们就会面临由于自己的行为而承担不利后果的可能性。法律风险是否出现并导致相应的损失以及损失的范围幅度是由构成法律风险的各种相关因素共同作用的结果。这些因素中存在着当事人由于主观或者客观原因无法预测、无法控制或者不可避免等许多不确定情形，这种不确定性决定着创业过程中法律风险的防范是一个系统的工程，涉及创业的整个过程和各个环节。

概括而言，法律风险是指在特定的法律规范体系管辖范围内，行为主体的作为或不作为与具体的法律规定存在差异，从而承担不利法律后果的可能性。

二、创业法律风险分类

大学生有着较为丰富的知识储备和独特的创造力，是主要创业人群。但不可忽视的是，大学生创业群体社会实践经验与能力相对欠缺，对创业过程中可能遇到的法律风险的准备和应对不足，这也导致一些大学生创业失利的情况。因此，正确分析和判断创业中可能遇到的法律风险，是大学生成功创业不可或缺的重要环节。大学生创业中可能遇到的法律风险主要表现在以下几个方面。

（一）创业初期的法律风险

大学生创业初期，所面临的主要法律风险是对企业形态存在识别误区和不能正确区分法律责任承担。创业，必须有一个载体，因此，创业采取何种企业形态就成为第一步需要解决的问题。目前我国法律规定的企业形态主要有公司企业、合伙企业、个人独资企业等，当然还有非企业形式的个体工商户。对企业形态的选择特别需要考虑两个方面：一是税收穿透问题，二是债务责任的承担方式。经过几次修改，《公司法》对注册一般公司的出资额已经没有最低出资的要求，但公司作为独立法人，在运营中会面临双重缴纳所得税的问题。有些创业大学生为了降低税务成本，选择合伙制或个人独资企业形式，这两种企业注册简单、经营灵活，税务成本低。但值得注意的是，合伙企业和个人独资企业虽然有很多优点，但作为非法人企业，出资者需要对企业负债承担无限（连带）责任，因此，对于经营失败可能遇到的后果，有些创业大学生预估不足，为后续的经营留下了隐患。

（二）企业运营过程中的法律风险

大学生创业后，在运营过程中，要面对合同风险、担保风险、市场竞争风险、产品质量风险、消费者权益保护中所面临的风险等，其中合同风险和市场竞争风险最为常见，在经营中，要特别注意对上述各类风险的识别。一些创业大学生缺乏对《民法典》相关知识的学习和了解，在经营中不重视合同的合规性审查，没有对合同条款进行字斟句酌，到履行合同时可能出现不能完全履约的情况，而此时又对违约条款和违约罚则缺乏足够的了解，从而影响企业的经营。因此，提高合同意识，降低履约中的法律风险，是大学生创业中需要面对的问题。此外，如何应对市场竞争、如何正确竞争、如何区分不正当竞争行为、如何识别竞争中可能出现的风险也是创业中需要高度重视的问题。还要特别关注不当担保给企业经营带来的风险，创业者容易为了人情和面子为其他企业提供担保，无论何种担保方式，都会扩大自己的企业负债风险，使自己的创业企业极易陷入本可避免的债务纠纷当中。

（三）企业治理中的法律风险

相对于企业在运营中所要面对的经营风险，企业内部治理中的风险在大学生创业过程中也不容忽视。企业内部治理与创业所选择的企业形态有很大关系。企业治理中，对于出资人来说，最重要的是规范全部出资人的权利义务。如果选择公司制形式创业，公司章程的撰写不规范，就有可能引发日后利益分配及债务分担方面的问题和纠纷。有些创业者只是在网上随意下载公司章程的模板，不加修改，不能针对本公司的实际有针对性地拟定章程，因此对股东除法定权利义务之外的权利义务约定不明，为日后的公司内部治理造成隐患。若选择合伙制的企业形式，创业者如果不能准确把握合伙的概念，不能识别合伙企业对债务所承担的无限连带责任，必然会加大日后的风险。如果合伙协议约定不明，对合伙企业的经营方式、出资方式、债务承担方式、内部管理方式等没有明确的约定，必然会为企业日后的经营留下风险隐患。对于个人独资企业来说，主要风险来自出资人对债务承担的无限责任，如果没有明确约定以个人资产出资，那么经营失败后需要用家庭资产来为企业清偿债务，大大加剧了创业风险。合伙企业和个人独资企业形态中，对于企业的内部治理法律规定得相对宽松，自由约定的权利较大，法律赋权较多。在这种情况下，内部管理制度的健全，规章制度的完善，合法性和合规性的审查就更为重要。

（四）处理员工关系时的法律风险

创业者创业后，也面临处理员工关系的实际情况，如果忽略劳动法律的相关规定，极易发生各种用工风险。例如，不能与劳动者及时签订劳动合同，超过一个月后会面临双倍支付工资的风险；对试用期的约定如果不符合法律规定，也会发生面临败诉支付补偿金的风险；常见的五险一金不及时缴纳、合同的签订条款、工资的支付和休息休假等，都会有潜藏的法律风险。如果大学生在创业时不能正确识别用工中的各种风险，一旦发生劳动争议和诉讼，极易使自己陷入不利地位。现实中，创业者创业时，所雇用的员工经常来自熟人介绍或是自己的亲朋好友，容易牵扯比较复杂的各种私人关系，极易在处理员工关系时以私人情感替代法律的强制性规定。应该说，企业劳动关系的构建是企业治理中一项非常重要的内容和环节，作为创业时期的创业者，一定要认真遵守在与员工建立劳动关系时的相关法律规定，规避风险，不以人情替代法律的强制性规定，以谨慎和理性的思维来处理和构建符合法律规定的员工关系。

（五）面临经济纠纷时的法律风险

在创业过程中很有可能发生经济纠纷，如何处理经济纠纷，避免在诉讼时产生更大的经济损失，也是创业者创业时需要识别的风险。面临经济纠纷时，需要对不同纠纷解决机制的风险程度做出正确评估。一般说来，经济纠纷的解决方式主要有和解、调解、仲裁和诉讼。无论是哪种解决方式，如果没有完整的、有利于自己的合同条款作为依据，没有相关的证据来支持自己的诉讼请求，都很难实现自己的诉求。在现实中，很多大学生创业者不注重证据的采集和积累，不注重通过正确的渠道来收集证据，不注重证据的可信度，使自己无论面临仲裁还是诉讼时证据的效力都大打折扣。此外，经济纠纷解决机制选择不当，也会增加解决纠纷的成本。根据《中华人民共和国仲裁法》的相关规定，如果当事人使用省时、省力、快速、保密性强、对抗性小的仲裁方式解决经济纠纷，则必须在合同中约定仲裁条款或事后双方达成仲裁协议，如果既没有仲裁条款也没有仲裁协议，就无法适用仲裁。这就要求合同约定时应当有仲裁条款，而如果对相关法律规定不了解，就容易使经济纠纷的解决走向更具对抗性的诉讼方式。

三、创业法律风险防范

（一）创业法律风险防范概述

创业法律风险防范，是指创业者对构成创业法律风险的因素进行分析，发现法律风险的存在，评估法律风险对创业实体的影响，通过在法律层面上时间和空间的安排，使之无法构成某种法律风险或无法构成某种重大的法律风险，或者通过某种方式将法律风险的不利后果转移出去，从而达到不承担、少承担法律风险造成的不利后果的目的。创业法律风险防范可以分为以下几个阶段。

1. 事前预防

尽可能地在法律行为之前做出决策或采取措施，进行审慎的评估，确认行为的法律风险在何处、大小、范围等，避免法律风险的形成或者避免成为法律风险的承担者。创业者可以利用事前控制的优势采取相应的合法方式应对法律风险，还可以积极地或者消极地采取某种行为来避免创业法律风险的发生。

2. 事中控制

创业法律风险已经形成后，采取各种措施应对法律风险，减少不利后果的影响。创业者应采用尽可能避免风险事件爆发的方式，达到降低法律风险的目的。事中控制活动必须是经常性的，要有相应的机制来保证这项预防的及时性。

3. 事后补救

在创业法律风险事件已经发生后，对整个风险事件的不利后果的形成及发生进行分析总结，发现问题，通过惩处责任人、完善相应的制度或流程、加强培训等方式避免相关或类似的创业法律风险重复出现。

总之，创业法律风险因素不可控制、风险是否爆发及后果严重程度无法确定，决定了需要采取综合性的措施来应对创业法律风险，这就需要建立各阶段防范机制。

（二）创业法律风险防范机制

创业法律风险防范机制，是指由一系列规范、制度、流程组成的，贯穿创业活动全过程，对创业法律风险进行防范、控制和化解的机制。加强创业法律风险管理，必须构建科学、合理的创业法律风险防范机制。

1. 建立创业法律知识培训机制

首先，提升创业者的法律风险防范意识，是有效防范创业法律风险的关键。创业者是创业活动的主要决策者、领导者，部分创业者缺乏法律常识、法律意识淡薄，创业者的法律风险防范意识滞后，往往导致在决策时忽视或者轻视法律风险的存在。应该经常性地对创业者进行法律知识的培训，加强其对创业过程中法律风险的认知，从而把法律风险的防范作为创业活动必须考虑的重点，提高其对创业法律风险的防范意识和能力。其次，提升员工的法律风险防范意识，是合理预防创业法律风险的保障。由于员工工作岗位不同，发生相应的法律风险的原因与结果也不尽相同，所以对于不同岗位的员工，要有针对性地培养其不同的创业法律风险防范意识。加强创业实体员工的法律意识培养，重视法律知识的教育培训，结合岗位的实际需要对员工进行法律培训和普法教育，提高其法律素养，使其能够及时发现或避免创业法律风险。

2. 建立并完善创业实体内部规章制度

完善的内部规章制度是有效防范创业法律风险的基础。创业者必须通过建立相关的规章制度来使一系列部门的行为、员工行为相互协调整合为系统的创业实体行为，来实现创业的目标。科学、规范的规章制度不仅能够确保秩序的稳定，提高整体的效率，更重要的是可以在很大程度上降低创业的法律风险。创业实体的规章制度一般包括实体的基本制度、管理制度、技术制度、业务规范和个人行为规范等几个方面的内容。创业者由于对规章制度的重视程度不足或者对规章制度体系性的研究不多，所以创业企业的规章制度常常存在着许多缺陷，比如目标上的、体系上的、内容上的或者程序上的缺陷等。这就需要从创业风险防范的角度去优化企业的规章制度。首先，在创设规章制度的时候必须考虑创业实体所处的外部法律环境，根据其建立合法的规章制度。其次，创业者应根据自身参与市场竞争的内外部环境，对涉及法律风险的重要事项以规章制度的形式，对事前预防、事中控制、事后补救等做出明确的规定。最后，设立规章制度的变换机制。世界上没有永远不变的制度。创业者在制定规章制度过程中，需要考虑这种规章制度在现在的情况下是否最好、是否有更为合适的制度加以替代，从而综合运用法律风险应对的基本方法，去分散、抑制现有的创业法律风险。

3. 建立创业法律风险的专业化防范机制

在创业实体外部环境不断变化的情况下，创业者必须高度重视创业法律风险的专业化防范机制，从以下几个方面进行完善。首先，在规章制度中必须有专门的法律风险的应对环节。比如在创业活动中增加法律风险的防范措施，使其处于有利的态势，增加保留证据的功能，确保有相应的证据证明对创业有利的事实，二者互相配合。其次，建立法律顾问制度。法律顾问制度的设立有两种：一是聘任专门从事法律顾问工作的人员作为创业实体的内部员工；二是从律师事务所聘请律师兼职从事法律顾问工作。只有法律顾问参与创业者的重大决策和合同的签订，才能够保证其合法性，才能有效地防范创业法律风险的发生。创业者在作出重大决策、签署合同时，必须有法律顾问在场。同时，法律顾问应当制定重大法律风险预防及防控措施，监督法律风险防范措施的落实。

4. 建立并强化外部环境反应机制

法律风险环境是一个综合体，创业者身处其中必然要受到影响，有效的外部环境反应机制是防范法律风险发生的重要保证，因此首先应当建立相应的外部信息反馈制度。创业法律风险方面的信息主要在于法律环境、主体性质、具体行为三个方面。其中，法律环境方面包括法律环境变化的情况、未知领域的法律风险环境，这两种信息必须结合创业实体自身的实际去选择、分析，在收集相关信息的基础上判断是否存在法律风险。其次是重视和加强与其他企业的交流与合作。创业实体在活动的过程中与其他企业既是竞争者又是合作伙伴，相互间建立稳定的交流与合作关系，取长补短，才能够对外部环境变化及时作出反应，有效地防范创业法律风险的发生。

由于引发法律风险的因素具有不确定性，所以建立完美的防范机制，从根上杜绝法律风险的发生是不可能的。但是建立健全的创业法律风险防控体系，以最大限度减少或者避免损失，则是可能的。也只有建立起科学合理的创业法律风险防控机制，创业者才能在市场竞争中取得优势，保障创业实体的健康发展。

（三）防范法律风险建议

创业者在创业过程中所面临的风险表现呈现多样化特征，而且贯穿创业过程的始终，作为创业者，需要正确识别风险、合理规避风险，使企业具有持久的生命力，以争取市场竞争中的优势地位。创业者在创业过程中合理规避可能遇到的法律风险，主要应该从以下几个方面入手。

1. 在创业前储备足够的相关法律知识

创业过程的始终，都会有各种法律规制企业的经营行为。因此，作为创业者，如果对相关法律一无所知或知之甚少，就更容易在实践中发生各种错误。作为创业者，需要特别熟悉市场主体法律制度，包括《公司法》《合伙企业法》《中华人民共和国个人独资企业法》《中华人民共和国企业破产法》（简称《破产法》）等，能够对市场准入的各种条件、各种不同企业形式的优劣之处进行深入比较分析，对创办企业的法律程序有比较深入的了解，选择最适合自己的企业形式。创业前除了应当对市场主体法律制度有深入的了解之外，还要对企业经营中经常遇到的问题所涉及的相关法律规范有所了解，如《民法典》《反不正当竞争法》《反垄断法》《中华人民共和国消费者权益保护法》（简称《消费者权益保护法》）等，对签订合同时需要注意的问题和条款要特别关注，只有熟悉法律的规定，才能及时应对现实中可能出现的相关问题。

创业者创业前需要储备的法律知识还包括知识产权相关法律，有相当比例的创业项目集中在自有知识产权的转化和利用方面，因此创业者对知识产权法律一定要有足够的学习和理解，尤其是商标权、专利权等。通过强化自己的知识产权意识，保护好自有知识产权，同时做到不侵权、不逾矩，合法进行企业经营。此外，对《中华人民共和国劳动法》（简称《劳动法》）和《劳动合同法》及地方性劳动法规和部门规章也要有意识地学习，使企业在处理员工关系时不违反法律的强制性规定，做到合法、合规，降低用工风险，构建良好的劳动关系。

2. 制定企业相关文本时要符合法律规定，注重内容和实质的合法性审查

创业者创业在选择创办不同类型的企业时，一定要注意相关法律文本的制定。在创办公司企业时要特别注意拟定符合企业发展实际的公司章程，对非法定的约定条款一定要特别注意，使公司章程这一公司内部的"宪章"真正发挥其应有的作用。在创办合伙企业时，要正确区分一般的普通合伙企业、特殊的普通合伙企业和有限合伙企业，选择最适合自己创业的合伙形式。尤其要注意的是合伙协议的约定，对合伙人权利义务分配、合伙企业内部的经营管理方式、合伙企业利润的分配办法和债务的承担方式等重要内容，一定要有详细而明确的约定。合伙协议的地位与公司章程的地位相同，是规定企业内部各种管理事务的重要依据，同时法律又赋予合伙人制定合伙协议时更多的自主权，因此，合伙协议应该更加专业而详尽。除了公司章程、合伙协议之外，企业内部管理制度的制定也需特别注意。企业内部管理制度一定要结合企业运营和发展的实际，符合行业特点和企业特点，需要经过法定程序的一定要履行相关手续，这样日后发生劳动关系纠纷时才有可能成为证据支撑。例如，关系到职工违反劳动纪律的相关制度的制定，必须要经过职代会同意，同时还要公示给每个劳动者，这样日后才能作为支撑的证据。制定企业管理制度切忌随意、不结合企业实际，一定要从形式要件和实质要件进行合法性判断。

3. 做好相关证据的采集和留存

做好相关证据的采集和留存，在发生纠纷时才有可能更好地保护企业的合法权益。创业者创业时遇到的经济纠纷，常见的是因证据不足而导致不利结果，或是在和解中处于不利地位，或是在仲裁或诉讼中败诉。这就要求企业经营时必须要注意相关文书、证据的留存和妥善保管。实践中证据的种类多种多样，如公司章程、合伙协议、企业内部管理制度、具体的合同文本、劳动合同文本和条款解释等书面制式文本，还有往来资金凭证、各类相关单据、质量检测证明、交易凭证等过程性证据。可以说，所有经济往来过程中的相关文本和过程性材料均需要妥善留存，以备不时之需。在面对劳动争议时需要提交的证据则涉及员工入职后各个阶段的表现材料，如履职情况、违纪情况、不能胜任工作需求情况、五险一金的缴纳情况，甚至包括考勤情况、财务报销情况等，现实中企业面临劳动争议仲裁和诉讼时，败诉的比较多，其中很重要的原因就是未能提交足以支撑自己诉讼请求的有效证据。在我国劳动法侧重保护劳动者权益的立法宗旨下，企业更易败诉。因此，创业者在创业过程中更应注意此方面相关证据的留存。

总之，创业者创业过程的各个时期会面临不同的法律风险，只有熟悉和掌握相关法律要求，才能识别可能遇到的法律风险并合理规避，使创业具有更加强大持久的生命力。

第四节　创业政策

2015 年《国务院关于大力推进大众创业万众创新若干政策措施的意见》发布后，全社会掀起了创业创新的浪潮。基于此，国家和地方政府均出台了相关政策支持创业创新，主要涵盖金融财税、行政许可、技术、人才等领域政策，这些政策之间相互关联和影响，共同形成了支持"大众创业、万众创新"的政策体系。

一、创业政策概述

一般来说，政策是规范行为体活动的规则和规章的总和，是由一个或一批行为者为处理某一问题或有关事务而采取的路线和行为准则。创业政策是由各级政府机构颁布的，以激励和促进创业为目的，围绕创业过程各阶段，通过运用政策工具来提高创业者创业能力、增加创业机会、降低创业风险、改善创业环境的一系列政策法规的总和。

这些政策法规既包括国务院及相关部委、省政府及相关部门、各地市出台的有关创业的一系列行政决定和意见，也包括全国人大、省人大和有立法权的市人大通过的有关规范创业的法律、法规等一系列法律条文。我国大学生创业政策体系作为国家创业政策体系的重要组成部分，无疑是依托国家创业政策体系产生的。20 世纪末我国大学生创业活动的产生及相关创业政策的出台是在国家创业政策大环境下，适应高校招生与就业制度的改革而逐步形成的。国家关于规范创业活动的相关制度、规定、意见和具体政策措施，以及中央教育体制改革中关于高校招生、就业、创业制度的改革内容，都为大学生创业政策体系提供了渊源。

概括而言，创业政策是指各级和各类政府机构为支持和规范创业活动而颁布或通过的指导性文件、政策、法律法规等的总称，其中既包括行政部门的政策措施，也包含各级立法机关颁布的一系列规范创业的法律条文。大学生创业政策是创业政策的重要组成部分，其宗旨和目标是通过培养大学生的创业精神、强化大学生的创业意识、提高大学生的创业能力，从而有效地促进大学生的创业活动。大学生创业政策除了具备一般创业政策的本质和内涵外，更重要的是政府专门为大学生制定了一系列鼓励创业、提高创业成功率、扶持企业成长的指导性文件和政策法规等。

二、创业政策类型

伴随着 20 世纪 90 年代以来我国社会的快速转型和我国经济体制改革的不断深入，创业政策经历了从无到有，从个别领域的单元政策延伸到涵盖创业过程各个环节、多个单元的发展历程。经过 20 多年的发展，我国创业政策已初步形成了以国家法规政策为宏观指导、地方性法规政策为配套的自主创业政策体系，内容涵盖创业教育、创业融资、商务支持、创业服务等，并且在进一步完善。

（一）创业融资政策

所谓融资，即货币资金的融通，是当事人采用一定的方式和渠道向金融机构或金融中介机构筹集资金的一种业务行为。大学生创业融资政策是国家为大学生创业者获得创业资金制定的一系列优惠政策。当前，创业融资政策主要由三部分构成：财政专项资金政策、小额担保贷款政策和创业基金政策。创业融资政策在创业政策体系中具有枢纽地位，发挥着为创业者提供物质支撑和培育创业机会的功能。我国已基本形成了以财政专项资金政策、小额担保贷款政策和创业基金政策为基本要素的大学生创业融资政策体系。从体系内各要素的关系看，不断完善的金融机构小额担保贷款政策成为创业融资政策体系的核心政策，是大学生创业融资的主要资金来源；创业基金政策由政府和社会共同推进，是创业融资的保障性政策；财政专项资金政策带有很强的行政指导性，为创业领域提供目标和方向，在创业政策体系中具有较为突出的引导性作用。

1. 财政专项资金政策

政府对创业的财政专项资金政策主要体现在国家对中小企业财政支持的相关政策中，目前，全国性的财政专项资金主要有科技型中小企业技术创新基金和中小企业发展专项资金两种。2005 年 3 月，科技部、财政部联合制定和发布了《科技型中小企业技术创新基金项目管理暂行办法》，明确了科技型中小企业技术创新基金的性质和投资方向，即科技型中小企业技术创新基金是用于支持科技型中小企业技术创新的政府专项基金，以无偿资助、贷款贴息和资本金投入的方式支持科技型中小企业的技术创新活动。无偿资助和贷款贴息数额一般均不超过 100 万元，个别重大项目最高不超过 200 万元，申请无偿资助的企业需有等额以上的自有匹配资金。2021 年 6 月，财政部发布了《中小企业发展专项资金管理办法》，对中小企业发展专项资金的性质、资金来源以及使用办法做出明确规定。中小企业发展专项资金由中央财政预算安排，主要用于支持中小企业特别是小微企业的技术进步、结构调整、转变发展方式、扩大就业，以及改善服务环境等，对符合一定条件的企业项目给予 200 万元以内的无偿资助或者贷款贴息。其他的专项资金政策还有中小企业服务体系专项补助资金、中小企业国际市场开拓资金等。除了国家层面的专项基金支持外，各地方政府也设立了一些支持创业者创业的资金政策。

2. 小额担保贷款政策

2009 年共青团中央、国家开发银行联合下发了《关于深化实施"中国青年创业小额贷款项目"的通知》，就如何增强青年创业小额贷款的普遍性、解决青年创业过程中面临的资金瓶颈问题作出了具体部署。在贷款对象上，该项目将重点向初次创业的、具有小额融资需求的青年倾斜，努力填补初次创业青年融资渠道空白。在贷款额度上，青年创业小额贷款每人单笔额度一般在 10 万元以内，最多不超过 100 万元；青年创办的中小企业贷款单户额度一般在 500 万元以下，最多不超过 3000 万元。贷款期限一般不超过 3 年。在贷款定价上，条件成熟的地区，贷款利率在中国人民银行公布的同期贷款利率基础上适当下浮，使利率水平覆盖风险与成本。该通知要求，各地要结合实际，大力推动贷款担保方式创新：①推进信用贷款模式。通过建立和完善对创业青年的资信评价体系，对信用优良的创业青年发放"免担保、免抵押"的小额信用贷款。②发展创业青年互保、联保贷款。该通知强调，国家开发银行要在防范风险的前提下，简化贷款环节，优化评审流程。团组织要从重点扶持对象中选择贷款对象，并对贷款对象进行信用教育。采取创业培训、创业导航、创业见习、创业孵化等措施，对创业青年进行培训和扶持，提高贷款对象的创业成功率，提升项目整体运作水平。为鼓励网络创业，《国务院办公厅关于做好 2014 年全国普通高等学校毕业生就业创业工作的通知》中明确规定："在电子商务网络平台开办'网店'的高校毕业生，可享受小额担保贷款和贴息政策。"这一政策有力地推动了高校毕业生借助互联网平台实现创业梦想。2015 年 4 月 21 日召开的国务院常务会议确定，将小额担保贷款调整为创业担保贷款，最高额由 10 万元或不足 10 万元统一调为 10 万元，个人贷款比基础利率上浮 3%以内的部分由财政贴息并简化手续。这些举措为创业的担保贷款融资营造了更加便利的政策环境。

3. 创业基金政策

2005 年中共中央办公厅、国务院办公厅《关于引导和鼓励高校毕业生面向基层就业的意见》要求，积极鼓励、支持高校毕业生到基层自主创业和灵活就业。大力倡导高校毕业生发扬自强自立的精神，在就业时不等不靠、不挑不拣，勇于到市场经济大潮中拼搏竞争。各级党委和政府要创造良好的政策环境和市场条件，鼓励和支持高校毕业生到基层自主创业和灵活就业。对高校毕业生从事个体经营的，除国家限制的行业外，自工商行政管理部门登记注册之日起 3 年内免交登记类、管理类和证照类的各项行政事业性收费。加强对大学生的创业意识教育和创业能力培训，为到基层创业的高校毕业生提供有针对性的项目、咨询等信息服务，对其中有贷款需求的提供小额贷款担保或贴息补贴。有条件的地区，通过财政和社会两条渠道筹集"高校毕业生创业资金"。

（二）商务支持政策

商务支持政策在创业政策体系中同样具有枢纽地位，为创业者从事创业活动减少壁垒、降低创业成本提供政策支持。创业商务支持政策包括市场准入政策和税费减免政策。市场准入政策规范着创业者从事创业行为的资金、人员、住所等要求，税费减免政策则规范着创业过程中应缴纳的税款和相关经营费用。创业准入门槛的降低和税费的减免从不同方面促进创业活动，两类政策的有效实施将进一步增加创业机会。

1. 市场准入政策

为鼓励高校毕业生自主创业，以创业带动就业，2008 年人力资源和社会保障部等在《关于促进以创业带动就业工作的指导意见》中，对初创企业在准入条件、注册资金和创业经营场所等方面给出指导性意见，如要求适当放宽初创企业市场准入政策，允许注册资金分期到位，按照法律、法规规定的条件、程序和合同约定允许创业者将家庭住所、租借房、临时商业用房等作为创业经营场所等。2013 年 12 月，十二届全国人大常委会第六次会议决定对《中华人民共和国公司法》做出修改，并于 2014 年 3 月 1 日起施行。此后《公司法》将实缴登记制改为了认缴登记制，在普遍意义上取消了对公司注册资本的最低限额。

2. 税费减免政策

《财政部 国家发展改革委关于对从事个体经营的下岗失业人员和高校毕业生实行收费优惠政策的通知》中规定，高校毕业生从事个体经营的，在毕业两年内自其在工商部门登记注册之日起 3 年内免交有关登记类、证照类和管理类收费，并规定了高校毕业生税收优惠政策的具体收费项目。2018 年新修订的《中华人民共和国企业所得税法》第二十八条规定："符合条件的小型微利企业，减按 20% 的税率征收企业所得税。国家需要重点扶持的高新技术企业，减按 15%的税率征收企业所得税。"为了更好地贯彻和落实《企业所得税法》，全国各省（自治区、直辖市）对大学生创业优惠也大多制定了更为具体的规定。

（三）创业场地扶持政策

对创业场地的扶持政策，主要体现为创业孵化基地和创业园的建设以及相关优惠政策。2010 年人力资源和社会保障部《关于实施大学生创业引领计划的通知》对建立大学生创业园、加强场地和设施等硬件建设提出要求，并提出建设的目标和任务。

1. 创业孵化基地建设

孵化器本指人工孵卵的专用设备，后来被引入经济领域，指企业在初创阶段的异常艰难时期，被安置于一个能够提供资金、场地、管理服务等多种便利的集中空间里，这个空间就像是一个孵化器，使得创业企业的创业风险和创业成本大大降低，从而提高企业的成活率。经过孵化的企业逐渐由小变大、由弱变强，获得"毕业"资格而后进入市场。根据许多国家的测算，在完全市场竞争条件下，新创办中小企业的成活率一般不会超过 30%，但是经过孵化器孵化和培育的企业，其成活率一般都可达到 80% 以上。2010 年 5 月，《教育部关于大力推进高等学校创新创业教育和大学生自主创业工作的意见》要求，建立大学生创业实习或孵化基地，为大学生创业提供场地、资金、实训等多方面的支持，为大学生创业企业减免房租至少 12 个月。近年来，全国各地建立起了数以千计的大学生实习实践基地和创业孵化基地，并配套各种优惠政策，为大学生创业企业的成长发挥了突出的作用。

2. 创业园建设

创业园是专门为创业者创新创业提供服务、促进成果转化的基地，通过提供办公场地、咨询与培训、管理与服务和一系列优惠政策，降低创业企业的创业成本，提高创业的成功率。2010 年 5 月，《教育部关于大力推进高等学校创新创业教育和大学生自主创业工作的意见》要求，各地要全面加强创业基地建设，为大学生打造全方位创业支撑平台。教育部会同科技部，以国家大学科技园为主要依托，重点建设一批"高校学生科技创业实习基地"。各地、各高校也通过多种形式建立大学生创业实习基地。这些基地结合实际，为大学生创业开辟较为集中的专用场地，配备必要的公共设备和设施。

（四）创业服务政策

创业服务贯穿于整个创业过程，这里所指的大学生创业服务政策包括对大学生创业提供的政务服务、创业服务平台建设等。

1. 政务服务政策

为鼓励和支持高校毕业生到基层自主创业和灵活就业，中共中央办公厅、国务院办公厅在 2005 年下发的《关于引导和鼓励高校毕业生面向基层就业的意见》

中要求，各级政府要对以从事自由职业、短期职业、个体经营等方式灵活就业的高校毕业生提供必要的人事劳动保障代理服务，在户籍管理、劳动关系形式、社会保险缴纳和保险关系接续等方面提供保障。2010 年 5 月，《教育部关于大力推进高等学校创新创业教育和大学生自主创业工作的意见》要求，创业基地应提供法律、工商、税务、财务、人事代理、管理咨询、项目推荐、项目融资等方面的创业咨询和服务，切实帮助大学生解决创业初期的各种难题；人力资源和社会保障部、教育部等六部委要共同组织实施"创业引领计划"，对高校毕业生自主创业在工商注册、小额担保贷款、税费减免等方面出台一系列优惠政策；还要求各地、各高校要结合实际，抓好政策落实，并创造性地开展工作，出台地方促进大学生自主创业的政策措施。

2. 创业服务平台建设

创业服务平台建设主要加强了两个方面的建设。

1）加强创业服务机构的建设。为了更好地指导大学生的创业活动，各地纷纷建立起了不计其数的创业服务机构，依其隶属性质主要分为三类：①隶属于政府部门的创业服务机构，如各省（自治区、直辖市）的人力资源和社会保障部门设立的大学生创业服务中心。②由政府部门牵头负责，借助社会资源成立的非政府公益组织，如"上海市中小企业专家咨询团"。该组织由上海市 16 家相关委办局的行政业务人员和 23 家中介服务机构、法律界人士组成。咨询形式以网上咨询为主，服务内容基本涵盖企业的整个生命周期，主要包括财税金融、工商管理、融资担保、科技创新、企业外贸、劳动保障、企业管理、创业开业、知识产权、检测服务、法律咨询、改制上市等。③由民间组织成立的非营利性的公益社团组织，如陕西省创业促进会、山东省创业促进会、吉林省创业促进会等，均是由有志于促进创业和扶持就业的企事业单位及有关人士自愿结成的非营利性的社团法人组织。这些创业服务机构的建立，为大学生的创业活动提供了有力的智力支持与技术支持。

2）加强信息化平台建设。2011 年 3 月，教育部主办的"全国大学生创业服务网"正式开通。许多高校也依托本校的就业工作网站增加了大学生创业的内容，也有高校专门开辟了大学生创业网。全国各地人力资源和社会保障部门也先后建起了自己的创业网站。这些网站大都集合了创业政策、创业培训、创业融资、创业场地和创业服务等内容，可以为创业者，尤其是大学生创业者提供全方位的信息服务。

从我国创业政策体系的形成和构成看，我国创业政策，尤其是大学生创业政策的重点在发生转型，从仅仅注重创业场地和基础设施等硬环境建设，开始向制定专门的政策措施，营造鼓励创新创业的良好舆论氛围转变，为创业提供政务服务、创业培训，并加强创业服务平台建设。

【练习与思考】

　　1. 法律所规定的对营业自由的限制有哪些？

　　2. 你打算创业的地区有哪些地方性的创业扶持政策？

第四章

创业组织

【学习目标】

1. 掌握创业组织的具体形式以及不同形式之间的联系和区别。
2. 了解创业组织注册登记的基本流程。
3. 能说出不同的创业组织内部治理的基本结构及各自所具备的优势和缺陷。
4. 了解企业破产清算的条件以及《破产法》的主要规定。

创业组织是创业项目运作的基础，是创业启动的第一步。创业者需要根据创业内容、创业资源等自身情况选择适当的创业组织形式，并根据我国法律规定进行创业组织的注册和登记以获得开展营利活动的资格。在创业过程中，创业者要注重组织的治理，保证创业组织的良性运转。此外，创业者还需要了解创业组织的转让与退出，以应对未来可能发生的意外情况。

第一节 创业组织的形式选择

组织形式是企业从事经济运作和财务运作的基础，创业者在创业时选择合适的组织形式至关重要。在这一过程中，必须遵循商主体法定原则。根据目前我国的法律规定，创业者可以选择的组织形式有很多，包括个体工商户、个人独资企业、合伙企业、有限责任公司、股份有限公司等。不同创业组织形式的法律地位、性质和特征均不同，同时，创业者的梦想、创业资源也千差万别，因此创业者应结合自身情况，选择合适的组织形式，为创业企业日后的发展打下坚实的制度基础。

一、创业企业的几种主要组织形式

（一）个体工商户

个体工商户，指公民在法律允许的范围内，依法经核准登记，从事工商业经营的家庭或自然人。根据法律有关政策，可以申请个体工商户经营的主要是城镇待业人员和农村村民。个体工商户的注册资金没有法定要求，注册方便、程序简单，若创业者想要从事主要以本人或家庭成员的劳动为基础的商业活动，如小商品零售、餐饮、理发等项目，则可以申请成为个体工商户。需要注意的是，国家机关干部、企事业单位职工，不能申请从事个体工商业经营。

在依法核准登记的范围内，个体工商户享有从事个体工商业经营的民事权利能力和民事行为能力，其正当经营活动受法律保护，经营的资产和取得的合法收益归公民个人或家庭所有。个体工商户可以在银行开设账户，向银行申请贷款，有权申请商标专用权，有权签订劳动合同及请帮工、带学徒，还享有起字号、以其字号进行活动、刻印章的权利。但是个体工商户不属于经济组织，不具有法人资格，创办个体工商户的自然人或家庭需要对债务承担无限责任。

（二）个人独资企业

个人独资企业是指个人出资经营、归个人所有和控制、由个人承担经营风险和享有全部经营收益的经营实体。个人独资企业适合资金少且不愿意与他人合伙的个人创业。与个体工商户一样，独资企业不具有独立的法人人格，不具有法人地位，是典型的非法人企业，其从事民事或商事活动是以独资企业主的个人人格或主体身份进行的，实质上是自然人从事商业经营的一种组织形式。个人独资企业需要以企业全部资产对外承担无限责任，即便个人独资企业解散，企业主对于企业在存续期间形成的债务仍负有偿还责任。

（三）合伙企业

合伙企业是指按照《合伙企业法》在中国境内设立，由各合伙人订立合伙协议，共同出资、共同经营、共享收益、共担风险的企业组织形式。合伙企业没有注册资金的要求，注册较为简便。同时，合伙企业允许以劳务出资，对于缺乏资金但有专业技术的创业者来说是不错的选择。合伙企业同样不具备法人资格。具体而言，合伙企业的类型包括普通合伙企业、特殊的普通合伙企业、有限合伙企业。

1. 普通合伙企业

普通合伙企业由二人以上的普通合伙人（没有上限规定）组成，合伙人对合伙企业债务承担无限连带责任。

2. 特殊的普通合伙企业

特殊的普通合伙企业较为适合以专业知识和专门技能为客户提供服务的专业服务机构。在特殊的普通合伙企业内部，一个合伙人或数个合伙人在执业活动中因故意或者重大过失造成合伙企业债务的，应当承担无限责任或者无限连带责任，其他合伙人则仅以其在合伙企业中的财产份额为限承担责任；合伙人非因故意或者重大过失造成的合伙企业债务以及合伙企业的其他债务，由全体合伙人承担无限连带责任。

3. 有限合伙企业

有限合伙企业由二人以上五十人以下的普通合伙人和有限合伙人组成，普通合伙人对合伙企业债务承担无限连带责任，有限合伙人以其认缴的出资额为限对合伙企业债务承担责任。

（四）有限责任公司

有限责任公司是依照《公司法》在中国境内设立的，以营利为目的的企业法人。有限责任公司由二人以上五十人以下的股东共同出资设立，每个股东以各自的出资额为限对公司债务承担责任，公司以全部资产对其债务承担责任。有限责任公司最大的优势在于有限责任，这限定了创业者承担的最大法律风险不会超过注册资本。但创业者在运营公司的过程中仍要注意按照《公司法》的要求规范运作，明确权利与义务，降低法律风险。

如果创业者创业之初人员少、业务简单，想对公司实施绝对控制、独享公司收益，则可以考虑设立一人有限责任公司。一人有限责任公司不设股东会、董事会、监事会，创业者拥有绝对控制权。但需要注意，一人有限责任公司所有的重大决策必须做出书面决议，并且应当明确公司财产与创业者个人财产，避免公司财产与个人财产混同。当公司出现人员混同、财产混同的情况，根据"法人人格否认制度"（又称"揭开公司面纱"），在公司与特定第三人存在问题的法律关系中，将不再承认公司的法人人格，将透过公司的墙，向一人股东直接追究责任，此时创业者将不再受有限责任的保护，必须对企业债务承担无限责任。但是，如果公司初始资本充足，后来由于经营不善或者市场衰败等原因造成亏损，公司面纱就不会被揭开，一人有限责任公司股东仍受有限责任的保护。

（五）股份有限公司

股份有限公司是由二人以上二百人以下的股东作为发起人，全体股东以各自持有的股份额为限对公司债务承担责任的企业法人。股份有限公司的全部资本划分为等额的股份，向社会公开发行筹集资金，任何人均可出资入股，股份可以自由转让，但不能退股。公司的账目需要向社会公开，以便投资人了解公司的情况，选择是否入股。

相对于合伙企业的"人合性"来说，股份有限公司具有典型的"资合性"，投资者只要认购股份、支付股款均可以成为公司股东，而不需考虑与其他股东的人身关系，股东具有广泛性。这种组织形式可以更广泛、迅速、有效地集中大量资金。但是设立和解散股份有限公司的要求比较严格，程序更为复杂，创业者可以在企业发展成熟后再将创业组织变更为股份有限公司，以获取更多的社会资本，为企业谋求更大的发展空间。

二、选择创业组织形式应考虑的因素

（一）法律责任

在创业中，风险与收益并存。创业者在选择创业组织形式时，不仅要考虑创业项目的收益，还应当特别关注未来可能需要承担的法律责任。

1. 个体工商户、个人独资企业

创业初期，资金少、规模小，个体工商户或个人独资企业量轻、灵活，有其独特的优势，适合作为初创企业的组织形式。但这两种组织形式需要创业者对企业债务承担无限责任；如果以家庭财产出资的，还必须以家庭财产承担无限责任。例如，创业者甲以 5 万元自有资金创业，设立个人独资企业，甲需要以个人财产承担无限责任，与家庭财产无关；但如果甲将自有资金和家里的财产包括土地承包经营权等财产作为出资，并且创业所得利润也用于家庭开销，那么当甲的企业面临企业债务时，则需要以甲的资产和甲的家庭财产一并承担责任。

2. 合伙企业

合伙企业的法律责任因合伙企业形式的不同而不同，见表 4.1。

表 4.1　不同合伙企业形式及法律责任

合伙企业形式	法律责任
普通合伙	全体合伙人对企业形成的债务承担无限连带责任
有限合伙	有限合伙人仅以其出资额为限对企业债务承担有限责任，其他普通合伙人承担无限连带责任
特殊的普通合伙	因故意或者重大过失造成企业债务的合伙人对企业的债务承担无限责任或无限连带责任，其他合伙人仅以其出资额为限承担有限责任；合伙人在执业活动中非因故意或者重大过失造成的合伙企业债务以及合伙企业的其他债务，由全体合伙人承担无限连带责任

例如，三个同学甲、乙、丙，每人出资 10 万元组建合伙企业 A，在经营过程中，企业 A 负债 80 万元。如果是普通合伙，债权人可以向甲、乙、丙中的任意一人主张全部 80 万元债权，任一合伙人都不得以出资额有限为由拒绝偿债；如果是有限合伙，有限合伙人甲以其出资的 10 万元承担有限责任，另外两位普通合伙人乙、丙必须以全部财产承担无限连带责任；如果是特殊的普通合伙，若合伙人甲存在故意或重大过失，则甲需要以全部财产承担无限连带责任，乙和丙仅需要以出资额为限承担有限责任。

3. 公司

不论是有限责任公司还是股份有限公司，公司这种组织形式最大的特点是有限责任。即创业者仅以其出资额为限对公司债务承担有限责任，公司以其全部财产对外承担责任。相对而言，公司由于受到有限责任的保护，股东的风险更小，但一人有限责任公司仍需要注意避免上文提及的"揭开公司面纱"制度可能带来的财务风险。

（二）税收负担

创业是为了实现创业者的梦想，其最直接的目的是获得收益。税收负担将对企业的盈利水平产生直接影响。国家对不同的创业组织形式有着不同的税收要求。

1. 个体工商户、个人独资企业、合伙企业

个体工商户、个人独资企业、合伙企业，这三种组织形式不具备法人人格，因此无须缴纳企业所得税，只需要缴纳个人所得税，是单一征税。

2. 公司

公司具有法人人格，是独立的纳税主体，必须根据专门的税率要求缴纳企业所得税。作为公司股东的自然人，从公司分得股息和红利，还必须缴纳个人所得税；作为公司股东的法人，从公司分得股息和红利，还必须根据专门税率缴纳企业所得税。因此，公司这种组织形式存在双重征税的情况，税收负担较前几种创业组织更重。

（三）设立费用和手续

创业者在创立一个企业时，需要花费一定的费用、完成一定的手续，费用的多少和手续的繁简也应该成为创业者选择创业组织形式时考虑的因素。

1. 个体工商户、个人独资企业

个体工商户、个人独资企业这两种组织形式，资金少、人员少、规模小，设

立的程序相对简单，只需要提供创业者的户籍证明、身份证明、场所使用证明以及非国家公职人员的身份证明即可直接办理工商注册登记。

2. 合伙企业

创业者需要提供合伙协议、合伙人身份证明、企业经营场所使用证明等文件办理工商注册登记，手续简便，费用较低。

3. 公司

设立公司需要提供公司协议、公司章程、公司出资的约定及评估等文件，如果是要设立股份有限公司，则需要提交更多的文件。整体而言，设立公司的程序要比前述三种形式更复杂，费用也更高。

值得注意的是，在"大众创业、万众创新"的新形势下，我国政府为了鼓励创业，积极削减了行政审批程序。2015 年 3 月，李克强总理在政府工作报告中提出"三证合一"，即工商营业执照、组织机构代码证和税务登记证合成为一张证书，提高经济运行效率。2016 年 10 月 1 日，"五证合一"登记制度改革正式实施，在"三证合一"基础上加入社会保险登记证和统计登记证，实现更大范围、更深层次的信息共享和业务协同。总之，我国企业设立步骤的简化、设立费用的减免，为企业的创立提供了极大便利。

（四）控制方式

创业者对创业组织的管理和控制是创业者享有的仅次于收益权的一项重要权利。创业者能否控制企业，取决于创业组织的出资人数、出资额度以及创业组织的法律性质和地位。例如，乔布斯在苹果公司创立之初，由于没有在创业组织中形成良好的控制权，最终被自己一手创立的苹果公司赶出了家门。经过这次教训，乔布斯在以后的创业活动中非常重视企业的控制权。

1. 个体工商户、个人独资企业

个体工商户和个人独资企业只有创业者一个出资人，创业者可以直接管理企业，创业者享有他人无法分享的对企业的绝对控制权。即使企业委托他人来经营管理，创业者对聘请或委托的管理人也享有直接的控制权，包括管理人的聘请、薪酬以及其他权限。

2. 合伙企业

合伙企业的控制权问题需要考虑合伙企业的类型。对于普通合伙企业，普通合伙人共同出资、共同经营，合伙人必须对合伙企业的事务进行平等、友好协商，因此，合伙人不可能对企业享有过大的控制权。对于有限合伙企业，合伙事务由普通合伙人执行，有限合伙人不能直接执行合伙事务，也就不能对企业享有过大的控制权。为了平衡有限合伙人和普通合伙人之间的利益，有必要对有限合伙人的知情权、建议权加以保护。

3. 公司

现实中，公司股东一般不直接参与公司的经营管理，而是通过公司的股东会、董事会和监事会等组织机构对公司日常的生产经营管理和决策施加影响。公司的控制力问题，采用"资本多数决原则"，也就是说出资比重决定控制力的强弱。

（五）转让与退出

投资创业，不仅要关注项目的安全性、盈利性，还需要关注项目的流通性，或者说能否自由地将投资所获取的权益进行转让，及时转换成现金，退出投资创业活动。

1. 个体工商户、个人独资企业

这两类经济组织中只有创业者一个投资人，因此创业者可以自由转让股份，退出投资，无须征得他人的同意。

2. 合伙企业

根据《合伙企业法》的规定，合伙企业如有新合伙人入伙，除合伙协议另有约定外，应当经全体合伙人一致同意，并依法订立书面入伙协议；在合伙企业存续期间，当合伙协议约定的退伙事由出现、经全体合伙人一致同意、发生合伙人难以继续参加合伙的事由、其他合伙人严重违反合伙协议约定的义务时，合伙人可以退伙，但应当提前30日通知其他合伙人，违反规定退伙的，应当赔偿由此给合伙企业造成的损失。

由此可见，由于合伙企业的"人合性"，合伙企业的股份转让与退出需要受到合伙协议和法律的限制，并要提前通知、取得其他合伙人的一致同意，其他合伙人享有优先购买权，且转让与退出活动要避开合伙事务的繁忙期。因此，创业者如果选择合伙企业作为创业组织形式，应当特别注重合伙协议的订立，将有关转让与退出的事项尽可能明确，以避免日后的麻烦。

3. 公司

当股东投资时，投资份额的流通性是一个重要的考虑因素，流通性越强，投资的价值也越高。公司的有限责任是公司股份得以自由流通的重要前提，由于股东仅以出资额为限对公司债务承担有限责任，公司的股份转让给任意股东均不会对其他股东的利益造成不良影响，因此，公司的股份可以实现自由转让。

具体而言，创业者的股权转让会因公司类型不同而稍有不同，见表4.2。根据《公司法》第七十一条的规定，有限责任公司的股东之间可以互相转让全部或部分股权；股东向股东以外的人转让应当经其他股东过半数同意，在同等条件下，其他股东享有优先购买权；半数以上不同意的，不同意的股东应当购买该转让股权，不购买的，视作同意转让。对于上市公司来说，由于其股份在证券交易所挂牌，股份的转让则十分快捷方便。

表4.2 不同类型公司股权转让与退出的不同

公司类型	股权转让与退出
有限责任公司	自由转让股权，须经公司过半数股东同意，并书面通知，其他股东享有优先购买权
股份有限公司	自由转让股权，须依法律和章程的规定办理；上市公司应根据法律规定在证券交易所进行转让

综上，不同的创业组织形式，其性质、地位、特征均不同，各有利弊，创业者需要根据自身的需要，在不同的创业阶段选择不同的创业组织形式。

第二节 创业组织的注册与登记

为了确保交易安全，维护市场秩序，商主体法定原则要求任何人不得创设法律规定之外的商事主体类型，并且，创业者设立创业组织在正式经营之前必须到法定的行政机关进行注册登记，以获得主体资格和经营资格。

一、创业组织注册登记的意义

《公司法》第十三条规定："公司法定代表人依照公司章程的规定，由董事长、执行董事或者经理担任，并依法登记。"创业组织进行注册登记可以为创业组织获得法律资格和地位，为自身开展营利活动获得经营资格。以公司这种组织形式为例，在依法登记后，可产生如下法律效力：①公司取得从事经营活动的合法凭证，即营业执照。公司的营业执照上应载明公司名称、住所、注册资本、实收资本、经营范围、法定代表人姓名等事项。公司可据执照开展刻制印章、开立账户、办理纳税登记等活动。②公司获得企业法人资格，可从事相应的民事法律行为。③企业可以取得名称专用权。

登记制度是基于公示公信的制度价值而存在的，因此公司在进行了登记之后将产生公信效力。第三人可以根据该登记信赖该企业的法定代表人有权代表公司以及公司注册资本等情况。公司的法定代表人等情况发生变动时应及时办理变更登记，未登记或未进行变更登记的不得对抗善意第三人。反过来说，公司登记后也可以向交易对方展示公司注册登记的资料，从而获得交易对方的信任，促进合作的达成。此外，创业组织依法进行注册登记可以为国家宏观调控提供信息数据，从而便于管理及制定相关政策。

企业进行注册登记是商主体法定原则的要求，创业者设立创业组织若不预先进行注册登记则违背了法律的强制性规定，将无法获得法律主体资格和经营资格。企业还有可能承担交易行为无效、受到行政处罚等法律后果，情节严重的将受到刑法的制裁，因此，企业的注册登记至关重要。

二、创业者设立公司的条件

不同类型的创业组织注册登记的条件、流程均有所不同，个体工商户、个人独资企业、合伙企业的设立相对简单，创业者可以根据工商政务大厅工作人员或工商行政管理部门的官方网站的指引，准备材料，自行进行注册。

（一）股东人数

《公司法》第二十四条规定："有限责任公司由五十个以下股东出资设立。"此处没有要求两人以上，是考虑到一人有限责任公司的存在。第七十八条规定："设立股份有限公司，应当有二人以上二百人以下为发起人。"公司股东不仅仅是自然人，法人也可以作为公司股东。比如母公司是子公司的控股股东，或一家公司作为另一家公司的股东。

（二）注册资本

《公司法》没有对注册资本的最低限额的规定，也就是说，1元钱也可以开公司；也没有股东出资需要一次实缴到位的规定，即只要公司可以正常运行，政府不以出资为由进行干预。这大大减轻了股东的负担，降低了设立公司的成本，提高了经济的运行效率。关于认缴制需要注意的是，股东虽然不需要将认缴出资额全部实缴到位，但并不意味着股东可以不缴，当公司资不抵债或到期债务不能清偿时，债权人有权要求股东根据登记注册的认缴额足额出资、补足差额，因此还是存在法律风险的，切不可一味为了彰显公司实力而填写过大的注册资本。此外，"1元钱公司"在实践中也应慎重，容易对公司形象造成不利影响，导致公司业务开展不顺利。综上，创业者应当综合考虑选择的行业和自身实力，理性确定注册资本。

（三）公司章程

公司章程是由公司发起人按照《公司法》的要求制定的约束公司及全体成员的基本组织和行为规则，可以说是公司的"宪章"。公司章程在公司制定的各项规章制度和文件决议中具有最高效力，一切与公司章程相抵触的文件均无效。同时，公司章程的约束力上及公司、股东会、董事会、监事会，下至每一位股东、高管、员工，其重要性不言而喻。

《公司法》第二十五条规定："有限责任公司章程应当载明下列事项：（一）公司名称和住所；（二）公司经营范围；（三）公司注册资本；（四）股东的姓名或者名称；（五）股东的出资方式、出资额和出资时间；（六）公司的机构及其产生办法、职权、议事规则；（七）公司法定代表人；（八）股东会会议认为需要规定的其他事项。"

《公司法》第八十一条规定："股份有限公司章程应当载明下列事项：（一）公司名称和住所；（二）公司经营范围；（三）公司设立方式；（四）公司股份总数、每股金额和注册资本；（五）发起人的姓名或者名称、认购的股份数、出资方式和出资时间；（六）董事会的组成、职权和议事规则；（七）公司法定代表人；（八）监事会的组成、职权和议事规则；（九）公司利润分配办法；（十）公司的解散事由与清算办法；（十一）公司的通知和公告办法；（十二）股东大会会议认为需要规定的其他事项。"

关于公司章程应当载明的事项，《公司法》在最后增加了兜底条款，即"股东（大）会会议认为需要规定的其他事项"。这表明，公司可以根据自身实际情况增加任意记载事项，与必要记载事项一样，具备章程的最高效力。创业者在实际操作中，从国家市场监督管理总局网站上下载格式章程，再根据实际情况进行适当调整即可。

（四）公司名称和组织机构

《公司法》第二十三条、第七十六条要求有限责任公司、股份有限公司须有公司名称，建立符合要求的组织机构。公司名称是公司成立的必要条件，也是公司营业执照和公司章程的必要记载事项，是公司特定的人格标记，具有唯一性和排他性，公司正是借此区别于其他民事主体。

根据《企业名称登记管理规定》和《企业名称登记管理实施办法》，我国企业的名称包括四个组成部分：行政区划、字号、行业、组织形式。行政区划显示了注册机关的行政级别和行政管辖范围，如"中国""山东省"；字号是由申请者自选的两个以上汉字或少数民族文字；行业以企业的主营业务为准，如"服务""餐饮"等；组织形式则为"有限责任公司"或"股份有限公司"。

（五）公司住所

公司住所是法律上确认的公司所在地，在商业活动、行政管理和诉讼中均有重要的法律意义。一是在商业活动中，公司住所可以确定债权债务的接受地和履行地，根据《民法典》第五百一十一条规定，可以进一步推定为合同履行地。二是在行政管理中，可以根据公司住所确定工商管理机关、税务机关。三是在民事诉讼中，住所是确定法院管辖权与诉讼文件送达地的标准。

三、设立公司的基本流程

设立公司的基本流程如图 4.1 所示。

| 核准名称 | ➡ | 申请审批 | ➡ | 申领证照 | ➡ | 刻章 | ➡ | 正式营业 |

图 4.1　设立公司的基本流程

（一）核准名称

核名的主要目的是避免创业组织名称与现有的企业重名，避免侵犯他人名称权，也可以更好地保护企业的名称权。企业在确定公司类型、名称、注册资本、股东及出资比例后，在市场监督管理行政管理机关现场或网上提交企业全体股东或全体发起人签署的《企业名称预先核准申请书》、全体股东或者发起人指定代表或者共同委托代理人的证明以及国家市场监督管理总局规定要求提交的其他文件。一般来说，名称核准程序比较简单，1～3 个工作日即可获得核名结果，若核名失败则需重新核名。预先核准的公司名称保留期为 6 个月，企业需要在 6 个月内完成注册登记，并且在此期间不得将该名称用于从事经营活动，且不得转让。

（二）申请审批

核名通过后，创业者会收到《企业名称预先核准通知书》，之后需要确认地址信息、高管信息、经营范围，在线提交预申请。在线预审通过后，按预约时间到市场监督管理行政管理机关递交申请材料。

设立有限责任公司，应向登记机关提交下列文件：①公司法定代表人签署的《公司设立登记申请书》；②全体股东指定代表或者共同委托代理人的证明；③公司章程；④依法设立的验资机构出具的验资证明，法律、行政法规另有规定的除外；⑤股东首次出资是非货币财产的，应当在公司设立登记时提交已办理其财产权转移手续的证明文件；⑥股东的主体资格证明或者自然人身份证明；⑦载明公司董事、监事、经理的姓名、住所的文件以及有关委派、选举或者聘用的证明；⑧公司法定代表人任职文件和身份证明；⑨《企业名称预先核准通知书》；⑩公司住所证明；⑪国家市场监督管理总局规定要求提交的其他文件。

（三）申领证照

通过审批后，公司需申领企业营业执照、组织机构代码证、税务登记证，之后，公司凭营业执照完成刻章等事项，至此，有限责任公司注册完成。

随着我国不断简政放权，优化行政程序，如前所述，目前实行了"五证合一"制度，可以说，创业组织的设立变得越来越容易，效率大幅提高。

四、创业组织注册登记的审批问题

由于创业组织经营范围的不同，可以分为一般经营项目和许可经营项目，国家对这两类经营项目的审批要求有所不同，创业者也应当予以关注。

（一）一般经营项目

一般经营项目无须进行审批，企业可自主申请、直接经营，如农产品种植、服装批发与采购、计算机软件的开发与销售等。创业者可自行查询分类目录，以确定是否属于一般经营项目。

（二）许可经营项目

许可经营项目的审批分为前置审批与后置审批两种。

1. 前置审批

创业者应当先获得相关行政机关的批准或许可，才可办理工商登记，获取营业执照。需要前置审批的行业关系国家、社会的安全，如爆破作业、通用航空、个人征信、融资担保、证券类、基金类等。但是，前置审批程序烦琐，大大增加了商事主体的开业成本，打击创业者的经商信心，因此我国审批工作正向着后置审批方向迈进。

2. 后置审批

2014 年 11 月 5 日，国务院常务会议决定削减前置审批、推行投资项目网上核准，释放投资潜力、发展活力。2017 年 5 月 7 日，《国务院关于进一步削减工商登记前置审批事项的决定》进一步削减工商登记前置审批事项。

后置审批指的是创业者可以先进行注册登记取得营业执照，之后在一定的时期内完成相关行政审批的办理。后置审批可以补足前置审批的不足，提高商事登记的效率，促进商事活动迅速开展，激发创业热情。

综上所述，创业者在办理创业组织的登记之前，应当根据自己预想的投资项目、经营范围到相应的网站或者当地的机关进行查询，以取得相应的审批。无论是前置审批还是后置审批，创业者都可以通过网络进行办理，然后到现场进行确认。

第三节　创业组织的治理结构

一、个体工商户和个人独资企业的治理

个体工商户和个人独资企业的治理可以从自己经营、委托经营两种情况分别讨论。

（一）自己经营

企业只有一个投资者，企业财产的所有权和经营权合二为一，企业利益为创业者个人独享，企业的经济效益成为对创业者个人的直接激励，因此不存在所谓公司治理的问题。

（二）委托经营

在委托经营的情况下，企业财产的所有权和经营权相分离，需要防范管理者道德风险，也就形成了治理问题。个体工商户和个人独资企业的治理主要通过委托合同、劳动合同、聘请合同来进行。通过合同明确授予经营管理者的各种权限，从而对经营者的行为形成有效的监督，确保创业活动的顺利开展。

二、合伙企业的治理

合伙企业的治理主要是为了防范部分合伙人的道德风险，在治理过程中，要注意强化合伙协议的签署，细化合伙协议的内容，对合伙企业内部及外部事务的管理做出明确的约定。合伙企业的治理也因其三种类型而有所不同。

（一）普通合伙企业

在普通合伙企业中，所有的合伙人都执行合伙事务，难免会出现合伙人的道德风险问题，应当认真思考企业的治理。

对普通合伙企业进行治理，细化合伙协议的条款至关重要。①要制订详细完备的合伙协议，明确约定合伙的目的、合伙人的名称、合伙人的出资、入伙与退伙的条件、违约责任等内容；②对各合伙人合伙事务的权限做出明确的授权，并

在合伙人之间形成监督；③应建立异议争端的解决机制，及时迅速地化解合伙人之间的矛盾。

（二）特殊的普通合伙企业

应当通过合伙协议明确合伙人的分工，以便在造成企业债务后可以及时准确地归属责任。另外，可以办理执业责任保险来规避风险，至于谁是投保人、被保险人则应通过合伙协议进行约定，并在保险合同条款中再次予以确认。

（三）有限合伙企业

有限合伙企业最主要的优点在于某些有限合伙人能获得有限责任的保护，可以在实现创业梦想的同时降低创业风险。但由于有限合伙人不参与合伙事务而只分享企业收益，这便有可能与普通合伙人产生矛盾与冲突。

为了防范普通合伙人在参与合伙事务的过程中可能存在的道德风险，应当授予有限合伙人对普通合伙人的监督权、建议权和知情权，尤其是财务知情权，以保障有限合伙人的权益。

三、公司的治理

公司的治理对确保股东获得投资回报、协调公司内部利益冲突、增强抗风险能力有重要意义。公司治理结构，是指为实现资源配置的有效性，所有者（股东）对公司的经营管理和绩效进行监督、激励、控制和协调的一整套制度安排。典型的公司治理结构是由所有者、董事会和执行经理层等形成的相互关系框架。

一般而言，规模较大的公司，其内部治理结构通常由股东会、董事会、监事会和经理层组成，它们依据法律赋予的权利、责任、利益相互分工并相互制衡。股东会由全体股东组成，是公司的最高权力机构和最高决策机构；公司内设机构由董事会、监事会和总经理组成，分别履行公司战略决策职能、纪律监督职能和经营管理职能。

（一）公司治理的原则

1）股东权力原则：公司的重大事项由股东大会决定。

2）激励与约束并举原则：对公司的管理层实施激励，并且对他们的行为进行约束。

3）信息披露与透明度原则：公司的信息应当向股东、股东会披露。

4）利益相关者参与原则：公司的治理应当由股东、公司的债权人、员工共同参与。

（二）公司治理结构

公司的股东会在公司治理结构中居于最高权力机关的地位，股东会负责选举董事组成董事会，股东会和工会分别依法选举监事组成监事会，董事会和监事会均受股东会监督。监事会对董事会和董事会决定产生的总经理（经理）的工作进行监督。公司治理结构如图 4.2 所示。

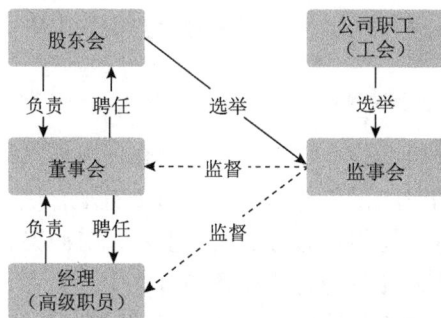

图 4.2　公司治理结构图

（三）有限责任公司的治理

由于创业初期资金少、规模小，创业者如果以公司作为组织形式，一般选择的是有限责任公司。下面主要介绍有限责任公司治理过程中需注意的问题。

1. 一人有限责任公司

一人有限责任公司只有一个股东，企业的收益权、控制权仅由一人股东享有，因此一人有限责任公司的治理不涉及股东与股东之间的问题，仅涉及股东和公司债权人之间的问题。

治理一人有限责任公司可以不设置股东会，但是公司重大决策要作出书面决议并且备置于公司以备日后查询；在财务会计年度终了时应当编制财务会计报告并由有资质的会计师事务所作出审计；必须保持公司的财产和股东的财产独立，如果公司财产与个人财产混同，公司将可能被"法人格否认"，进而不能获得有限责任保护，唯一的股东将以他的出资及其自有财产对企业承担无限责任。

2. 三会制

根据我国法律要求，不论是有限责任公司还是股份有限公司都必须设立三会，即股东会、董事会、监事会，分别行使公司的决策权、执行权、监督权。各机构之间形成相互监督，以达到权力的制衡。创业之初，由于企业仍处在起步阶段，资源有限，创业者没有必要设立齐全的三会制，而可以根据《公司法》的要求，设立简洁的三会制，例如：公司可以只设一名董事，不设董事会；可以只设一名监事，不设监事会；也可以由董事兼任经理，不设经理，但董事不得兼任监事。需要注意的是，虽然简洁的三会制结构简单，但是其功能和职责分工与严格的三会制无异。

3. 发起协议

公司发起协议是创业者和创业伙伴签订的协议，该协议涉及公司名称、经营范围、公司股份、各发起人的出资、各发起人的权利义务等内容。上述内容也将形成公司章程，成为公司的"宪章"，因此公司发起协议对公司章程具有根本性的影响。

4. 公司章程

公司章程是公司的"宪章"，它是公司设立和存在的必备法律文件，不论是一人公司、有限责任公司还是股份有限公司，都必须制订公司章程。如前所述，公司章程可以对公司治理结构中各方的权利进行明确的约定。此外，公司的章程不仅约束公司的股东，还会对董事会成员、经理人员、公司员工、公司债权人等产生约束。公司章程是公司自治性的规则，只要章程约定的内容不违背法律的强制性规定、不违反公序良俗，公司股东可以自由地设置公司条款，以推动公司的自由健康发展。

第四节　创业组织的解散与破产

创业者创业不仅要考虑如何进入市场，也要考虑如何退出市场，做到有备无患。特别是公司这种创业组织形式，尤其需要关注解散与破产问题。

一、创业组织的解散

（一）依法解散

依法解散，又称强制解散，是指在符合法律规定的条件下，创业者被迫解散创业组织的行为。这是一种创业者在被动的情况下解散创业组织的行为，是创业者无奈的选择。依法解散的原因是指由于某种情况的出现，主管机关或人民法院命令创业企业解散。《公司法》规定强制解散公司的情形主要有以下三种。

1. 公司被依法吊销营业执照、责令关闭或者被撤销

根据相关的法律、法规，公司被吊销营业执照的情形主要有：虚报注册资本

的；用虚假证明或其他欺骗手段取得公司法人资格的；变更、注销后一定期限内不公告或公告内容与核准内容不实的；不按规定年检的；伪造、涂改、出租、出借、转让营业执照的；公司成立后无正当理由超过六个月未开业的，或者开业后自行停业连续六个月以上的等。此外，企业违反法律、行政法规被主管机关依法责令关闭的，应当解散。

2. 公司破产

公司破产解散是指公司因不能清偿到期债务，被依法宣告破产而导致的公司解散。《公司法》规定，公司因不能清偿到期债务，依公司或公司债权人的申请，法院依法宣告公司破产的，公司自法院作出破产宣告之日起即告解散。破产可以保护多数人的利益，使得公司财产可以得到公平处置。

3. 司法判决

《公司法》第一百八十二条规定："公司经营管理发生严重困难，继续存续会使股东利益受到重大损失，通过其他途径不能解决的，持有公司全部股东表决权百分之十以上的股东，可以请求人民法院解散公司。"法院在庭审中查明公司符合本条款所规定的公司解散条件的，依法做出解散公司的判决。

（二）自愿解散

自愿解散是根据创业者的自由意思，主动地解散创业组织的行为。这种情况下，创业者有较大的自由空间，创业者可以根据自己的自由意愿做出是否解散创业组织的选择。

自愿解散是创业者自由的商业行为，创业者可以事先设定一些解散的条件和事由，如创业组织成功、失败、被收购、转型、期限届满或其他约定事由。《公司法》第一百八十条规定的自愿解散事由有："（一）公司章程规定的营业期限届满或者公司章程规定的其他解散事由出现；（二）股东会或者股东大会决议解散；（三）因公司合并或者分立需要解散。"创业组织解散可能会给企业掀开新的篇章，带来机会与收益，因此，解散对于创业者和企业而言不一定是坏事。值得注意的是，在创业初期，创业者应当通过协议的方式明确约定解散的各种事由，为以后的解散留下自治空间，同时减小创业者之间纠纷发生的可能性。

（三）创业企业解散的后果

1. 进入清算程序

一般而言，除了合并、分立这几种解散情况，公司因其他事由发生的解散均需要进行清算。在清算过程中，公司结束现存的法律关系，对剩余财产进行分配，最终消灭法人资格。公司在进入清算程序之后，仍然具有民事主体资格，法律上称之为"清算法人"。

2. 停止营业活动

清算期间，公司仍为存续状态，但其权利能力和行为能力均受到了限制。根据《公司法》第一百八十六条的规定，公司在清算期间不得开展与清算无关的经营活动。也就是说，公司仅能够进行与清算有关的事务，不得开展积极的经营活动。

（四）清算的流程

1. 建立清算组织

根据《公司法》第一百八十三条的规定，公司应当在解散事由出现之日起 15 日内成立清算组，有限责任公司的清算组由股东组成，股份有限公司的清算组由董事或股东大会确定的人员组成。清算组在清算期间内清理公司债权债务，编制资产负债表及财产清单，支付清算费用、所欠职工工资和社保费用、企业所欠税款，并清偿企业其他债务。

2. 通知债权人

清算组成立之后 10 日内应当通知债权人前来申报债权，并在 60 日内登报公告清算消息，以保护不知情或潜在的债权人的利益。

在自愿解散的情况下，创业者要与创业伙伴协商、清理创业组织的债权债务。在完成清算以后，创业者要及时向工商行政管理机构申请办理创业组织的解散登记。解散登记的目的主要是公示公司解散的信息。这样做一方面能使登记机关及时了解企业变化，便于监督管理；另一方面能使利害关系人，尤其是债权人，知悉公司解散的事实，免受不可预见的损害，从而保护各相关利益主体的利益，维护社会交易安全。至此，创业组织消灭。

二、创业组织的破产

（一）破产

破产是指公司因不能清偿到期债务，无力继续经营或资不抵债，通过法定程序清偿财产、偿还债权而终止其法人资格的法律活动。

（二）破产的程序

破产并不等于清算倒闭，除了清算，《破产法》鼓励当事人采取和解、重整等方式清理债务，避免企业倒闭。

1. 破产申请

破产申请是指由当事人或利害关系人（如债权人）向法院提出的宣告债务人破产以清偿债务的诉讼请求。债务人在提出破产申请时可以选择适用重整、和解或清算程序，债权人在提出破产申请时可以选择适用重整或清算程序。

2. 法院受理

法院受理后，由法院指定破产管理人并发公告要求债权人向破产管理人申报债权。根据实际情况，召开一次或多次债权人会议，处理监督破产管理人、监管破产财产，以及讨论重整与和解方案、破产分配方案等事项。

3. 宣告破产

法院宣告破产后，企业进入破产清算程序。破产管理人制订财产分配方案，经债权人会议讨论通过，法院对方案进行认可后，破产管理人按照分配方案进行分配，破产程序终结。

（三）破产管理人

破产管理人是指破产案件中，在法院的指挥和监督之下全面接管破产财产并对其进行保管、管理、估价、处理和分配的专门机构，成立于人民法院裁定受理破产申请之时。破产管理人作为管理、处分破产财产的法定机关，其职责主要包括以下几个方面。

1. 接管破产企业

破产企业的全部财产，包括动产与不动产、有形资产与无形资产、债权债务、股份等，将全部由破产管理人进行管理和处分。此外，破产企业还应该将公司账目、营业执照、印章、文书等其他财务说明全部移交给破产管理人占有、管理和支配。

2. 保管、清理破产财产

破产管理人在接管破产企业财产后，应逐项进行核对并登记造册，掌握破产企业相关情况。另外，应尽力收回属于破产企业的债权、出资等财产，妥善保管、清理好破产企业财产。

3. 以破产管理人名义进行民事活动

当企业成为破产企业时，便丧失了以公司名义开展民事活动的权利，此时，由破产管理人以破产管理人名义实施与破产财产相关的民事活动，比如聘请清算工作人员，参加诉讼、和解、仲裁，决定解除或继续履行破产宣告时尚未履行的合同等。

4. 办理破产企业注销登记

当破产财产分配完毕后，破产管理人应提请人民法院裁定终结破产程序。终结后，破产管理人应向破产企业原登记机关办理破产企业注销登记，并把相关情况及时汇报给人民法院。

（四）解散与破产的区别

1. 适用法律

公司解散适用的法律是《公司法》，公司破产适用的法律是《破产法》。

2. 实施主体不同

公司解散的主体既可以是主管机关、法院，也可以是公司自愿解散；公司破产则是由法院宣告停止营业，并由法院、有关机关及专业人员成立清算组，进行公司破产清算。

3. 可恢复性

目前我国暂无关于公司解散后可重新恢复的规定；而公司破产有和解制度，当债权人和债务人达成和解，法院可允许公司整顿重开，进行正常的经营活动。

【练习与思考】

1. 你作为创业者，更适合选择合伙企业还是公司企业进行创业？为什么？

2. 你创业所在地的市场监管行政主管部门网上办理企业注册登记的相关流程是什么？所需要提交的申请材料有哪些？

第五章

创业融资

【学习目标】

1. 了解创业融资的特点和常见的困难。
2. 知道创业融资的主要途径。
3. 能说出拓展融资渠道时需要注意的问题。

资金是企业的血液，是企业发展的第一推动力和持续推动力。企业的运作，必须以融资、投资、再融资为前提。随着国内市场经济体制的不断完善和金融市场的迅速发展，在千变万化的市场环境之中，资金短缺成为企业普遍面临的问题，融资已成为创业企业的头等大事。相比于传统企业，创业企业的劣势主要体现在信息的拥有和收集处于弱势地位，从而导致其信用低下。信用低下与规模较小导致其在资本与信贷市场的双缺口。如何充分利用政策挖掘合适的融资渠道和方式，把握融资的时机和条件降低融资成本及风险，摆脱资金紧缺保证创业期的正常运营，这些问题都已成为创业者在融资阶段需要认真分析和研究的问题。

第一节　创业融资的概念及常见问题

充足的资金支持才能有助于企业的茁壮成长。了解创业初期容易遇到的问题和挑战及融资渠道，对初创企业至关重要。在发展过程中如果没有完善的融资渠道支撑，创业项目将无法获得可持续的发展，创业创新活动也将受到限制，甚至可能导致创业失败。因此，针对创业融资渠道选择的研究，对青年创业者管控风险、提高效率具有重要意义。

一、创业融资的概念及特性

(一)创业融资的概念

资金是初创企业生存的血液,也是企业能够持续发展的推动力。创业融资是指创业者根据创业项目的发展要求,结合生产经营、资金需求等现状,通过科学的分析和决策,借助团队内部或外部的资金来源渠道和方式,筹集生产经营和发展所需资金的行为和过程。对于创业者而言,融资是贯穿始终的一项核心任务,每一个创业者从萌发创业项目到创业项目落地生根,从初创型到成长型创业再到成熟、稳定经营的整个过程中,都要经历初次融资、二次融资、再融资甚至持续融资的过程,并以稳步维持创业项目所需资金为首要任务。因此,要支持创业,支持把创业的想法变成创业项目,把创业项目变成初创型公司,把初创型公司变成成长型公司,在创业初期解决融资问题是首先必须面对的问题。

(二)创业融资的特性

创业的首要难题就是融资难,这严重影响创业的起步,也严重制约创业的后续发展。造成融资难的原因很多,而其中最重要的一个因素,就是许多创业者对融资渠道了解甚少或利用不善。大部分青年创业者对融资方面的知识和渠道存在不熟悉、不了解的情况,他们脑海中或储存的知识库中只有简单的融资理念,认为融资就是找人投资或者去银行贷款。其实,还有许多融资渠道可以供创业者选择。这些融资方式有不同的特性,包括社会性、多元性、组合性、市场性,它们对不同情况的创业者起到的作用是不同的,创业者可根据自己的情况和需求选择合适的融资方式。

天使投资是创业初期最有可能获得外部股权融资的方式,其对回报的期待值不是很高。除天使投资人之外,通常还有创立者、家庭、朋友和合伙的投资者。无论是天使投资人,还是其他投资者,这背后通常都是一定的社会网络关系。而这些社会网络关系的形成都需要经历相当长的时间,在这个时间内,情感、信任得到不断累积,因而,其开发价值与说服效率比其他陌生的渠道或者陌生的投资者要高很多。因此,在创业初始融资过程中,创业者应先估计自身社会网络关系的价值。一方面,可以通过有直接关系的网络成员提供资金;另一方面,也可以通过网络成员的推荐来认识其他网络成员进而获得其他网络成员的资金。社会网络是一种独特的创业融资资源,创业者应予以重视并纳入整个企业发展的战略管理之中。

创业融资方式除了内部融资和外部融资、股权融资和债权融资,还有长期融资和短期融资。其中,外部融资又可以分为直接融资和间接融资。从融资来源划分，可以分成财政融资、内部融资、商业融资、银行融资、股票融资、债权融资等，以及政府、创业投资公司和个人投资者多方向融资。这是创业融资的多元性。

创业者拥有创新的方案和技术，但可能在管理和经验上有所匮乏，还有创业企业的迅速发展也需要纳入大量的资金，而创业企业的高风险性又让它们很难得到传统金融机构的资金支持。创业者和创业投资家各自的战略选择不一样。对于创业者而言，一般会选择几种不同的融资方式，以求将风险降到最低。而对于创业投资家而言，则更加偏向于分散投资风险，他们通常为不同的创业企业提供不同的资金支持或者管理服务支持等，这就是所谓的"创业投融资组合"。

市场性是指在实践发展中，投融资双方以市场谈判的合约为基础。市场性关系网络随着企业年龄和规模的变化而不断演进，企业的生存年限越长、发展体量越大、市场规模越大，其市场性关系网络的使用就会相对增加。随着企业生存年限、发展体量以及市场发展规模的不断扩大，市场性关系网络对企业绩效的影响也更大。

二、创业融资的常见问题

（一）创业初期融资的特点

1. 融资渠道相对单一

在实践中，青年创业实践中遇到的最大阻碍有两个：一个是资金不足，另一个是经验缺乏。由风险投资机构 500 Global 和中国传媒大学创新创业教育中心联合发起编制的《2021 中国大学生创业报告》显示，六成以上的创业者主要使用自有储蓄（自己、家人和创业伙伴的资金）进行创业。创业初始资金在 10 万元以下的约占 60%，其中自有储蓄、他人（含家庭）资助是首笔创业资金的主要来源。自有储蓄作为首要资金来源的占 70.3%，他人（含家庭）资助作为首要资金来源的占 20.1%。由此可以看出，创业初期融资渠道较为单一、匮乏。融资渠道单一、匮乏是创业中的第一道门槛，如果没有广阔的融资渠道，创业计划只能是一纸空谈。

2. 初期融资缺乏资产抵押

创业者面临一定程度的信用歧视，主要体现在商业机构对创业者的贷款申请尤为谨慎、慎重，条件也比其他方面的贷款申请更加苛刻。主要原因在于较多初创企业经济效益不高，对于银行等商业机构而言，这种贷款回收率不佳；而且大多创业企业非国企，缺乏保障，贷款的风险性较高。尽管现在政府出台不少保护创业企业的政策，但是人们的旧观念依然存在，歧视也依然存在。对于初期创业者来说，固定资产较少，不足以进行抵押，贷款还是会受限制。银行一般拥有政府背景，而且有雄厚的资金、财力和相关保障，因此大多数创业者将银行作为创业贷款的首选。但是银行贷款有较高的门槛，对于信用贷款，大多数中小微型企业缺少有效的不动资产做抵押，所以基本无法达到信用等级评定的条件和定位。银行有其核心的商业利益，大多以追求低风险、高效益为经营目的，为了减少不良资产、防范风险，其信用贷款更加倾向于提供给还债能力较强的大型企业，而支持中小微型企业的信贷政策则流于形式。因此，目前对于中小微型企业来说，抵押贷款、担保贷款已经成为主流，抵押的财产以不动产为主。但由于青年创业者在创业初期会存在缺乏好项目的支撑、良好业绩的展现、资产的抵押等问题，青年创业融资在金融市场犹如一块鸡肋，获得融资的机会少之又少。

3. 缺乏科学的融资方案

尽管不少创业者激情澎湃、热情高涨，但是当真正面对激烈的市场竞争和复杂的经济问题时，往往缺乏一套吸引投资者的合理科学的融资方案。对于创业者来说，他们大多数都缺乏经验积累，对融资战略的研究缺乏科学性的认知，融资计划缺少阶段性思考和持续性发展策略，只谈本轮融资的投资回报情况，关注消耗，忽视积累，过于重视短期的利益分配，缺乏对公司长远发展的计划。科学的融资方案不仅可以降低企业的融资成本，实现企业的理财目标，提高企业的经济效益，甚至还在某一程度上决定了企业的偿债能力和财务风险。面对如此众多的融资方式，创业者要对融资过程中所涉及的各方面做出综合的评估分析，融资方式的选择、融资规模的确定等都是青年创业者在融资决策中需要考虑的重要问题。创业者要有良好的随机应变能力，根据自身的实际状况以及未来经营发展的需要，通过科学的预测和决策，确定最佳的融资方案。一个科学的融资方案，应该包括如下内容。首先，融资的目的。融资需要成本，创业者应该选择最佳的融资方式，使得融资收益最大化。其次，融资规模。筹资过多，就会增加融资成本甚至增加经营风险；筹资过少，则会影响创业融资项目的正常开展。总的来说，创业者要根据资金的来源、自身的实际情况以及资金的成本，科学确定合理的融资规模。再次，融资期限。融资期限直接影响融资成本，从而间接影响创业项目的收益。最后，资金结构合理性。资金结构是指创业项目各种资金来源的结构和比率关系，其中债权资本和权益资本的构成结构起决定性的作用。创业者采取不同的融资渠道和融资方式，就会形成不同的融资结构，从而决定创业项目的资本结构。合理的资本结构可以降低创业资金成本、财务风险，并可以提高收益。

4. 融资后缺乏对资金使用的合理规划

一般来说，青年创业者尤其是大学生创业者的整体素养和能力不错，但是往往还不能快速适应企业老板的角色，也不具备做老板的全面素养。例如，技术型的创业者在营销和社会沟通方面可能存在一定的欠缺，而销售型的创业者则拙于技术、研发。而且大部分的青年创业者对创业的理解仅仅停留于"物质"层面，并没有达到"精神"层面，其融资的目的仅仅是扩大销售或营销，而忽视了对企业自身素质与能力的培养，对公司长远发展的思考格局不够大，对融资资金缺乏合理的规划。在这样的情况下，即便拿到融资资金，创业的失败率也是很高的。

对于初创企业来说，实力弱，缺乏雄厚的资金积累是企业的致命弱点，所以根本就没有犯错的资本，甚至一次大的资金决策错误都会让企业受到重创。因此，若企业决策者对融资后的资金有合理的使用规划，就可以避免在这个关键问题上犯致命的错误。

（二）创业初期融资面临的挑战

1. 创业本身的不确定性

创业本身有一定风险，面临比较大的不确定性。创业企业在复杂的市场环境中，缺乏应付的经验和能力，组织竞争力比较薄弱，难以抵抗较大的风险。在创业的道路上，创业者面临各种不确定性因素，包括市场的不确定性、资金的不确定性、竞争对手的不确定性、团队的不确定性等，这些都会使创业者遇到一定的阻碍和瓶颈。因此，对于创业者来说，在创业前需要准备一定的资金、人才与设备等，保证自身的财政基础与竞争力，以降低不确定性带来的风险，应对瞬息万变的市场。

2. 青年创业群体自身融资能力不强

青年创业群体由于自身管理基础薄弱，公司制度不够规范、财务制度不健全，使得融资信度不高、融资渠道单一。一般的创业启动资金都是以自身的储蓄以及银行部分小额贷款为主，而初创企业借款的特点是"少、急、频"，资金数额不大，但对资金需求的及时性较高，且很频繁。银行等金融机构常常因各类初创企业贷款监控成本高、风险大而不愿放贷。虽然在政府的大力支持下，很多金融机构相继出台了一系列针对创业贷款的优惠政策，但各大金融机构普遍反映支持创业的贷款风险较高。同时，由于资金、技术、经验等方面的制约，创业成功率较低，风险相对难以控制。因此，金融机构对青年创业群体提供贷款的积极性不是很高。同时，由于青年创业成功率较低，缺乏抵押品，风险投资者、民间资本也不愿意为缺乏社会经验的青年创业者提供资金支持。很多创业者寄希望于创业基金，但是很多创业基金申请流程复杂，限制条件多，而且经费有限，也难以成为扶持青年创业的中坚力量。

3. 对融资渠道了解不清晰

很多创业者在融资方式和渠道方面存在一定的知识盲点，导致在开始创业的时候，特别是出现资金短缺的时候，创业者往往只能简单地想到通过亲朋好友以及银行贷款进行融资。同时，对使用其他金融机构进行融资，他们也缺少对风险程度的判断。创业者较少想到利用其他的工具和渠道进行融资，甚至根本未涉及社会其他新型融资渠道。我国的创业者的初期融资大多来自自有储蓄、他人资助和银行贷款，这是融资的主流。创业融资的渠道实际上有很多，有多种不同方案可供选择，如民间融资、风险投资、融资租赁等，这些渠道有些甚至是新的发展事物。但是，部分创业者依然保持原有的传统观念，对融资渠道缺乏更加广泛、深刻的认识，将银行资助视为解决创业资金短缺难题中较为保险的手段，尽管创业者将面对贷款额度较低、审批手续烦琐等一系列困难。

事实上，不同的融资渠道有不同的特点，不同的融资渠道所达到的融资效果也有所不同。例如，银行贷款审批时间长，除了银行之外，创业者还需要与税务、工商等相关部门打交道，手续比较烦琐；风险投资属于高风险高回报的投资，投资者比较倾向于一些高科技创业企业；民间融资的门槛较低、融资速度快，但是法律保护较低等。融资成本、融资风险、融资的机动性、融资的方便程度等是融资时所需要考虑的问题。同时，不同的融资渠道对各种问题的优越性的排序也有所不同。根据融资的结构理论可知，融资一般遵循这样的规律：先是内部融资，使用自有资产，然后再考虑外部融资；先向银行贷款或者发行债券，最后再发行股权融资。

由此可见，只有清晰了解各融资渠道的特点，结合融资目的，选择最优的融资渠道，才能更加有益于企业自身的发展。

4. 对融资工具的使用存在盲目性

融资工具是指在融资过程中产生的用于证明债权债务关系的凭证。其实，许多企业对融资工具了解极少或是利用不善，不知道融资工具与融资渠道需要组合，创业资本家与企业家之间信息高度不对称。创业者在获得投资者的融资支持后，在创业项目的后续实施过程中很有可能出现松散现象，认为已经筹集到资金，项目能运转就可以，未进一步加强对创业项目的运行管理。或者由于创业者个人的经验不足而导致创业项目的风险加大，甚至还会为了下一阶段的融资顺利，一定程度上夸大创业项目的前景和收益，却没有继续对创业项目进行创新。多数投资者由于通常采取对多个创业项目进行组合投资的模式，导致对单个创业项目的关注度分散，不能及时发现某个创业项目出现的问题，从而造成创业者与投资者之间有关收益的矛盾。

要解决两者之间的矛盾，融资工具选择与融资策略选择就显得十分重要。就投资者来说，首要的考虑是确保投入的资金不亏本，并获得一定的收益；而对于创业者来说，可以通过融资获得持续资金是重中之重。因此，在选择融资工具时，要把投资者的收益与创业企业的绩效紧密关联在一起。假若盲目选择融资工具，没有充分考虑投资者和创业者双方的利益，双方的矛盾可能一触即发。创业者对融资工具的不了解以及利用不佳，对创业项目的发展是百害而无一利的。其实，随着国家对创业支持力度的加大、金融机构的不断自我完善、金融市场准入门槛的不断放开，融资渠道和融资工具也在不断增多。除了银行贷款等直接融资方式外，可供创业者选择的融资工具和渠道越来越多，越来越丰富。但是由于融资工具具有偿还性、流动性、安全性、收益性的特点，不同融资工具的特点也是有所差异的。因此，创业者充分考虑各种外在或内在因素，有目的地选择融资工具，才是最好的决策。

5. 政府创业基金覆盖面小

就政府层面而言，当前由政府投入的针对创业的资金规模不大，而出台的创业支持政策的宣传力度和覆盖面也存在一定的不足，很多创业者都不知道在创业过程中还可以向政府申请资金扶持，就算创业者知道这些政策，由于政府投入的资金规模不大，创业者实际能申请到的资助资金也与创业项目实际需要的资金存在一定的缺口。

大多数创业者享受不到财政专项资金资助，降低了财政政策对企业发展支持的力度。中国青年创业就业基金会与泽平宏观发布的《中国青年创业发展报告（2022）》显示，75.0%的创业者利用个人或者家庭积蓄作为创业启动资金，通过亲友借贷进行创业的人群占14.4%、借助创投公司资金启动创业的人群占8.5%，仅有2.1%的创业者借助包括政府创业基金在内的其他渠道资金进行创业。政府出台如此多的优惠政策，为何却少有人问津呢？调查发现，在创业者中，简化政府行政审批流程的诉求占比28.9%，创业税费减免或提供补贴政策的诉求占比36.0%。虽然政府出台了不少政策，但政府的各个部门因职能不同，出台的扶持青年创业政策侧重有所区别，使得青年创业者无法及时、全面地了解到符合自身的扶持政策。同时，由于申请程序繁杂，要经过多个部门审批，经常会出现一些事务处理时间过长的问题。

6. 商业机构对融资的门槛高

商业机构以盈利为最终目的，所以在融资过程中不愿意承担过高的风险。尽管创业者有合适的项目，但是创业企业资产总额小、企业管理不规范、效益不稳定、硬性条件不达标等，难以达到在主板和创业板上市的条件；针对青年创业的

"青创板"，在实际的运行过程中，达成意向交易的项目并不十分活跃；发行债券也对企业有着较高的要求，并且审批程序十分严格，特别是对创业企业融资额度的要求，使得企业难以获得融资；私募和创投基金又缺乏了解创业企业情况的有效通道。

商业机构在追求收益的同时也会考虑风险。同时，青年创业者初期的融资需求一般在 100 万元以下，只有极少数青年在创业初期的融资金额达到上百万元。因此，商业机构对其融资成本要高于成长型、扩展型企业，所以商业机构出于利润最大化的考虑，很难满足初创企业的融资需求。即使有初创企业争取到贷款，创业者在这个过程中还需支付贷款保证金、担保费、评估费、中介费、公证费、财务顾问费、咨询费、审计费、抵押物保险费等一系列费用，使创业者在面向商业机构寻求融资的过程中融资成本较高，甚至所融资金扣除其他费用之后仅仅剩下 50%～70%。

因此，商业机构对于创业企业而言融资门槛相对较高，融资的成本相对来说也较高。对于初创型企业来说，寻求商业机构的融资渠道限制比较多。

7. 缺乏专业性的指导机构

如前文所述，我国政府不断出台关于创业的优惠政策，但是很多创业者并不了解这些政策的内容，没有很好地享受到政策的优惠，使得支持政策最终落地性不好。所以，政府应该进一步加强融资政策的宣传力度。比政府出台优惠政策更加重要的是落地执行，如果政策无人问津，就只是形同虚设。政府应该成立社会化、专业化的管理服务机构，为创业者尤其是青年创业者提供相关的创业服务。专业性的创业指导机构可以帮助青年创业者了解各地的创业政策，为创业者提供便捷高效的政策咨询服务，降低创业者获取政策信息的时间和经济成本，为创业者解决启动资金、创业能力、创业指导等问题，提高创业的成功率。

第二节　融资途径

企业资金的来源总体来看有两大途径，即内源性融资和外源性融资。内源性融资是指企业通过自身的成长与发展所获取的留存资金，而外源性融资是指通过企业的外部来获取资金。本章的研究视角主要是探讨企业的外源性和新类型融资。外源性融资包括债权融资和股权融资两个主要途径，债权融资与股权融资是相对应的。债权融资，是指资金提供方与接受方（融资方）成立债权债务关系，而非投资与被投资的关系。融资方依照约定的还款期限，向资金的提供方还本付息。资金提供方的权利是依照约定期限收回资金以及取得利息。企业债权融资活动中，比较常见的有商业信用、银行贷款、民间借贷、小额贷款公司贷款、发行债券、项目融资、政策融资、融资租赁等多种方式。而股权融资，是资金提供方与融资方形成的投资与被投资的关系。在公司法中，其形成的是公司与股东的关系。股权融资方不需要承担返还资金的义务，而是实现资金运用最大化的目标，以红利的形式回报投资者，投资者没有向融资方收回所投资金的权利。新类型融资则是顺应技术的发展，采用网络众筹或P2P平台等方式筹集资金的融资方式。

一、债权融资

（一）债权融资的方式

目前市场上的债权类融资方式比较丰富，借款对象也相对较多。但由于很多融资方式对企业的限制条件比较多，所以完全适合创业企业特别是规模较小的创业企业的融资方式并不是很多，以下简要介绍几种主要的债权融资方式。

1. 商业信用

商业信用是指商品交易中，交易双方通过延期交货或延期付款所形成的一种借贷关系，是发生在企业之间的信用关系，由于商品在交换过程中商品与资金在时间上的分离而产生。除商业担保外，大部分商业信用都与具体的商品交易直接相关，其形式主要包括信用证、商业票据、信用卡、租赁、担保、商业定金、预付款、分期付款等。目前，商业信用已经成为企业短期融资的重要手段，规模远大于其他信用形式。此外，商业信用还与银行信用具有十分紧密的联系。

商业信用的优点是，不需要办理复杂手续，一般也不附加额外条件，使用方便；同时，使用灵活，具有弹性。其不足则体现在：①商业信用融资期限较短，不利于企业对资金的统筹运用；②在法治不健全的情况下，若企业信誉不佳，容易造成企业之间的相互拖欠，影响资金周转流动。

2. 银行信贷融资

信贷融资是指企业向银行等金融机构以及其他一些单位借入的各种借债融资。根据提供贷款的机构不同，可以分为商业银行贷款、其他金融机构贷款和政策性贷款。商业银行贷款根据企业有无抵押品作担保可分为抵押贷款和信用贷款。毫无疑问，银行和其他金融机构贷款是中小企业最重要的外源性债权融资。

银行和其他金融机构贷款具备很多优点：①筹资速度快，一般程序较为简单，耗费时间较短，不同于股票与债券发行需要做大量发行准备工作。②资金成本较低。③借款弹性大，创业企业可与银行或其他金融机构直接商定贷款的期限、利率、数额等。在用款期间，还可通过协商变更还款期限及借款数额等条件。④创业企业利用信贷融资可以发挥财务杠杆作用。同时，银行和其他金融机构贷款也存在一些弊端。①通常信贷借款有固定的利息偿还负担和偿付期限，因此筹资风险较高。②信贷融资，尤其是长期借款限制条件较多，这可能影响企业之后的筹资和投资。③信贷融资数额有限，一般不如债券和股票筹集资金量大。

随着政府的政策指引，目前，各大商业银行已越来越重视创业企业融资这块潜力巨大的市场空间。不论是放松抵押担保条件，还是在产品设计上加入适合创业企业的元素，都使得原本对创业企业较难企及的银行贷款，变得越来越有可能获得，这对创业企业的发展将是巨大的支持。但收益总是伴随着风险，创业企业很多自身的问题不能因为其高成长性便一并忽视，否则将产生严重的后果，贷款类产品还是需要围绕着抵押担保条款设计，这也是商业银行始终不能放松的风险控制底线。

3. 发行债券融资

债券是企业向投资者发行的，承诺以既定利率支付利息，并按协定条件偿还本金的一种有价证券。债券融资就是企业通过向社会直接发行这种有价证券来筹措资金的一种融资手段。目前，债券的发行品种、规模和交易量都大大超过了其他证券种类，使其成为除股票以外另一种十分重要的证券。但目前我国的企业债券市场并不十分发达，创业企业更是难以发行自己的企业债。虽然很多投行、券商等金融机构越来越重视企业发债业务，但由于中小企业自身资质等条件的限制，中小企业发行企业债的成熟期还仍需时日。然而，随着金融改革的加速进行，创业企业也有必要了解这一融资手段，以便一些较优秀、发展速度较快的企业在未来发行自己的企业债券。

发行债券融资的优势在于：①发行资金成本较低，一般低于股票发行成本；②可以实现财务杠杆作用，企业在发行债券后，无论盈利多少，一般只支付给债券持有人固定利息，剩余的收益则分配给股东或者作为企业留存；③债券持有人与企业股东的权利不同，无权参与企业的管理与决策，这样企业可以保证对自身的控制权；④若企业发行可转换债券或可提前赎回债券，则企业可更容易地主动合理调整资本结构。而发行债券融资的劣势在于：①融资的限制条件较多。②融资数额有限。我国现行《证券法》虽然不再规定公司债的发行规模。但是，《国家发展改革委关于推进企业债券市场发展、简化发行核准程序有关事项的通知》规定，企业累计债券余额不超过企业净资产的40%。《银行间债券市场非金融企业中期票据业务指引》第四条也规定，企业发行中期票据应遵守国家法律有关规定，中期票据待偿还余额不得超过企业净资产的40%。《上市公司证券发行管理办法》和《公司债券发行试点办法》也规定，本次发行后累计公司债券余额不得超过最近一期末净资产额的40%。③融资的财务风险较大，债券需要在固定的到期日支付利息，并且与企业的经营情况无关。在公司经营情况不佳时，企业亦必须向债券持有人支付利息或者本金，这将有可能使企业面临破产。

4. 民间融资

由于银行贷款和发行企业债券限制条件和门槛较高，许多规模较小或者财务体系不甚完善的创业企业很难通过这两种渠道获得融资，这就为民间融资创造了生长的环境。民间融资没有被纳入国家法规监管范畴，因此也使得这一融资渠道有明显的利弊。其优势在于：①由于民间融资多是靠地域性的关系借款，减少了信息不对称产生的不良后果；②借贷资金数额、归还期限、担保物限制等较为宽松；③作为正规融资的有效补充，使很多中小企业获得更多资金支持；④手续简便，形式灵活多变，满足中小企业特性需求。而民间融资的劣势则是：①缺乏有效监管、双方都承担很大风险，增加很多社会不稳定因素；②融资数额有限，期限较短，大多满足小额流动性资金需求；③利率不稳定，且有些相对较高，增加企业财务成本。

目前我国政府越来越重视发展民间融资市场，通过放低门槛，放行合规的小额贷款公司进入市场，使民间融资逐步走向"地上"，逐渐合法化，并纳入金融体系一监管，使得这一部分民间资本得到有效配置，也使得中小企业得到更多资金支持，利于其发展壮大。

（二）有关债权融资的法律问题

《民法典》规定的借款合同包括两部分：一是金融机构之间及其与自然人、法人和其他组织之间的借款合同（金融机构之间的借贷关系称同业拆借）；二是自然人之间的借款合同。

1. 金融机构借贷

（1）合同特征

金融机构包括银行、证券公司、保险公司、信托投资公司和基金管理公司等。将金融机构分为银行金融机构与非银行金融机构。非银行金融机构的利息相较银行高很多，但较方便客户借贷，因为不需繁复的文件进行证明。金融机构借款合同主要有以下三个特征。

1）有偿性。根据《人民币利率管理规定》，金融机构发放短期贷款，按贷款合同签订日的相应档次的法定贷款利率利息。可见，金融机构意在获取相应的营业利润。因此，借款人在获得金融机构所提供的贷款的同时，不仅负担按期返还本金的义务，还要按照约定向贷款人支付利息。利息支付义务系借款人使用金融机构贷款的对价，所以金融机构借款合同为有偿合同。在这一点上，该合同与自然人间的借款合同有所不同,《民法典》第六百八十条规定,自然人之间的借款合同对支付利息没有约定或者约定不明确的,视为不支付利息。自然人之间的借款合同约定支付利息的,借款的利率不得违反国家有关限制借款利率的规定。

2)要式性。《中华人民共和国商业银行法》第三十七条规定:"商业银行贷款,应当与借款人订立书面合同。"《民法典》第六百六十八条也规定:"借款合同应当采用书面形式,但是自然人之间借款另有约定的除外。借款合同的内容一般包括借款种类、币种、用途、数额、利率、期限和还款方式等条款。"因此,没有采取书面形式,当事人双方就该合同的存在产生争议的,视为合同关系不成立。但如果双方没有争议或者一方当事人已经履行主要义务,对方接受的,合同仍然成立。

3)诺成性。金融机构借款合同,在合同双方当事人协商一致时,合同关系即可成立,依法成立的,自成立起生效。合同的成立和生效在双方当事人没有特别约定时,不需以贷款人贷款的交付作为要件,所以金融机构借款合同为诺成性合同。自然人间的借款合同则有所不同,该合同自贷款人提供借款时生效。

（2）合同义务

创业者向金融机构签订借款融资合同时应对双方所需付的义务有所了解。贷款人的义务主要有以下三点。

1)按期、足额提供借款。《民法典》第六百七十条规定,贷款人应当按照合同约定的数额足额提供借款,借款的利息不得预先在本金中扣除。利息预先在本金中扣除的,借款人有权按照实际借款数额返还借款并计算利息。同时,《民法典》第六百七十一条规定,贷款人应当按照约定的日期、数额提供借款,未按照约定的日期、数额提供借款,造成借款人损失的,应当赔偿损失。该项义务系贷款人的主合同义务。

2)保密义务。《中国人民银行贷款通则》(简称《贷款通则》)第二十三条规定,作为贷款人一方的金融机构,对于其在合同订立和履行阶段所掌握的借款人的各项商业秘密有保密义务,不得泄密或进行不正当使用。该项义务系贷款人的附随义务。

3)公开义务。贷款人应当公布所经营的贷款的种类、期限和利率,并向借款人提供咨询,应当公开贷款审查的资信内容和发放贷款的条件。

根据《贷款通则》第十九条,借款人负有以下义务:①应当如实提供贷款人要求的资料(法律规定不能提供者除外),应当向贷款人如实提供所有开户行、账号及存贷款余额情况,配合贷款人的调查、审查和检查;②应当接受贷款人对其使用信贷资金情况和有关生产经营、财务活动的监督;③应当按借款合同约定用途使用贷款;④应当按借款合同约定及时清偿贷款本息;⑤将债务全部或部分转让给第三人的,应当取得贷款人的同意;⑥有危及贷款人债权安全情况时,应当及时通知贷款人，同时采取保全措施。

（3）创业者可能遭受的风险

1）利率风险。利率风险是指由于市场利率变动所引起的风险，如果贷款采用浮动利率，市场利率上升，银行收益固然会增加，但借款人可能会由于利息负担加重而导致还款困难；利率下降，借款人的负担减轻了，但是银行的利息收入则相应减少。如果贷款采用固定利率，市场利率上升，银行会增加筹资成本，而已经发放的固定利率的贷款的利息却不能相应增加；利率下降，对银行有利，但借款人可能会要求调低贷款利率或要求提前还款。

2）期限错配。期限错配是指如果风险缓释的期限比当前的风险暴露的期限短，则产生期限错配。简单来说就是借贷的期限应当和使用期限相匹配，否则将短期资金用于长期项目，将出现偿还期限截止而项目尚未竣工的局面，导致本金利息出现无法偿还的局面，从而使企业资金链断裂。一般来说，6个月以下界定为短期借款，6个月以上是长期借款。

2. 民间金融借贷

民间借贷是指企业向民间非正式金融机构融资的一种途径，是相对于正规金融而言的。《民法典》第三编第十二章借款合同的规定，说明建立在真实意思基础上的民间借款合同受法律保护，强调了民法意思自治的基本原则。《民法典》确认了市场主体具有运用自有资金进行借贷获益的权利。

（1）合同生效要件

《民法典》第六百七十九条规定："自然人之间的借款合同，自贷款人提供借款时成立。"贷款人提供借款具体有以下五种具体情形：①以现金支付的，自借款人收到借款时；②以银行转账、网上电子汇款或者通过网络贷款平台等形式支付的，自资金到达借款人账户时；③以票据交付的，自借款人依法取得票据权利时；④出借人将特定资金账户支配权授权给借款人的，自借款人取得对该账户实际支配权时；⑤出借人以与借款人约定的其他方式提供借款并实际履行完成时。

（2）被认定为无效的情形

合同被认定为无效的情形包括：①套取金融机构贷款转贷的；②以向其他企业借贷或者向本单位职工集资，或者以向公众非法吸收存款等方式取得的资金转贷的；③未依法取得放贷资格的出借人，以营利为目的向社会不特定对象提供借款的；④出借人事先知道或者应当知道借款人借款用于违法犯罪活动仍然提供借款的；⑤违背社会公序良俗的；⑥其他违反法律、行政法规效力性强制性规定的。

（3）创业者可能遭受的风险

1）利率。2019年11月14日，最高人民法院发布《全国法院民商事审判工作会议纪要》，为合同、公司等诸多民商事案件的法律适用问题提供了重要的指导意见。值得注意的是，该纪要中所公布的关于全国银行贷款利率参考标准的调整是该纪要中的亮点之一。该标准不仅是商事借贷中的参考标准，同时也是民间借款利率问题的重要依据。该纪要规定，人民法院裁判银行贷款利息相关案件，以及其他涉及参照银行贷款利率计息的民商事案件，其基本标准均采用全国银行间同业拆借中心公布的贷款市场报价利率（loan prime rate，LRP）。

2）避免被认定为非法吸收存款。2022年3月1日起施行的《最高人民法院关于审理非法集资刑事案件具体应用法律若干问题的解释》第一条规定："违反国家金融管理法律规定，向社会公众（包括单位和个人）吸收资金的行为，同时具备下列四个条件的，除刑法另有规定的以外，应当认定为刑法第一百七十六条规定的'非法吸收公众存款或者变相吸收公众存款'：（一）未经有关部门依法许可或者借用合法经营的形式吸收资金；（二）通过网络、媒体、推介会、传单、手机信息等途径向社会公开宣传；（三）承诺在一定期限内以货币、实物、股权等方式还本付息或者给付回报；（四）向社会公众即社会不特定对象吸收资金。"

3）避免被认定为集资诈骗。《中华人民共和国刑法》第一百九十二条规定了对集资诈骗罪的具体刑罚。集资诈骗罪是指以非法占有为目的，使用诈骗方法进行非法集资。该罪违反了有关金融法律、法规的规定，侵犯了公私财产所有权，会扰乱国家的正常金融秩序。构成集资诈骗罪的行为有三个要件：必须有非法集资行为；集资是通过使用诈骗方法实施的；非法集资数额必须达到较大才构成犯罪。

3. 发行公司债券

（1）发行条件

根据《证券法》第十六条的规定，公司发行公司债券应当报送下列文件：①公司营业执照；②公司章程；③公司债券募集办法；④国务院授权的部门或者国务院证券监督管理机构规定的其他文件。

（2）发行公司债券的优缺点

1）优点。①资本成本较低。债券的利息通常比股票的股利要低，而且债券的利息按规定是在税前支付，发行公司可享受减税利益，故企业实际负担的债券成本明显低于股票成本。②具有财务杠杆效应。债券利息率固定，不论企业盈利多少，债券持有人只收取固定的利息，而更多的利润可用于分配给股东，增加其财富，或留归企业用以扩大经营。③可保障控制权。债券持有人无权参与公司的管理决策，企业发行债券不会像增发新股那样分散股东对公司的控制权。

2）缺点。①财务风险高。债券有固定的到期日，并需要定期支付利息。利用债券筹资要承担还本、付息的义务。在企业经营不景气时，向债券持有人还本、付息，无异于釜底抽薪，会给企业带来更大的困难，甚至导致企业破产。②限制条件多。发行债券的契约书中往往规定一些限制条款。这些限制比优先股及长期借款要严得多，这可能会影响企业的正常发展和以后的融资能力。③筹资额有限。利用债券在数额上有一定的限度，当公司的负债超过一定程度后，债券筹资的成本会迅速上升，有时甚至难以发行成功。

4. 融资担保

担保是指当事人根据法律规定或者双方约定，为促使债务人履行债务实现债权人的权利的法律制度。担保通常由当事人双方订立担保合同。担保活动应当遵循平等、自愿、公平、诚实信用的原则。担保合同包括保证合同、抵押合同、质押合同、定金合同。行使留置权无须签订合同。担保合同可以是单独订立的书面合同（包括当事人之间具有担保性质的信函、传真等），也可以是主合同的担保条款。

（1）保证

保证也称为"人保"，是保证人和债权人约定，当债务人不履行债务时，保证人按照约定来履行债务或承担相应的责任。保证合同的内容一般包括：被保证的主债权种类、数额；债务人履行债务的期限；保证的方式；保证担保的范围；保证的期间；双方认为需要约定的其他事项。

在保证时，应注意签订保证合同时必须对保证的形式做出明确约定。保证的形式主要有一般保证和连带保证。在一般保证时，保证人具有先诉抗辩权，即在债权人的债务得不到偿还的时候，其只能先向债务人请求返还，主债务人的财产被强制执行之后剩余部分，由一般保证人承担。如果是连带保证，则债务人与保证人处于同一法律地位，债权人可以向债务人请求也可以向保证人请求承担。

（2）抵押

抵押即物的担保，包括动产与不动产。所谓抵押，是指以特定的财产但不转移该财产的占有来担保债务的履行。一般抵押合同应包括：被担保的主债权种类、数额；债务人履行债务的期限；抵押物的名称、数量、质量、状况、所在地、所有权权属或者使用权权属；抵押担保的范围；当事人认为需要约定的其他事项。

另外，创业者应注意禁止抵押的财产有：①土地所有权；②耕地、宅基地、自留地、自留山等集体所有的土地使用权；③学校、幼儿园、医院等以公益为目的的事业单位、社会团体的教育设施、医疗卫生设施和其他社会公益设施；④所有权、使用权不明或者有争议的财产；⑤依法被查封、扣押、监管的财产；⑥依法不得抵押的其他财产。还应注意乡（镇）、村企业的土地使用权不得单独抵押，以乡（镇）、村企业的厂房等建筑物抵押的，其占用范围内的土地使用权同时抵押。

最后，创业者要区分人保与物保的区别，人保是以保证人名下的所有资产保证偿债的标的。但物保有一个上限，具体来讲就是把标的物具体精确到一块地、一幢房屋、一批机器设备或一辆汽车并以其最高的价值为限担保。

（3）质押

质押是债务人或第三人向债权人移转某项财产的占有权，并由后者掌握该项财产，以作为前者履行某种支付金钱或履约责任的担保。当这种责任履行完毕时，质押的财产必须予以归还。债务人不履行责任时，债权人有权依法将质物折价或者拍卖，并对所得价款优先受偿。质押合同的内容一般包括：被担保的主债权种类、数额；债务人履行债务的期限；质物的名称、数量、质量、状况；质押担保的范围；质物移交的时间；当事人认为需要约定的其他事项。

1）可以出质的权利类型。可以出质的权利类型主要有以下五种：汇票、本票、支票、债券、存款单、仓单、提单；依法可以转让的股份、股票；依法可以转让的商标专用权，专利权、著作权中的财产权；依法可以转让的债权；公路桥梁、公路隧道或者公路渡口等不动产收益。

2）权利质押要件。票据与公司债权交付作为成立要件，背书作为对抗要件。出质人与质权人没有背书记载"质押"字样，以票据出质对抗善意第三人的，人民法院不予支持；公司债券出质的，出质人与质权人没有背书记载"质押"字样，以债券出质对抗公司和第三人的，人民法院不予支持；登记作为成立要件。根据《民法典》第四百四十一条规定，质权自权利凭证交付质权人时设立；没有权利凭证的质权，自办理出质登记时设立。另外，《民法典》第四百四十三条规定，以股权出质的，质权自办理出质登记时设立。股权出质后不得转让，但是出质人与质权人协商同意的除外；股权所得的价款应当向质权人提前清偿债务或者提存。

3）权利质押的特别规定。仓单、提单出质的，质权人再转让或者质押的无效；仓单、提单出质的，其兑现或者提货日期晚于债务履行期的，质权人只能在兑现或者提货日期届满时兑现款项或者提取货物；出质人未经质权人同意而转让或者许可他人使用已出质权利的，应当认定为无效。因此给质权人或者第三人造成损失的，由出质人承担民事责任。

（4）留置

留置权是指债权人按照合同约定占有债务人的动产，债务人不按照合同约定的期限履行债务的，债权人有权依照法律规定留置该财产，以留置财产折价或者以拍卖、变卖该财产的价款优先受偿的权利。

根据《民法典》第二编第十九章的规定，留置权的成立需具备以下要件：债权人占有债务人的动产；债权人须合法占有债务人的动产；债权已届清偿期。债权人的债权未届清偿期，其交付或返回所占有标的物的义务已届履行期的，不能行使留置权。但是，债权人能够证明债务人无支付能力的除外，动产之占有与债权属同一法律关系。另依我国物权法律制度规定，企业之间留置不受同一法律关系之限制。

（5）定金

定金是指当事人双方为了保证债务的履行，约定先由当事人一方支付给另外一方一定数额的货币作为担保。根据《民法典》第五百八十六条的规定，定金数额由当事人约定，但不得超过主合同标的额的 20%。定金合同要采用书面形式，并在合同中约定交付定金的期限，定金合同从实际交付定金之日起生效。债务人履行债务后，定金应当抵作价款或者收回。给付定金的一方不履行约定债务的，无权要求返还定金；收受定金的一方不履行约定债务的，应当双倍返还定金。

1）定金适用要件。定金的适用需要符合以下两个条件：①定金合同是实践合同，需要定金的实际交付。定金如未实际交付的，在当事人一方不履行合同债务或者不订立主合同时，不能适用定金罚则。②主合同必须有效。这是由定金合同的从属性所决定的，如果主合同无效或者被撤销，即便当事人已有交付和收受定金的事实，也不能适用定金罚则。但是，当事人可以约定定金合同的效力独立于主合同，即主合同无效定金合同却不一定无效。

2）定金罚则的特殊规定。《最高人民法院关于审理商品房买卖合同纠纷案件适用法律若干问题的解释》第四条规定，出卖人通过认购、订购、预订等方式向买受人收受定金作为订立商品房买卖合同担保的，因不可归责于当事人双方的事由，导致未能订立商品房买卖合同的，出卖人应当将定金返还买受人。

3）与其他担保的区别。具体包括：①目的不同。保证、抵押、质押、留置担保的目的，都只在于确保债权人一方的利益，对债务人不提供任何保障，而定金担保对合同双方当事人均提供履行保障。②法律效果不同。保证产生的权利为债权，不具有优先受偿性；定金产生的权利也是债权，同样不具有优先受偿性；抵押、留置、质押取得的是担保物权，对担保物及其变现所得的价款具有优先受偿的权利。③性质不同。定金罚则具有惩罚性，其他几种担保都不具有惩罚性。

二、股权融资

股权融资是指企业原股东通过出让企业部分所有权，引进新股东增资并增加总股本的融资方式。企业通过股权融资获得的资金，不需要还本付息，但新股东将与老股东一样分享企业价值。股权融资是现代企业发展壮大的关键，按照不同的融资渠道，股权融资可分为非公开与公开两种方式。非公开股权融资指的是企业自行寻找符合条件的投资者，发售股份获得投资者投资入股。公开股权融资指的是企业通过证券市场进行股票公开上市发行，面向公众投资者募资。

（一）股权融资的方式

股权融资具体区分应该包括私募发行股权融资和公募发行股权融资两种方

式。私募发行股权融资即指企业上市前的股权融资，主要包括一般投资于种子期项目的创业投资、扩展期的直接投资、包括管理层收购在内的并购融资、过渡期企业的过桥融资或上市前融资。其中，风险投资与天使投资是重要的内容。公募发行股权融资方式包括公开直接上市融资和间接上市融资，其中，公开直接上市融资既包括在主板市场直接上市发行股票融资，也包括在专门为中小企业服务的第二板市场直接上市发行股票融资，而间接上市融资则包括买壳上市和借壳上市。因初创企业的客观条件限制，本节内容以介绍私募股权融资为主。

1. 天使投资

"天使投资"一词源于纽约百老汇，特指富人出资资助一些具有社会意义演出的公益行为。对于那些充满理想的演员来说，这些赞助者就像天使一样从天而降，使他们的美好理想变为现实。后来，天使投资被引申为一种对高风险、高收益的新兴企业的早期投资。相应地，这些进行投资的富人就被称为投资天使、商业天使、天使投资人。那些用于投资的资本就叫天使资本。天使资本主要有三个来源：曾经的创业者、传统意义上的富翁和大型高科技公司或跨国公司的高级管理者。

因此，天使投资就是指富裕的家庭或者个人不通过中介机构直接以股权或者类似的方式对中小企业进行的投资，即天使资本是投资于种子期或设立期的科技中小企业的资本，是一种最原始和最早期的"风险投资"，属于广义的创业资本的范畴。天使投资是权益资本投资的一种形式，属于一种自发而又分散的民间投资方式。

天使投资不仅能够解决一般创业企业在融资中由于经营风险大、交易成本高导致的融资困难问题，还具有一种区别于专业化的机构投资者的模式和特点，使得它能更好地为创业企业服务，从而在缓解创业企业的融资困难方面具有较大优势，具体体现在如下几个方面。

1）天使投资人具有个体性和初创期特征，适合初创期中小企业。天使投资一般以个人投资的形式出现，其投资行为是小型的个人行为，相对专业化的风险投资机构，呈现更加明显的个人行为特征。因此，他们对被投资项目的考察和判断不像专业风险机构那么复杂，程序较简单。这对处于创业期的中小企业是非常重要的，因为对于创业企业来说，在最短的时间找到资金是非常关键的。同时，天使投资的投资阶段一般都集中于企业的研发与创业阶段即种子期和创业期，而种子期和创业期以及发育期在企业整个的成长周期中，是风险相对更大、需要资金较多而又很难获得资金的阶段，这时候就需要引入天使投资人，启动创业项目。虽然投资处于早期的创业企业并不需要太多的资金，但需要花很多的管理时间，即投资时间较长、风险较大，因此大的风险投资商一般不会投资早期的创业企业。总之，天使投资的初创期特征符合处于这些阶段的中小企业的资金要求，为资金极其缺乏的中小企业提供了一条重要的融资渠道，弥补了此阶段中小企业难以通过风险投资或其他融资途径获取所需资金的缺陷。而创业企业只有从天使资本市场获得初创资金，将来才更有可能从风险资本市场获得融资。

2）天使资本的投资成本较低。天使投资不像风险投资基金那样往往要收取2%左右的管理费，甚至还收取20%左右的利润分成。而且，风险投资人大都是职业资金管理人员，他们的身价也往往较高。由于天使投资人管理和投资的是自己的钱，与风险投资人相比，天使投资人没有双重代理问题，代理成本、运营成本以及管理成本要小得多，因而对于初创企业更具有吸引力。

3）投资规模与中小企业的资本规模特点相匹配。区别于风险投资，天使投资具有规模小的特点，天使投资的规模通常在100万美元以下，更多的是低于50万美元。小于50万美元的投资项目占整个私人风险投资的82%，刚好适合处于初创或早期阶段的创业企业。而中小企业的典型特征是资本规模小，因而风险抵抗能力低、信用保证欠缺，导致它与处于成长期的大企业相比，很难取得正规风险资本的支持。天使投资的小规模特征正好与中小企业的资本规模特征相匹配，有利于解决处于初创阶段、种子阶段中小企业的融资需求。天使投资通过分批次小额资金投入的方式，在资本与高新技术之间架起了一座桥梁，帮助企业度过了艰难的时期，并逐渐步入成熟期。当其产品得到市场的认可，市场占有率迅速提高给企业带来高额利润回报时，由风险资本接过接力棒，继续培育高成长企业。在这一转变的过程中，天使投资给予中小企业更多的生存机会，并为其发展打下了坚实的基础。

4）天使资本能够提供增值服务。一方面，天使投资人一般是成功的企业家、大企业，或是比较富有的演员、体育明星、医生、律师和其他自由职业者，大多数受过较高教育，普遍具有较高的素质。另一方面，天使投资人的一个很重要的目的就是为企业的成长出谋划策，以获得成就感。因此，天使投资人不仅仅向创业企业提供资金，往往还利用其专业背景和自身资源帮助创业企业获得成功，更有利于中小企业的成长，相对而言，很多风险投资专家已经演变成了基金经理人，不会花太多的时间在被投资公司上。

5）天使投资人大都是敢于冒风险的资金供给主体。天使投资人之所以进行天使投资就是因为不满足传统投资渠道的收益率，想要追逐更高的经济报酬，而高报酬必然伴随着高风险，这是市场的必然规律。无论天使投资人的投资项目经历过多少审慎调查，无论这些项目看起来有多么好，无论其潜在的利润有多大，它们的未来都是难以预测的。天使投资人所投入的钱就很可能石沉大海，但他们仍然勇往直前，视风险较大的中小企业为其投资的乐土。

6）天使资本投资领域广泛。天使投资人的行业背景和偏好十分广泛，因此从投资领域来看，几乎在所有的行业部门都存在着天使投资人。天使投资人天生就按照市场规律办事，他们的投资范围不受限制，不论什么投资部门，也不管其是公有制还是非公有制的中小企业，只要存在高度的成长潜力就能吸引天使投资人。一方面，天使投资人对投资领域的无偏好性对解决中小企业资金缺乏的问题是有帮助的，这就使天使投资人在考虑是否投资某个项目时，不会像风险投资那样过分拘泥于投资领域的选择，可以很好地满足处于资金困难中的不同领域的中小企业的融资要求，从而达到弥补风险投资目前投资领域过于集中于高科技相关产业的不足。另一方面，这对解决我国中小企业在融资中所遇到的特有的"所有制歧视"困难也具有独特的优势。

还可以考虑开展国际融资——引入海外天使资本和风险投资。它最为重要的意义在于开辟了一条将海外风险投资运用于国内开始创业的中小企业的新途径。在我国中小高科技产业资金投入不足的情况下，探寻一条适宜的融资途径，建立一套完善的投资体制，是我们寻求的目标。在这一方面，搜狐带来了深刻的启迪，值得学习借鉴。

2. 风险投资

风险资本或称创业资本，源于美国硅谷。按照美国风险投资协会（National Venture Capital Association，NVCA）的定义，风险资本是由职业投资家投入新兴的、迅速发展的、有巨大竞争潜力的企业中的一种权益资本。按照欧洲风险投资协会（European Venture Capital Association，EVCA）的定义，风险投资是由专门投资公司向具有巨大发展潜力的成长型、扩张型或重组型的未上市企业提供资金支持并辅以管理参与，在承担很大风险的基础上为融资人提供长期股权资本和增值服务，培育企业快速成长，数年后通过上市、并购或其他股权转让方式撤出投资并取得高额投资回报的一种投资方式。与传统的金融服务不同，它是在没有任何财产抵押的情况下，以资金与公司创业者持有的公司股权相交换，投资是建立在对创业者持有的技术甚至理念认同的基础之上的。

风险投资的对象大多数是处于初创时期或快速成长时期的高科技企业。风险投资业务的失败率一般高达 70%～80%。政府通常无力深度参与这类业务，银行等金融机构以传统的运作方式为标准也不愿或不敢涉足这类业务。然而，风险投资具有高风险、高收益的特点。以美国为例，美国在 20 世纪 80 年代脱颖而出的高科技企业绝大多数是靠风险投资起家的。由于科学研究的早期成果有风险投资的参与，科研成果转化为商品的周期已由 20 年缩短到 10 年。微软、英特尔、苹果、戴尔、雅虎等公司在创业之初就是依靠风险投资的支持才获得了它们的"第一推动力"。可见，对于新兴产业的发展，风险投资功不可没。

（1）风险投资的特征

1）风险投资是一种无担保、高风险的权益投资，其投入周期长，一般需要 3～

7 年。风险投资主要用于支持刚刚起步或尚未起步的高技术企业或高技术产品。此阶段的企业或者此类型产品一方面没有固定资产或资金作为贷款抵押和担保，因此无法从传统融资渠道获取资金，只能开辟新的渠道。另一方面，技术、管理、市场、政策等风险都非常大，即使在发达国家高技术企业的成功率也只有 20%～30%，但由于成功的项目回报率很高，故仍能吸引一批投资人进行投资。在金融性质上，风险投资是介乎直接金融与间接金融之间的一种金融运作模式。与原始意义上的直接金融不同，它的资金来源于其他投资者，而不是其本身。它又与间接金融不同，它本身就直接参与对企业资金的投入及管理。在这一问题上，天使投资与风险投资有着本质上的区别，即天使投资本身属于直接金融。

2）风险投资不仅给企业提供资金，而且参与企业的战略决策和经营管理，是一种高专业化和程序化的组合投资。由于风险投资的高风险性，为了分散风险，这些资金很少在一个项目上集中投资。按照"不能把鸡蛋放在一个篮子里"的投资理念，通常投资一个包含 10 个项目以上的项目群，利用成功项目所取得的高回报来弥补失败项目的损失并获得收益。风险投资除了具有投资功能之外，还具有较强的咨询、管理输出能力，能弥补中小企业特别是高新技术企业在管理方面的不足。典型的风险资本金一般是 10 年的生命期，通常有延展 2 年的选择权，大型的、声誉好的风险资本管理公司同时经营着多种资金。不同的资金有不同的生命阶段。在风险资金的早些年，公司的高级管理者寻找并筛选新的交易，跟选中的公司构建合同。在风险资金的中期阶段，风险投资人管理资金的投资组合，这与积极参与对资金的投资组合公司的管理有关，包括提供咨询服务、有时参与主要经营问题、为董事会服务、聘请和解雇管理者、偶尔替换不尽责的执行管理者、帮助公司制定战略盟约等。

3）风险投资一般不以实业投资为目的，不追求长期的资本收益，是一种追求超额回报的财务性和股权性投资。风险投资本身追求投资对象的高增长性，为了取得高收益，愿意承担高风险，高新技术企业正好符合这种要求。同时，风险投资的典型方式是股权投资，因此风险投资者与风险企业的关系是股权关系，而非债权债务关系，其着眼点也不在于投资对象当前的盈亏，而在于他们的发展前景和资产的增值。但这种股权投资也有别于一般股权投资，其投资风险大大高于普通股投资风险，而且并不谋求对被投资的创业企业的控制权，因而其期望的投资风险收益也不仅仅是企业的利润分配，而是在投资的一定阶段之后，通过上市、兼并收购等特定的退出机制获取股权资本的高额差额，这一点正是高新技术企业选择融资方式时的"最大期望"。

4）风险投资是一种技术创新不确定性的分担机制。一方面，风险投资介入后，其良好的运行机制可以使技术创新企业发展的主攻方向更加明确，有利于提高企业的研究开发水平，从而增加科学技术的供应量。另一方面，它能够有效地降低结果的不确定性。风险投资介入到技术创新企业后，可以提高企业的经营管理水平，有效地提高企业经营效果。同时，实现了不确定性的社会化，从而使单个参与者所承担的风险最小化。

5）从管理上讲，风险投资是一种比较复杂的投资过程，它具有特殊的双重代理的特征，即风险投资人既充当代理人又充当委托人，风险投资面临着显著的逆向选择和代理问题。第一层代理关系表现为在融资时，投资者是委托人，而风险投资人是代理人，信息的不对称表现为投资者并不一定知道风险投资人的资金管理能力及为人品质，只有风险投资人自己最清楚。而第二层代理关系表现为在将资金投入企业时，在这次资金运作中风险投资人又转为委托人，而企业家为代理人，这时的不对称性表现为风险投资人并不一定知道企业的真正盈利潜力，只有企业家最清楚。这里，投资者只有一层身份，即委托人，而风险投资人却具有双重身份。在第一层代理关系中，他们是代理人，而在第二层代理关系中，他们又是委托人。风险投资人面临着显著的逆向选择问题，因此在提供外部资金给不寻常的信息不透明公司时，风险投资人要花相当多的时间去评估潜在的发行者。而代理问题会出现在风险投资人和所投资的企业家之间，如企业家可能因不够尽职尽责、高额在职消费和由于缺乏充足的信息或技巧而不能做出最优的生产决策。因此，风险投资人会花费大量的资源去监控其所投资的公司，并且他们还经常企图发展能在特殊的行业专业胜任的专家。这种双重代理问题使得风险投资成为一种相对复杂的金融运作模式，其中风险资本市场是中介者，风险投资人实施财务中介最典型的功能，即先从一群投资者手中收集资金并重新将其投入信息不透明的公司。在投资过程中，风险投资人除了信息筛选、签订合同和监督外，还决定投资退出的时间和形式。通过实施这些功能，风险投资人成为一个完全活跃的投资者，经常参与战略计划甚至偶尔参与经营决策的制定。

（2）风险投资在中小创业企业中的优势

1）符合科技型中小创业企业的发展规律和融资阶段性特征，能拓宽其融资渠道。从风险投资者对高风险、高回报的偏好和高新技术企业高风险与高回报的特性来看，风险投资与高新技术企业具有天然的联系。中小科技创业企业由于在创业阶段、早期成长阶段、加速成长阶段存在诸多风险因素，且企业盈利较差，信用状况不稳定等，造成融资困难。加上没有以往盈利良好的纪录，在主板市场进行上市融资也毫无可能。资金是推动高新技术企业化的重要力量，资金的缺乏对高新技术产业的起步和发展都构成了致命的约束，而一旦获得成功，有时可以获得数十倍于投资的高收益，这与传统的投资原则相违背，却正好给予风险投资发展的契机。风险投资作为一种新型的投资机制，对那些传统信贷缺乏兴趣，却能够对确有发展潜力的发明创新提供资助，支持中小型高新技术风险企业的创业和发展。通常他们在中小科技创业企业创业阶段、早期成长阶段、加速成长阶段这些融资困难时期提供所需的资金，在企业进入稳定成长或者成熟阶段后，风险投资者以高价转让其所持有的股份获得资本增值，然后再将获得的收入投入新的项目中。

2）风险投资能促进中小企业高技术成果的转化，推动高科技产业的发展。高技术成果转化为商品，形成企业，依赖于大量的风险投资。当今世界正经历百年未有之大变局，新一轮科技革命和产业变革深入发展，以人工智能、大数据、物联网等为代表的信息技术成为新一轮科技革命和产业变革的核心引擎，全球创新格局处于大变革、大发展、大跃升的新阶段。信息技术的快速发展，背后都有风险投资的身影，并创造出巨大的经济效益和社会效益。利用风险投资有助于缩短科学研究到工业生产的周期，加快科技成果商品化，促进高技术产业化，实现高技术产业的繁荣发展。

3）风险投资对中小创业企业有较强的聚资功能。风险投资公司可以采取各种各样的融资方式，大量吸纳社会余资，包括公募、私人资本、抚恤基金、养老基金等。中小企业现在所面临的最迫切最需要解决的问题，就是资金问题，它是中小企业所面临的第一个问题。企业为了创业就必须要有自己的启动资金，在这时真是"一分钱难倒英雄汉"。而风险投资很强的融资渠道，必然能为中小创业企业的资金需求提供极大的方便。

（二）股权融资中对赌协议的风险及防范

1. 对赌协议的含义

随着我国经济的繁荣发展，越来越多的国外投资机构进入我国资本市场。为了保障自身的权益，许多投资机构在进入我国资本市场时与其投资对象签订了相应的估值调整协议，通过要求被投资企业对未来事项进行承诺来降低不确定性因素带来的投融资风险。于是在美国、英国等国家广泛使用的对赌协议，也开始在我国的投融资市场被大量使用。2003 年，摩根士丹利与蒙牛乳业签订对赌协议，由此我国第一起对赌实例发生。双方基于业绩对赌，最后以蒙牛乳业完成业绩对赌条件促使对赌成功为结局。此次对赌结果促进了蒙牛乳业的飞速发展。大批企业也纷纷跟风效仿，对赌协议被广泛运用于我国资本市场，在定向增发股权、企业并购重组、股权分置改革、风险资本投资等领域中都被频繁使用。同花顺统计资料显示，从签署对赌协议的公司来看，对赌协议大部分都出自中小企业板及创业板公司。也就是说，中小企业和一些创业企业更加热衷于对赌协议。在这些对赌协议中，无一例外都有承诺净利润的条款，承诺金额一般较大，有些对赌协议涉及金额甚至达到上百亿元。

对于投资企业来说，对被投资企业的估值十分关键，重置成本法、现金流折现法等传统的企业估值方法并不适用于对中小型企业的估值，它们无法将初创企业的环境变化和成长速度计算其中。并且，由于信息不对称理论，投资方无法完全掌握投资对象的全面信息。因此，对投资对象进行准确的估值在实践中较难实现。投资者往往会在投资协议中加入估值调整协议来降低这种信息不对称造成的估值风险。该类估值调整机制通常涉及大额的资金或股权赔付，并且在我国多以融资方未能完成协议条件而告终，所以在我国估值调整协议也被称为"对赌协议"。很多企业因对赌成功获得快速发展，但是更多的企业由于未完成对赌条件而对赌失败。签订对赌协议的融资方可能面临诉讼、股权纠纷、企业易主等惨烈结局。

2. 对赌协议的风险

（1）企业估值风险

投资方进行私募股权融资的第一步一般是对目标企业进行估值，但是由于评估目的不同，投资方和融资方可能会对企业做出有偏差的估值。作为投资方，首先，评估时出于谨慎性原则，保证投资资金的可收回性。其次，为了在对赌完成后抛售融资方股票时获取更大的投资收益，投资方可能会给出偏低的企业估值。而作为融资方，当务之急是融得资金，为了达成这一目的，显示自身的竞争性，融资方可能会给出偏高的企业估值。事实上，融资者的这种做法是十分危险的，公司自身的发展能力并不一定能匹配被高估的企业价值，并且过高的企业估值会使投资方对其营运能力高估，定下过高的业绩目标。融资方在对赌协议的压力下有可能过于激进而打乱企业原本战略结构，或者无法完成承诺业绩而支付高额的补偿。综上，融资方可能存在企业估值风险。

（2）合同目标风险

事实上，合同目标对于签订合同的双方是一种激励机制。合同内容会涉及对收益的分配，不同的收益情况或是收益分配方式对签订合同的双方有不同程度的激励效果。换句话说，合同双方会更加愿意为了更高的收益分配政策而付出更多的努力。对于签订对赌协议的融资方和投资方来说也是一样，投资方进行投资是为了取得投资收益，若对赌成功投资企业获得股权差额作为投资收益，同时可以将卖出股票之后可能获得的高收益看作是机会成本。若对赌失败，投资方则获得一定的补偿。而对于融资者来说，对赌成功意味着业绩上涨，企业经营水平提高，对赌失败则面临着巨额赔偿款甚至失去企业控制权。分析这两种情况可知，对赌协议的投资方和融资方的合同目标并不相同，这有可能带来合同目标风险。

（3）股权调整风险

以私募股权附加签订对赌协议的方式进行融资，融资方通常会选择现金和股权作为对赌筹码。当融资方在约定期间未完成对赌承诺事项，投资方有权要求其以现金或是股权的方式对投资方进行补偿。当融资企业以股权作为对赌筹码进行业绩补偿时，融资方可能会因为补偿数额巨大而在补偿后失去控制权。就算数额未达到影响公司控制权的程度，股权调整也很有可能影响融资企业内部股权结构，给融资方带来因股权调整而产生的风险。

3. 风险防控建议

（1）确保所签订协议的合法性

对赌协议的法律效力一直存在争议。对赌协议是投融资双方的一种约定，属于无名合同，目前在我国无法为其找到明确的法律规定与之对应。由于无明确的法律明文规定其法律效力，故只能通过目前已有判决结果的对赌实例作为参照。在这种情况下如何保证对赌协议合法合规呢？可以从以下几个方面着手：①由于对赌协议在我国的相关法律体系中并没有明确的法律规定，所以融资方在签订对赌协议时首先应注意条款中是否有法律明确禁止的行为，接着对于对赌协议中法律已经明确不承认其效力的部分应合理规避。②在挂牌拟上市时注意监管审核机构的要求。因为在对赌协议的签署过程中，融资方通过出让部分股权来获取资金会在一定程度上影响到新三板所规定的股权结构清晰性的要求，所以应在申报前清理对赌协议，降低企业违规性风险。③对赌协议中相关责任约定应该尽可能细化，这不但是对对赌双方的保护，也是为双方企业顺利对赌，在对赌过程中对各项事项责任划分有迹可循提供方便。对赌协议在我国的应用已经非常广泛，尤其是在私募融资领域，法律法规对其规范管理很有必要。因此，相关部门也应努力完善相关法律法规，使对赌协议在金融市场中能够被更加规范、合理地运用。

（2）提高自身经营管理能力

对赌的财务风险大多是由企业发展战略不当或经营管理失败造成的。因此，想要降低融资方签订对赌协议的融资风险，首要解决的问题便是确定企业的发展战略，提高自身的经营管理能力，以应对财务风险。

1）确定企业的发展战略。对于一个企业来说，战略管理能力十分重要，它决定了企业将能成长至何种规模，也决定了企业日后的发展方式，例如，选择激进型投资还是保守型投资，选择平稳发展还是迅速扩张。企业做出选择时要综合考虑多种因素，如企业的能力及资源、企业所处的行业环境，同时，企业在考虑战略性扩张时更加需要选准时机和方向。本章所研究的是签订对赌协议进行私募股权融资的企业。这些企业多为刚成立不久或是规模较小的企业，对于创业者而言，找到自身的定位和明确自身的方向显得尤为困难。对赌协议的签订给予创业者本身一个好的机会去明白自身优势，找准自身位置。

首先，参与对赌协议的投资方多为实力相对雄厚的资金管理企业，它们本身具有较为完善的经营管理体系，一般具备良好的资金运作能力并且它们还有帮助多家企业成功上市的经验。对于初创企业或是中小企业来说，投资方带来的这些

"资源"也十分重要，融资企业应充分重视。企业的发展并非获得资金就万事大吉，完善的公司管理结构、制度对于一个需要发展的公司而言极为宝贵。对赌协议的签订会让对赌双方"一荣俱荣、一损俱损"，融资方完成对赌条件会为投资方提供具有最高回报的退出方式。因此，对于向投资方寻求战略咨询、上市辅导等诸如此类的附加服务，投资方往往乐于帮助。这些增值服务的实现可以通过外派投资方的管理人员进入被投资企业对其进行帮助。这样做对于融资企业来说降低了融资企业盲目扩张导致的财务风险，同时也为这些企业节省了制订战略计划的大量人力、物力资源消耗。

2）提高自身的经营管理能力。融资企业确立了适合自己的战略目标后应努力提升自己的经营管理水平，以适应公司战略发展的需要。以提升财务管理能力方面为例，企业在投融资过程中应关注的财务比率包括资产负债率、财务杠杆率等等，过高的负债比率可能会给企业带来财务风险。只有及时测算公司主要财务比率，及时与同业对比分析，判断识别公司的财务风险，才能优化企业财务管理能力，降低企业经营过程中的经营风险及财务风险。当然，一个企业的经营管理能力还包括其他很多方面，融资企业只有严格要求自我，主动寻找突破点进行改进，才能达成长期稳步增长、企业长足发展的目标，同时实现与投资企业的良好长期合作关系，为公司的发展和募集资金提供方便。

（3）合理设置对赌标准与方式

在签订对赌协议时融资方管理层要通过对企业过去和现在的业绩分析并结合外部行业发展环境、经济政策影响等综合判断企业未来经营业绩，根据自身情况合理设置对赌标准。

1）设置多重对赌指标。单纯的财务业绩对赌会使管理层在未来完成对赌条约时只注重企业经营业绩的提高，而忽略企业内部的治理和管理能力的提升，造成短期行为。财务指标可以简单明确地确定双方的经济保障，但是有时一些非财务指标才是一家企业的价值所在，为了控制"对赌协议"的风险，多重指标是一个可以考虑的方式。将财务指标与非财务指标相结合，将业绩指标与企业行为，如企业创新能力的发展、市场合作伙伴的拓宽等结合起来，可以使管理层在追求业绩增长的同时注重企业长远发展，合理配置企业资源，提升企业价值。

2）利用重复博弈方式。将对赌条约设计成多次博弈的形式，可以使对赌协议更加灵活，为融资企业提供一个有利的缓冲期，从而分摊对赌失败的风险。实际操作中可以根据不同的博弈阶段特点设计不同的博弈标准，并慎重考虑博弈结束的时点设置等，以此来调整融资方的对赌协议。

3）注重细节约定和责任划分。对赌协议的内容设置应充分考虑各种可能情况来思索应对办法，并进行详细的责任划分，避免双方对对赌结果持不同意见而引起更多纷争。

（4）融资方应慎重签订对赌协议

1）明确签订对赌协议的动机。首先，签订"对赌协议"能够解决一些企业融资难的问题，但是对赌协议本质上是一项附加条款，融资企业不仅要偿还本金，未达到对赌条件的还要对投资方进行赔偿，所以建议融资者在签订对赌协议之前明确自己选择该种融资方法的动机，充分评估自己。因为资金需求而盲目地选择对赌协议是不可取的，对赌的业绩目标会给一些不适合以此方式融资的企业造成较大压力，此种压力可能会引发融资者更加不理性的市场行为。例如，因为对业绩的追求而走上盲目扩张的不归路，对赌失败后还要对投资方进行补偿，形成恶性循环。金融市场上存在各种各样的融资渠道，企业应做好分析，选择适合自己的融资方法。

2）合理判断自身条件。融资方在思考自身是否适用"对赌协议"时可以用以下几个条件作为参考依据：①企业所属行业发展前景。一个企业的蓬勃发展需所处行业能够为其提供发展空间。所属行业若被市场淘汰，则企业也将面临灭顶之灾。②企业是否具备完善的管理结构。企业的长足发展才是对赌成功的根本，完善的管理结构可以避免重大的决策失误导致企业一蹶不振。③企业是否具有核心竞争力。核心竞争力是一个企业发展的根本，企业具备核心竞争力可以在市场中占据自己的一席之地。具备上述特征的融资方有实现对赌协议中通常涉及的业绩条件的可能性，它们可能实现利润的高速增长以满足对赌条件。对于一般的企业而言，尤其是已经发展成熟的企业，实现明显的业绩提升非常困难，应慎重选择签订对赌协议作为其融资渠道。

另外，企业在决定是否接受对赌协议时，还要考虑以下问题：①企业管理层是否对内外部环境进行了全面的认识。准确地预测企业的未来发展情况，不能仅仅依靠企业过去的成绩而盲目乐观。②管理层的风险偏好。通常来说，管理层喜好追求高风险，签订的对赌协议面临的风险也更高。因为其往往定下较为激进、难以完成的业绩对赌条件。③对赌失败时有能力做出补偿。对赌失败融资方通常要进行现金或是股权补偿，若没有充足的现金提供补偿，或是没有对企业控制权进行强调，企业可能会因为对赌失败失去企业控制权，甚至导致企业破产或者被其他企业收购。

3）做好充分准备。做出签订对赌协议进行融资的决策后，融资企业面对大多数为大型资金管理企业的投资方，应做好充分的准备。面对投资企业专业的财务与法律团队，融资方应更加认真地评估自身资源，对对赌条件提出自己的构想，如果一味地被投资方牵着鼻子走，被动地接受他们提出的投资方案，可能会因为与企业实际情况不符而增大对赌失败的风险。除此之外，企业还应关注自身的谈判能力，合理表达自身诉求，以求在对赌中与投资方处在相对平等的地位。

第三节　融资建议

一、科学评估创业项目

21世纪出现了新经济，而新经济的主要载体是那些高科技、高成长、高风险的企业。同时，金融机构、风险投资机构为青年创业者提供融资资金时，重点考虑的是创业项目是否都具有高回报、高成长、高含金量等特点。然而，创业项目本身所具有的创新性、风险性等特征以及创业项目未来的资金流量无论是发生时间还是数量等，都充满巨大的不确定性，使得金融机构、风险投资机构对创业项目评估决策的正确率普遍不高。而且，不同的项目评估方法、考量的指标角度也有所不同。因此，如何选择合适的项目评估方法、对创业项目进行科学的评估是青年创业初期面临的首要重点难点。创业项目的评估是否合理，关系着该项目在创业初期能否成功地获得融资。所以，创业者应该根据项目的实际情况和特点，多方面参考创业成功企业的评估模式，选择适合自己创业项目的评估方法，以确定创业项目的可行性和盈利能力，避免因评估方法不当造成项目预期价值的误估，导致创业项目的失败。创业者创业的目的是希望将自己的思路、发明创造和创意转化为自己的事业，而提供融资渠道的金融机构、风险投资机构比较看重的则是资金的时间价值。因而，创业者不宜对眼前的利益过于计较，要着眼于长远规划创业项目，科学合理地评估创业项目的价值，千万不要低估或高估创业项目的价值。

二、理性选择融资渠道

调研发现，创业者大多是初生牛犊不怕虎，只顾往前闯，在有创业的想法或创业项目之后，往往没能对家庭条件、社会关系、金融机构的信用度、自身创新性等方面加以综合考虑和科学分析，对多种融资渠道盲目地进行选择，导致融资效率低下，融资渠道单一，这样既增加了融资成本，又难以顺利对创业项目进行持续的投资。因此，如何理性选择现有的融资渠道，成为摆在创业者面前的一道难题。虽然每个创业者的家庭条件、社会阅历、人际关系、创新意识不一样，但了解常用的融资渠道的优缺点是非常有帮助的。融资渠道的选择基本上可参考以下几个方面。

1）分析自己现有的融资渠道。一般而言，融资渠道主要分为内部融资、外部融资两个方面。内部融资主要是将自己所能掌握的资金用于投资创业，例如自有储蓄、亲情融资（家人、朋友借钱）、参加创业大赛赢取奖励资金；外部融资主要需要借助外部力量、金融机构进行股权融资和债务融资，例如合伙人出资、天使投资、银行贷款。

2）多方面评估自身实力。根据家庭条件、自有储蓄、人际关系、个人信用额度、创新意识等内容逐项列出优劣之处，相互结合，进行综合分析，如果自身实力较强，则可以考虑重点选择内部融资。

3）充分评估自己融资后资金的偿还能力。如果创业者在创业初期就已经有明确的资金投入、使用、偿还计划，则可以重点选择外部融资，反之就需要谨慎选择。

4）评估融资渠道的便利性以及自身创新性。这可以间接帮助创业者较好地区分内部、外部融资，进一步明确选择具体的融资渠道。

5）充分考虑选择独自创业还是团队创业。如果是选择团队创业，则需要进一步重点考虑创业团队的商业资源，虽然这点在创业初期较难进行，但也是相当重要的。实际上，融资渠道的选择没有一个明确的标准，创业者需要参考各项参数，合理选择适合自身创业的融资渠道。因此，创业者在融资渠道的选择上应该是多元化的，要根据自身的实际情况，选择多种融资渠道并行的方式进行创业融资，尽量避免只选择单一的融资渠道。

三、充分利用社会资源

创业者虽然存在经验不足、渠道狭窄、实力薄弱等劣势，但是这绝不意味着创业者没有任何资源。在经济资源相对不足的条件下，创业者具有强烈的创新意识和创新精神，具有现代意义上的团队合作意识和团队合作精神，具有熟练的现代信息使用技术。这些优势正是创业者可利用的社会资源，但可惜的是，很多创业者没有充分地认识到自身所拥有的这些资源，更没有充分地利用这些资源。首先，创业者要充分利用现代互联网技术结成的巨大虚拟朋友圈，获取相关投资信息和融资支持。目前，很多创业者在创业初期通过 P2P 融资平台获得资金支持，就是创业者充分利用互联网社会资源的典型现象之一。其次，与老一代的企业家不同，目前的创业者更加具有现代团队合作意识，没有传统的家庭、家族、地域等观念的限制，视野更加开阔。因此，创业者要充分利用自己的朋友圈，甚至在陌生的网络社群中寻找自己的合作伙伴，把浩瀚无垠的社会关系网络中的可用资源动用起来，为自己的创业项目服务。

【练习与思考】

1. 阅读有关风险投资或者私募股权投资的书籍，从投资人的角度，了解创业融资所需要具备的相关条件。

2. 从中国裁判文书网查阅与对赌协议相关的诉讼案例，深刻了解对赌协议对企业发展可能造成的积极或消极的影响。

第六章

企业专利与商标

【学习目标】

1. 掌握专利申请所应具备的条件和申请程序。
2. 了解商标注册的基本流程。
3. 能说出商业秘密的定义、特征以及保护商业秘密的基本方法。

知识产权制度是伴随知识力量的崛起而发展起来的一套法律制度。自工业革命以来，知识产权制度不仅极大地促进了技术创新和文化创作，而且为创新创业过程当中所形成的工商业标志提供了有利的保护。激励创新和促进创业是知识产权制度永恒的主题，也是知识产权制度对现代文明做出的最大贡献。

第一节　知识产权制度护航创新创业

知识产权和创新创业之间存在着一种相生相成的关系。一方面，知识产权制度开创了人类历史上空前的创新创业局面；另一方面，创新创业活动又不断地为知识产权制度开疆拓土。换言之，知识产权制度保护创新创业，创新创业拓展知识产权制度。

一、现代知识产权制度概述

传统的知识产权只包括专利权、商标权和著作权，但时至今日，知识产权这个大家族已经呈现出一派"人丁兴旺"的局面。目前不仅包括传统意义上的专利权、商标权和著作权，根据世界贸易组织《与贸易有关的知识产权协定》（Agreement on Trade-Related Aspects of Intellectual Property Rights）的规定，还包括了邻接权、地理标志权、集成电路布图设计及未披露过的信息专有权。另外，从更广的意义上看，知识产权还包括商号、域名、植物新品种和药物新品种等。美国著名的未来学家阿尔文·托夫勒（Alvin Toffler）在他的著作《权力的转移》一书当中指出，财富、暴力和知识构成了权力框架的三角基石，无论是现在还是未来，知识在权力的转移当中都将扮演起最为关键的角色。在这样的历史进程中，可以预见知识产权制度仍将呈现出持续扩张的态势，今后的知识产权保护将涵摄更多非物质形态的知识信息。

（一）知识产权的对象

知识产权的对象非常庞杂，可归纳为两大类：一类是创造性的智力成果，即技术创新和文化创作成果；另一类是工商业标志，最常见的有商标、地理标志等。它们实际上都是创新创业活动当中所形成的知识产品。

这些知识产品具有三个基本特点：第一个特点是创造性。创造性是知识产品获得法律保护的基本前提，如果不具备创造性，在实际中不可能获得专有权利的保护。当然，由于受保护的对象不同，知识产权受保护所要求的创造性也会有所不同。例如，专利权要求发明具有技术先进性或技术的非显而易见性，所要求的创造性程度最高；著作权则要求作品具有独创性或原创性，所要求的创造性次之；而商标权则仅仅要求商标具有可识别性或易于区别性，所要求的创造性要求最低。虽然创造性的程度有高低之分，但就知识产权所保护的知识产品来讲，其本身一定要具备一定程度的创造性。

第二个特点是非物质性。非物质性是指知识产品的存在不具有一定的形态，不占有一定的空间，人们对知识产品的占有并不是一种实在而具体的控制，而表现为认识和利用。也就是说，对知识产品的认识和利用便是占有。这与有形物质世界的规则完全不同，使得知识产品的利用具有共享和排他的双重特点。

第三个特点是公开性。知识产品必须向社会公示公布从而使公众知悉，在知识产权当中，除商业秘密权利外其他知识产品都必须公开，在知识产权制度中最基本的游戏规则即是以知识公开换取权利垄断。作为知识产品的所有者将知识产品的信息向社会公开，由此获得法律认可它的专有权利，这是知识产权制度体现出来的公平观念。

（二）知识产权的法律特征

知识产权作为专门保护知识产品的法律制度有别于有形财产权的法律制度，是通过赋予知识产品的所有权人一定时间、一定地域的专有权利来达到保护的目的。具体来讲，知识产权相较于其他有形财产权具有专有性、地域性和时间性三大法律特征。专有性即排他性，知识产权的专有性实际上体现在两个方面：一方面，知识产权只能够为权利人所独占，权利人垄断专有权并受到严格的法律保护，法律没有特别规定或未经权利人许可，任何人不得擅自使用权利人的知识产品；另一方面，对同一知识产品不允许有两个或两个以上主体同时享有权利，在同一属性的知识产品上所形成的知识产权只能够归属于一人。知识产权的地域性特征指知识产权法律效力仅生效于法律赋予国。例如，我国的著作权、专利权和商标权在美国就不受美国国内法的保护。知识产权的第三个特点是时间性。有形财产权没有时间限制，只要作为有形财产权对象的物质一直存在，所有权亦一直存在，这便是有形物所有权的永恒性特征。但知识产权与此截然不同，知识产权只有在法律规定的期限内才能受到保护，超过期限权利归于消灭，知识产权所指向的知识产品则成为全人类共同享有的财富。例如，发明专利权有效期是 20 年，即自申请之日起 20 年之后专利权所针对的技术方案自动进入公有领域，任何人都可以得而用之。著作权的保护期限是作者的有生之年加死亡后 50 年，作品一经创作完成便立即受到著作权的保护，在作者死亡后第 50 年的 12 月 31 日该著作权归于消灭，此时该作品自动进入公有领域，任何人都可以进行符合著作权法规定的使用权限。再比如说，商标权的有效期限是 10 年，但商标权可以无限次续展，从某种意义上来说如果不断续展商标权，那么此商标权可以成为永久性权利，但无论如何一次商标注册的有效期限只有 10 年，这也是时间性特点的体现。

（三）知识产权的交叉现状

知识产权保护领域还有交叉保护的现象。交叉保护是指同一个知识产品可能同时受到多个知识产权保护。以图形作品为例，如果一个图形具有独创性，能够成为著作权法意义上的作品，此时便受著作权保护；如果该图形用作商标并成功申请注册，便获得注册商标保护；如果该图形用作工业品的外观设计，便可以受到外观设计专利保护。此时在一个图形作品上同时产生了著作权、商标权和专利权，并且同时受到三种权利保护，该知识产品的权利人可以根据需要，选择合适的方式来运营和保护自己的知识产权。从上述例子可以看出，当单一权利人拥有知识产品时，可能会尽可能争取知识产品上所有知识产权的授权，如果单一权利人要将该图形作为商标来使用，最好能够同时取得图形作品的著作权，因为一旦取得图形作品的著作权便可以对抗一切商标抢注行为，也可以对抗他人利用图形进行工业品装潢或者外观设计。换言之，著作权能够为商标和专利提供兜底保护。考虑到交叉保护知识产权效应，知识产品权利人应当善用此特点来扩张知识产品的保护。

（四）我国知识产权的保护现状

我国现代化的知识产权保护制度起步于改革开放之后，40 多年间，我国已经建立起了一个体系齐全、保护严格的知识产权体系。对照西方国家的知识产权历史，我们用三四十年的时间走过了西方国家两三百年的制度发展史，可以用"起步晚、起点高、步子快"来概括。但回过头看，知识产权立法"起步晚"也使我们付出了不少代价。

典型的例子是北京大学屠呦呦团队所研发的青蒿素提取技术。屠呦呦团队历经 190 次失败，最终利用乙醚在青蒿当中提取出有效抗疟成分，这种有效抗疟成分便是后来的青蒿素，这对于当时的世界是一份非常宝贵的财富。但由于我国当时并没有知识产权制度，专利权保护更无从谈起，研究成果不能够获得专有权利的有效保护。后来，屠呦呦团队将研究成果以发表论文或宣讲的方式让国际同行获得最新的研究进展，国外药企便利用屠呦呦团队研究成果迅速占领抗疟药市场，导致我国虽然在抗疟药研究方面处于世界领先地位，但抗疟药行业却在国际上没有话语权。这侧面反映出专利权制度的缺位给国家相关行业的发展所带来的巨大阻碍和牵制。

经过多年的专利制度建设，我国已经构建起一个大而全的知识产权保护体系。因为知识产权的保护涉及的对象较多且权利内容和权利边界也不尽相同，在保护流程上包括注册、登记、审查授权、行政执法、司法救济等多个环节，所以这要求知识产权保护要采取大保护工作思路。具体来讲，知识产权大保护格局包括自我约束、行业自律、行政执法和司法救济四个层面。当前我国正致力于同步推进严格行政执法，同时强化行政执法和司法救济的有效衔接，提升知识产权的保护力度。相信这张不断织密的知识产权大保护网，将为我国创新创业事业释放出更大能量。

二、知识产权管理

对于企业而言，决定竞争力的重要因素已不仅限于企业资金和规模的大小，知识产权作为企业无形资产当中最具价值的组成部分，已经成为知识经济时代的核心竞争力。创业者必须把知识产权放在心上、抓在手上，而且要有知识产权的战略意识和知识产权管理能力。在创业路上很多企业因为重视知识产权管理而为企业带来点石成金的效果，有的创业者因为重视知识产权管理而有了意外收获，有的创业者因为重视知识产权管理而迅速占领了国际市场，也有的创业者因为重视知识产权管理而在单车大战当中一马当先。

台湾企业家施振荣在《再造宏碁》一书当中提出微笑曲线理论，用这条曲线来描述计算机产业的价值链，其中横轴是产品的研发、制造、营销环节，纵轴是产品的附加值。该条曲线意在说明，在计算机产业链上身处产品研发高端的企业以及掌控品牌营销的企业分别可以依靠技术和品牌优势获取高额利润，而那些单纯提供生产劳动的企业则实际上处于血汗工厂的地位，虽然其产品的市场份额很大但利润却少得可怜。苹果公司系列产品就是利用研发和营销优势从而处于产品价值的高端链，进而在激烈的手机领域和平板电脑领域取得巨大成功。苹果公司的成功源于有成熟的专利战略及成熟的品牌意识，在苹果公司的文化营销下，那个被咬掉一口的苹果标识对于众多粉丝而言绝不仅仅是用于识别商品来源的标记，更意味着一种潮流、时尚和全新的生活方式。正是苹果公司注重深入挖掘并赋予商品在满足人们社会、尊重和自我实现需求方面的象征意义，才使得其商标运营具有极为重要的价值，同时也极大地提高了商品的附加值。苹果公司成功的专利战略和品牌战略使得其在微笑曲线上始终处于上端。施振荣的微笑曲线理论的启示在于，在现代市场经济中知识产权已成为企业间竞争的重要策略性工具，能够为企业带来巨大的附加值，尤其通过对专利、商标等知识产权的有效组合利用，可以极大地提升企业产品的含金量，是企业竞争的有效手段。当然，如何有效地保护自有知识产权，又要如何避免侵权事件发生，这涉及知识产权布局管理、运营以及风险防范等各个方面的策略问题，对于众多的创业者来说既是挑战也是机会。对于不同类型的企业以及身处不同发展阶段的企业而言，知识产权管理的具体目标和管理重心也要有所区别。对于身处创业初期的经营者来说，由于初创时期对知识产权规则了解有限，且自身知识产权储备相对不足，容易受到知识产权管理成熟的企业知识产权进攻。因此，这一阶段的知识产权管理目标应当是重在防御，知识产权管理工作应主要围绕创造展开，此阶段知识产权的管理重心在于如何在避免侵权的基础上尽可能地扩充知识产权储备量，从而增强企业自身抵抗知识产权风险的能力。随着自身知识产权储备数量的增长，企业知识产权管理的重心也要逐步发生转变。在此阶段，应注重降低知识产权的管理成本，甄别、实现知识产权的价值。依托核心知识产权，合理定位企业的中长期发展战略就应该成为知识产权管理工作的首要目标。

第二节　通过专利申请保护创新

朗科是优盘之父，万燕是世界第一台 VCD 的制造者。朗科和万燕的不同命运深刻揭示了专利申请的重要性。前者于 2010 年在创业板风光上市，还开创了中国企业向国际巨头收取专利费的先河，万燕则在制造了世界第一台 VCD 之后，最终黯然退场。万燕如此的结局在于其专利政策的失误，其创始人曾明确表示没有申请专利是因为当时认为专利申请并不重要，重要的是先让产品占领市场。专利战略的失误让其在群雄并起的年代无力自保，眼睁睁地看着自己开拓的领域被其他企业分割蚕食，教训惨痛。可见，发明创造一旦基本成熟且具备一定的可实施性，就应当奉行"落袋为安"的策略，尽早申请专利，尤其是在竞争激烈的技术领域。

一、专利的种类

我国在法律上将专利分为发明专利、实用新型专利、外观设计专利。

（一）发明

发明是指对产品的形状、构造或者其结合所提出的适于实用的新的技术方案。我国对发明专利实行的保护期限是 20 年。发明专利并不要求是经过实践证明可以直接应用于工业生产的技术成果，也可以是一种解决技术问题的方案或构思，只要在工业上具有应用可能性即达到了发明创造的基本完成条件。如果发明创造本身已经基本完成，但发明者认为不完善，在测试及改进细节上浪费太多时间，耽误申请时机从而被后来者抢先申请就会造成无法挽回的后果。但从另一个方面来讲，如果发明创造尚未基本完成就过早申请技术公开，也可能会面临三种不利后果。首先，由于技术内容公开得不够充分还没有达到实施的标准，在这种情况下可能会被国家知识产权局专利局驳回从而不能够取得专利权；其次，专利申请被驳回后，该专利申请可能给其他竞争者以启迪，如果他人迅速改进并抢先申请，申请者反而可能受制于人；最后，即使申请人取得专利授权也有可能造成专利保护不严密、不完整从而为他人提供改进扩展和申请新专利的机会。总而言之，对于发明创造的完成程度要有一个比较准确的判断，应把握适当时机进行专利申请。

我国发明专利具体可以分为产品发明和方法发明。产品发明中的产品是指工业上能够制造的各种新制品，包括有一定形状和结构的固体、液体、气体等物品。产品发明如果取得专利后即为产品专利。需要强调的是，我国产品专利只保护产品本身并不保护该产品的制造方法。例如，平板电脑作为介于手机和传统计算机之间形态的产品，解决了随身使用计算机的需求，这种建立在实物基础上的发明即属于产品发明。对于保护范围而言，产品专利对平板电脑的保护仅针对平板电脑本身，而不对生产平板电脑的方法进行保护。

方法发明是指为制造产品或者解决某个技术问题而创造的操作方法。和技术过程类似，方法发明取得专利后即为方法专利。根据专利法的规定，对于方法专利的保护不仅仅保护方法本身，还保护依据该方法所直接获得的产品。对于方法专利而言，未经专利权人许可任何单位或者个人都不得使用其专利方法及使用、销售依照该专利方法直接获得的产品。例如，Wi-Fi 技术是日常生活和工作中经常使用的一种通信方法，从无线电到 Wi-Fi 的过程便是一种发明，无线电是自由空间传播的电磁波，而 Wi-Fi 是通过无线电来连接网络，二者结合便成为一种通信方法。

另外，还可以根据不同标准对专利进行分类。首创性发明在人类的发明史上留下了辉煌足迹，指南针、印刷术、蒸汽机、电灯、电话都属于首创性发明。还有一种是改进型发明。目前绝大多数发明实际上都属于改进型发明，如鼠标便是改进型发明的典型代表。组合型发明也是常用发明类型，如将发动机、轮胎、车厢、方向盘组成交通工具便是组合型发明。应用型发明的例子很多。比如，滑板婴儿车专利就是婴儿车和滑板的组合，可以在遛娃的同时进行滑板锻炼；再如，乒乓旋转门专利，实现了门旋转放平后做乒乓球台使用；又如，镜子熨衣板专利是将熨衣板的背面安装穿衣镜实现一物两用。选择性发明是指从许多公开的技术方案中选出某一技术方案的发明，是化学领域中常见的一种发明形式。例如，在标准大气压条件下 0~100℃，A 物质产量通常恒定增加，但进一步的实验表明，如果设定在 0~80℃时，A 物质产量有明显的大幅增长，这种情况的发明就是在很宽的温度限制范围内做出的选择性发明。要特别注意的是，一些专利申请人想把发明创造的专利保护划定范围变宽，但又没有足够实例加以支持，在这种情况下，由于很难具体化就容易被他人在原发明基础上做出选择性发明。

（二）实用新型

实用新型是指对产品的形状、构造或者其结合所提出的适于实用的新的技术方案。《专利法》为实用新型专利提供 10 年的保护期限。一方面，与发明专利相比实用新型专利也是技术方案，但是实用新型专利保护的范围要狭窄一些，其只保护有一定形状或结构的新产品，不保护方法或者没有固定形状的物质；另一方面，实用新型的技术方案更注重实用性，但是技术水准相较发明要低一些，多数国家实用新型专利保护都比较简单，改进性的技术发明也就是常称的小发明。

发明创造定位不当所带来的风险通常表现为申请人对发明创造所具有的创造性的高低而产生误判。根据《专利法》的规定，授予发明专利的标准要比实用新型的专利授权标准更高，发明专利的保护期限则比实用新型专利的保护期限要更长。所以一个技术成果完成以后，企业在提出专利申请之前就要加强对发明创造的内部评审，准确判断相关的发明创造是否已经达到了申请专利类型的授权标准，避免因为发明专利申请不满足创造性要求而影响专利授权，或者因为选择实用新型专利申请致使创造性高的发明创造无法获得充分的保护。另外，如果对一项技术发明申请授予发明专利，但实际上达不到发明专利的标准，那么最终很可能被驳回，此时，实用新型的专利也不能够获得批准。

（三）外观设计

外观设计是指对产品的形状、图案或者其结合以及色彩与形状图案的结合所做出的富有美感并适于工业应用的新设计。将定义分解来看，首先，外观设计是指工业品的外观设计，即工业品的式样必须以产品为依托，离开具体的产品也就无所谓外观设计。换言之，不能够把外观设计和美术作品相等同。其次，外观设计以产品的形状、图案、色彩等要素美感作为目的，不追求实用功能的外观设计不是技术方案，这是外观设计与发明、实用新型的显著区别。发明和实用新型都是技术方案并且具有实用功能，能够解决一定的技术问题，这是它们与外观设计的最大差异。关于外观设计的保护范围，《专利法》规定外观设计专利的保护范围以表示在图片或者照片中的该外观设计专利产品为准。而且，外观设计专利权所保护的表现在图片或者照片中的该外观设计专利产品的范围应当是同类产品的范围，若不是同类产品，即便外观设计相同，也不能认为是侵犯专利权。

二、专利的取得

（一）专利的申请

专利申请第一个原则是形式法定原则，申请专利的各种手续都应当以书面形式或国家知识产权局专利局规定的其他形式办理。第二个原则是单一性原则，也就是指一件专利申请只能够限于一项发明创造。如果是属于一种发明构思的两项以上的发明或者实用新型，可以作为一件申请提出；用于同一类别并且成套出售或者使用产品两项以上的外观设计，可以作为一件申请提出。这两类情况均是单一性原则的例外。第三个原则是先申请原则，是指两个或者两个以上的申请人分别就同样的发明创造申请专利的专利权授给最先申请的人，这也是专利申请过程中最重要的原则。先发明受制于先申请，即便是先发明人也未必能够获得专利权，因此专利申请日对于专利申请而言至关重要。与先申请原则相关的还有优先权原则，包括国内优先权和国际优先权，但不论国际优先权还是国内优先权，优先权制度有效地将专利申请日提前。也就是说，如果某个专利申请人就某项发明创造第一次提出专利申请后，在一定的期限里又就相同主题的发明创造提出专利申请，根据有关规定，其在后的申请就能够以第一次专利申请的日期作为有效申请日。优先权的制度安排目的就是将在后的申请日有效提前，而提前的目的又是鼓励权利人尽早地公开技术方案。

专利申请是一项专业性和技巧性都很强的工作，专利申请不仅涉及专利申请风险和策略问题，申请过程中也有很多技巧。在专利申请过程中要特别重视专利申请文件的撰写工作，稍有不慎就会产生很大风险。权利请求书撰写不当就很可能会对专利权的保护范围及专利授权产生不利影响，技术说明书撰写不清楚不完整也可能会影响到专利授权，为此企业在进行专利申请时最好能够与专利事务所等专利代理机构开展合作，尽可能完善专利申请文件。在专利的申请文件当中，权利请求书是最重要的一份文件，企业应当特别重视权利请求书当中的措辞，稍有不慎就可能会对申请人的权利要求产生不利影响。比如，甲发明一个电饭锅，该电饭锅通过装置 A 可以使做出来的大米饭更香，如果甲在写专利文件时没有考虑到该专利还能通过装置 B 来实现，而装置 A 和 B 的不同仅仅在于使用材料不同，而甲的权利请求书未把装置 B 涵盖，那么当他人使用装置 B 制作电饭锅时甲就无权主张专利侵权。因此，在专利申请过程中借助专利代理机构的经验可以在一定程度上减少表达不准确的失误及遗漏权利要求的发生。

（二）专利的审查

《专利法》对不同专利类型分别采用不同的审查制度，对于发明专利采用早期公开延迟审查制，而实用新型、外观设计专利则采用登记制。

1. 早期公开延迟审查制

对于发明专利所采取的早期公开延迟审查制，是指在申请案通过形式审查以后将申请案的内容公开，待一定期限以后再做实质审查，实质审查通过之后再进行授权。《中华人民共和国专利法》（简称《专利法》）第三十四条规定："国务院专利行政部门收到发明专利申请后，经初步审查认为符合本法要求的，自申请日起满十八个月，即行公布。"换言之，申请人可以在 18 个月之前主动申请公开，如果不申请早日公开，那么申请日起满 18 个月会自动公开并即行公布。实质审查在形式审查之后进行，申请人提出专利申请之后三年内应当向国家知识产权局专利局提出实质审查的请求，若不提出则会被驳回，这就是我国实行的早期公开延迟审查制。

2. 登记制

我国对实用新型和外观设计专利申请实行的是登记制。登记制是指国家知识产权局专利局在受理专利申请之后并不对申请案做实质审查，只就申请案做形式审查。发明专利审查程序有五个阶段，实用新型和外观设计专利申请只有三个阶段。发明专利审查程序包括受理、初步审查、早期公布、实质审查及授权五个阶段，实用新型和外观设计专利申请不进行早期公布和实质审查，只有受理、初步审查和授权三个阶段。由于我国对实用新型和外观设计专利的申请实行的是登记制，在登记制下所产生的专利权质量往往较低，因此在侵权诉讼当中往往会伴随请求宣告专利权无效的诉讼。

（三）专利的授予

授予专利根据专利的类型不同而有不同的条件，对于发明、实用新型的专利的授权要求具备新颖性、创造性和实用性，即通常所说的"三性"。

1. 新颖性

新颖性，指该发明或者实用新型不属于现有技术，也没有任何单位或者个人就同样的发明或者实用新型在申请日以前向国务院专利行政部门提出过申请，并记载在申请日以后公布的专利申请文件或者公告的专利文件中。如果是以出版物公开为标准，那么应采取的是国际标准，如果是以使用公开为标准，则应采用国内标准。新颖性的核心含义是指申请案所包含的技术方案必须是前所未有的。

2. 创造性

创造性，指同申请日前已有技术相比，该发明有突出的实质性特点和显著进步，但对于实用新型来说只需有实质性特点和进步即可，无须有显著进步，这是创造性的要求。

3. 实用性

实用性，指该发明或者实用新型能够制造或者使用，并且能够产生积极效果，这是实用性的要求。

在企业的专利管理实践当中，应当特别重视研发成果丧失新颖性的风险。这种风险主要表现为企业在提交专利申请之前已经以某种形式将其研发成果公之于众，从而使发明创造丧失新颖性，直接影响到专利的授权。因此，企业在对研发成果的管理过程中，要完善对外披露制度和员工保密制度，充分利用《专利法》中所规定的丧失新颖性例外规则，妥善保护研发成果。《专利法》中有专门的条款规定某种形式的公开并不会导致新颖性的丧失，所以即便要公开也要尽量利用这一丧失新颖性例外的规则来有效地规避风险。关于外观设计专利的授权，《专利法》只提出了应当具备新颖性一个要求，即同申请日前在国内外出版物上公开发表或国内公开使用过的外观设计不相同即可。另外，申请人申请的外观设计专利不得是他人拥有著作权的作品或者是别人拥有的其他在先权利所指向的对象。

第三节 通过商标注册承载商誉

商标是生产经营者和服务提供者使用在自己的产品或服务上的用以与其他生产经营者和服务提供者的商品或服务相区别的识别性标志。商标在经营发展过程中极为重要，是企业进军市场的通行证，是开拓市场的先锋，是企业商誉的承载者。

一、商标的价值

商标的价值已经远远超出其最初的指示作用，即用于帮助消费者认牌购物。

现在更加重要的作用是培育企业品牌，提高产品附加值。因此，商标对于企业来说是营销的对象以及营销的目标。借助于形式多样的广告宣传策略，商标可以形成对消费者独特的吸引力，帮助企业进入更高层次的以品牌主导商品为特征的营销阶段。这不仅有助于企业摆脱低水平价格竞争，还能够为企业带来稳定的客户群体，创造更高的价值回报。

二、自愿注册原则

自愿注册原则是商标注册的重要原则。单纯的商标使用并不能够使商标成为企业的无形资产，商标经过使用并不能够产生专有权利。专有权利的产生是基于向有关部门提出注册申请而产生的。企业只有依法向特定的国家主管机关提出商标注册申请并被核准，才能够拥有对所申请注册商标的专有使用权。由于实行自愿注册原则，在大多数情况下，注册并非商标使用人的一项法律义务。是否注册、何时注册以及选择在哪些国家注册都取决于企业自身意愿。根据我国商标法的规定，商标注册实行自愿原则，除非法律行政法规明确规定必须使用注册商标的商品，否则生产经营者没有义务必须要申请商标注册。尽管我国法律实行自愿注册原则，但是对注重实施品牌战略的商家来讲，商标注册不仅有助于确保其对特定商标的专有使用权，而且能有效防范其他商家借助商标纠缠策略影响企业发展。如果被他人抢先注册了商标，那么仅仅拥有在先的使用权，而不能够阻止他人在相同或者类似的商品上使用相同或者近似的商标。比较典型的案例是苹果公司iPad 商标在中国被唯冠科技抢先注册。苹果公司在没有经过充分调查的情况下，便率先在中国市场推出了 iPad 系列产品，产品进入中国以后直接面临着唯冠科技的侵权指控。最后苹果公司被迫以 6000 万美元的高昂代价与唯冠科技达成和解。

三、商标注册的条件

为了能够有效获得商标注册，企业在注册商标的选取上应注意满足显著性和合法性要求。在提出注册商标的申请之前，首先要对商标进行显著性和合法性判断。

（一）显著性

显著性是某一个特定标识能否成为商标的基本前提。一般而言，商品的通用名称、图形、型号，或者直接表示商品的质量、主要原料、功能、用途、重量、数量以及其他特点的标识符号均不具有显著性，因此不能够被核准注册，除非能够证明这些标识经过长期使用已经获得了足以区分产品来源的显著性。New Balance 知名商品特有装潢仿冒纠纷案具有代表性，上海黄浦区法院通过显著性分析，认为本不具有显著性的 N 字母标识在经过持续使用之后，由于其在 New

Balance 运动鞋的特定位置具有了识别商品来源的作用,从而将其认定为知名商品的特有装潢来获得保护。这个案件为知名商品的商标权提供了更宽泛而且更合理的保护,在市场经济环境下为商标权保护提供了更多的路径选择,也对市场的仿冒行为的打击提供了更好的范例。

（二）合法性

关于合法性的判断,首先要关注相关注册申请是否可能会对社会公共利益和他人的合法权益造成不利影响。比如有关国家权力机关、国际组织、官方检验标志等都是法律明确禁止作为商标使用的标志,误导性描述、县级以上行政区划、地名以及公众知晓的外国地名均在禁止之列。法律所申请注册的商标若有其他不良影响也不能够获得商标注册。关于不良影响的典型案例是国家工商行政管理总局商标局于 2016 年 12 月发布的关于"国酒茅台及图"商标不予注册的决定。商标局指出,被异议商标的申请注册违反了《商标法》有关条款当中有其他不良影响的规定,申请注册的国酒茅台其图中的"国酒"一词,带有"国内最好的酒、国家级酒"的评价性含义,如果由被异议人永久性独占使用,易对公平的市场竞争秩序产生负面影响。因此,商标局决定国酒茅台及图商标不予注册。

其次,要判断有关标识是否侵犯了他人在先取得的合法权利。对此主要判断申请注册的商标是否侵犯了他人的著作权、外观设计专利权、姓名权、肖像权,是否对知名商品的特有名称、包装、装潢构成侵权,是否不正当地利用了其他企业在先使用的字号、名称等。2009 年,国家工商行政管理总局商标评审委员会做出了关于"易建联 Yi Jian Lian"商标争议的裁定书。商标评审委员会在裁定中认定,易建联是我国著名篮球运动员,在争议商标申请注册的日期之前就已具备一定的社会知名度。因此,易建联公司没有获得易建联本人的授权就将与他姓名相同的文字用来申请商标注册,侵害了易建联的姓名权,违反了《商标法》的有关规定,最终驳回了商标注册。篮球运动员乔丹也有过类似纠纷,2016 年最高人民法院对再审申请人乔丹与被申请人国家工商行政管理总局商标评审委员会,以及第三人乔丹体育股份有限公司之间的 10 件商标争议行政纠纷再审案件进行了公开宣判。最高人民法院判决认定,涉及乔丹中文的 3 件争议商标注册损害了中文的乔丹享有的在先姓名权,乔丹公司对争议商标注册具有明显主观恶意,乔丹公司 3 件中文乔丹商标应当予以撤销,判定商标评审委员重新做出裁定。在涉及汉语拼音的乔丹等商标的 7 件案件中,最高人民法院认为乔丹对拼音乔丹不享有姓名权,驳回了乔丹的再审申请,这是典型的侵犯在先姓名权的商标注册案件。

再次,要判断有关标识是否与他人在先申请或注册的商标发生冲突。根据《商标法》的有关规定,申请注册的商标不得与他人在相同或者类似商品上已经注册或初步审定的商标相同或者近似。

最后，要判断有关的标识是否可能会侵犯他人驰名商标，根据《商标法》《巴黎公约》《与贸易有关的知识产权协定》的规定，驰名商标受到各个国家的扩张保护。对驰名商标的保护已不局限于已经注册的商品或者服务的类别，而且扩充到其他商品或服务的类别。所以在将有关的标识申请商标注册时，要预先了解是否对他人驰名商标构成侵犯。

四、初创企业在商标注册过程中的注意事项

初创企业在商标注册过程中有三个方面应当着重注意：①应当尽可能将注册目标放长远，避免因注册范围过窄而影响企业的后续发展。②企业应当考虑将自身使用的字号与申请注册的商标实行一体化保护，如果企业的字号与商标分别采用不同标志，则有可能被其他商家搭便车，进而使自身的利益遭受损失。现实生活中经常碰到类似纠纷，有的企业字号或者商标被其他企业注册为商标或者字号，在客观上可能会导致消费者产生混淆，也有可能使其中一方不正当地染指相关方商誉，因此企业应该尽量实施一体化战略。③企业在特定类别的产品或者服务上选择注册商标时，应当有意识地以该组商标为核心，将若干与主商标存在关联关系或可能在消费者心目中引发与主商标联想的标识申请商标注册。这种商标注册策略可以有效地预防其他经营者搭便车，进而防止自身品牌知名度被稀释或被绑架。总体而言，企业在设置商标防护体系时，可以考虑将主商标简称、别称、所生产经营的商品的特有名称、企业的商号等都纳入注册范围，从而为自身编织坚实的商标保护网。

第四节　专利创造中的风险规避与策略

专利既是企业在市场上摧城拔寨的利器，也是企业有效抵御竞争对手攻击的盾牌。作为企业来讲，如何在发挥好专利作为进攻之矛威力的同时，发挥好专利作为防守之盾的作用，是专利实践中的风险规避和策略问题。

专利实践中的风险规避和策略问题可以分为专利创造过程与专利运营过程两个方面。以华为公司为例，2013年前苹果公司曾联合微软公司向华为进行多次知识产权起诉，但之后华为公司对专利研发方面的投入增大，逐步建立起了庞大的知识产权保护伞，专利中包括LTE通信、智能手机操作系统、用户界面等应用涉及面广泛且技术含量高的专利，因此苹果公司也开始使用华为专利技术。可见，企业注重研发投入固然非常重要，但也要对专利研发过程中可能存在的风险保持必要的警醒。总的来说，应关注"两风险一策略"，即专利研发风险、专利权属纠纷风险与专利申请策略。笔者下面将分别予以介绍。

一、专利研发风险

专利研发是企业创造专利的起始环节。在这个过程中，企业需要借助科研力量对拟研发的项目进行立项和论证，避免研发任务失败。更为重要的是，对拟研发的项目的审慎评估有助于企业合理规划在相关技术领域的专利布局，还可以有效避免重复研发风险以及侵权研发风险。重复研发风险和侵权研发风险是指其他主体已经开展相关研发工作，可能会使本企业研发成果无法满足专利申请的新颖性要求。为了加强对重复研发风险的管控，企业应当借助专利查新工作机制强化风险防控。通过专门科研人员对相关技术情报的收集、整理、分析，企业可以对所研发的技术项目在国内外的发展情况及专利布局状况有全面了解，在其他企业已经进行相关研发并且申请专利的情况下，企业可以及时调整研发方向，避免研发资源的浪费。

侵权研发风险指相对于自身已经研发的项目，他人技术成果更加具有基础性，这可能导致自身企业的研发成果在进行商品转化时面临侵犯他人专利权的风险。如果没有取得相应许可，则可能面临侵权研发和侵权使用的风险。为了应对侵权研发风险，企业在研发的立项之前应当对相关技术领域的专利布局情况开展研究，防止日后专利产品生产陷入竞争对手设定的专利雷区，影响专利成果商品化转化。在具体应对措施方面，企业要做到下述三点：①应当启动专利侵权预警机制，对拟研发项目所设相关技术领域的专利情报进行收集分析；②应当适时开展风险专利许可谈判，事先取得基础性专利许可；③针对风险专利启动专利宣告无效程序。

二、专利权属纠纷风险

专利创造中第二类风险被称为专利权属纠纷风险。企业要研发一项专利技术，不外乎自主研发、合作研发、委托研发三种形式，但不论采取哪一种研发形式都可能会围绕专利权属问题与相关利益人产生纠纷。因此，对专利权属纠纷风险进行识别和管理便成了专利创造过程中一项重要的工作。下文将分别介绍三种研发方式中面临的主要风险和防范策略。

企业自主研发专利面临的最主要的风险是职务发明创造与非职务发明创造中的认定纠纷。专利实践中职务发明与非职务发明之争的纠纷数不胜数，创业者和发明创造者在组织专利研发的过程中，都有必要清晰地了解职务发明与非职务发明之间的界限。实际上，职务发明创造与非职务发明创造认定的纠纷风险在本质上是企业与单位所属的具体发明人之间就发明创造的归属问题存在着分歧。我国对职务发明创造的专利权归属有明确规定，执行本单位的任务或者主要是利用本单位的物质技术条件所完成的发明创造，就是职务发明创造。职务发明创造申请专利的权利属于该单位。申请被批准后该单位为专利权人。换言之，职务发明创造专利的权利属于该单位。对于利用本单位物质技术条件所完成的发明创造，我国法律允许单位和发明人或者设计人进行协商。换言之，双方可以协商专利申请权和专利权的归属问题，自由进行约定，如果有约定的，按照约定处理，没有约定的，按照法律规定处理。专利获批以后，专利权归属单位，这是关于职务发明创造的权属方面的有关规定。针对职务发明创造，企业应当合理地控制好风险。一方面，合理设置劳动合同中有关职务发明认定与归属的条款，避免企业利益的流失。另一方面，对职务发明创造的发明人或设计人给予合理报酬和奖励，以避免遏制企业员工从事技术研发的积极性。所以，对企业和发明人、设计人之间合理做出权属方面的安排是关乎企业研发顺利推进的一项基础性工作。

权属风险主要表现为因合作开发的合同有关的约定不明，合作各方对发明创造的权属存在认识分歧。我国《专利法》规定，两个以上单位或者个人合作完成的发明创造，除了双方当事人另有协议的，发明创造的专利申请权由合作方共有。一方不同意申请专利的，其他各方不得申请专利。显然，《专利法》对于合作专利采取的是协商立场。换言之，有约定的按约定，没有约定的则由合作双方共同享有专利申请权。为了避免日后出现权属争议，合作双方企业应当合理选择合作伙伴，并就研发成果的专利申请问题及权利归属问题做出明确规定。

委托研发权属纠纷主要表现为因委托开发合同约定不明，致使企业无法获得研发成果的专利申请权和专利权。根据《专利法》的规定，在委托合同约定不明的情况下，发明创造归属于受托方，受托方享有发明创造的申请权。如果申请获得批准，受托方享有专利权，委托方仅仅享有免费实施相关技术成果的权利。因此，企业在与其他企业或个人签订委托研发协议时，应当在委托研发合同中对研发成果专利申请权和专利权的归属做出明确规定，以避免出现对自己不利的情况。具体来说，在委托研发过程中受托方通常是初创企业，大企业和小企业之间的委托研发关系较多，大小企业实力悬殊，谈判地位不平等，且合同文本通常由大企业提供格式合同。因此，在签订委托研发合同时，小企业要尽量邀请有专利管理经验的专业人员进行把关。合同中要明确约定研发项目相关知识产权归属，尽量避免模糊语言，必须明确项目终止之后对方是否可以独自开发相应产品。另外，对于权属安排要慎用双方共有模式，双方共有模式会对专利申请及使用带来高额协调成本，从而产生纠纷。最后，合同中违约责任条款要清晰且细致。

三、专利申请策略

在专利领域，正确选择专利申请的时机和方式对专利申请效果常有出奇制胜及锦上添花的作用。

（一）火速行进策略

火速行进策略是一种抢先申请的策略。在竞争十分激烈的热门技术领域或发明市场寿命期限较短或发明创造较简单的情况下，发明创造一旦完成就应火速申请专利。但此处所说的完成并不是指直到产品投入生产才能够申请专利，只要认为有一条能通向成功的技术路线时就可以申请，日后完善和改进时可以申请改进专利或在先前申请专利的基础上就同一主题提出后续申请，并根据国内优先权或国际优先权规则主张优先权。

（二）隐秘行进策略

隐秘行进策略是抢先申请的一种特殊形式，是指专利申请要在悄无声息、掩人耳目的状态下进行。例如，向小语种国家提出申请专利或确定专利名称时选择较偏僻的词汇，可以尽量降低他人检索效率，使他人获得该专利信息的时间相对滞后。申请发明专利后不要求提前公开。根据《专利法》的规定，可以申请之后满18个月才进行公开，或者通过补证手段尽量推迟技术公开的时间。这样有助于拉大与竞争对手的技术差距。

（三）长距领跑策略

长距领跑策略指等待时机提出申请，这必须依赖于信息情报和对技术发展动态的准确判断。当某项技术的开发远远超前且竞争对手对这项技术并没有研发的动向时，则没有必要过早地提出申请，而应继续研发扩大与竞争对手的技术差距；认为竞争对手有研发动向时则迅速提出申请。但若判断出现错误，则很可能导致搬起石头砸自己的脚。如果一项技术创造符合专利申请的条件且具有不易破译性，可以作为商业秘密或利用合同来保护，这也是一种长距领跑策略。

（四）先占轮动策略

先占轮动策略指先提出一个申请，然后在申请即将公开之前撤回申请，之后往复循环。通常来说，此策略适合在某项重大复杂技术的研究远远领先于竞争对手且实施的周期较长时使用。如果确认申请仍然具有新颖性或判断对手近期不可能进行相关研发和专利申请，则可以将第一次申请主动撤回，并重新提交第二次、第三次甚至第四次的重新申请，这有利于生产准备和延长专利的实际保护期限。另一种情况是当优先权期限即将届满而又来不及申请外国专利时，可以根据上诉策略撤回已经提出但没有公开的专利申请，之后再重新提交专利申请即可取得新的国外申请的优先权日，从而为申请国外专利提供从容时间。

专利申请过程中还有一些其他的策略，比如向不发达国家申请产品专利的目的是占领其商品市场，向技术发达国家申请方法专利的目的是进行专利技术的转让。对于制造难度较高的产品，应在产品的主要生产国申请产品专利，而对于制造难度较低的产品，则在产品的主要使用国寻求专利保护。对于发明不是十分重大，与国外没有经济往来且没有经济实力的小企业或者个人来说，只需申请国内专利即可。

第五节　专利运营中的风险防范与策略

毫无疑问，专利的价值在于运用。对于权利人来讲，运用专利的目的在于获取收益。但电动汽车制造商特斯拉表示将不追究使用其专利技术的公司，笔者认为，特斯拉这样做的目的一方面是希望通过放弃维权使得更多竞争者使用这项技术，从而使得这项技术逐渐获得技术标准的地位。另一方面，是希望壮大与传统汽车企业竞争者的行列。但此策略并不适用于所有公司，下文将对一般情况下的企业专利战略进行介绍。

对于一般的企业来说，专利运营是企业经营发展战略的重要组成部分。通过专利技术生产与市场推广专利权的质押、转让及许可使用等运营方式，企业可以有效提升产品市场竞争力和附加值，实现投融资目的。企业甚至还可以将专利作为竞争的策略性工具，利用专利打击竞争对手，减少竞争压力。

一、专利战略类型

关于企业的专利战略类型，大致可以分为进攻型、防御型、混合型三种类型。进攻型专利战略是利用与专利相关的法律、技术、经济手段积极主动开发新技术、新产品并及时申请专利权抢占市场，维护自身在市场竞争中的优势和垄断地位。除此以外，企业还会利用专利来阻止竞争对手对相关产品的生产研发，借助诉讼打击竞争对手或者收取高额的专利许可费，以此来削弱竞争对手的市场竞争力。关于进攻型专利战略，我国一些行业一度是受害者，曾经的 DVD 行业就是一个典型的例子。我国的 DVD 生产企业在 20 世纪之初风光无限，然而自 2003 年起就进入寒冬期。原因就在于，国内 DVD 生产企业长期不注重技术研发，在手持专利大棒的国外专利权人及其相关企业的大举进攻之下，很快就从市场竞争中败下阵来。国外 DVD 行业所实施的就是进攻型专利战略。

经济实力较弱、技术上不具有竞争优势的那些企业通常会采用防御型的专利战略，即对专利技术进行二次研发、技术引进、专利对抗、专利诉讼，从而来抵御竞争者的专利攻势，打破竞争者的技术垄断，改变自身在竞争中的被动劣势地位。

具有一定的专利储备但并不具有绝对领先的技术优势的企业通常采用混合型的专利战略，选择与相关技术领域的其他企业结成同盟，共同抵御外来的专利进攻，并联合培育专利产品市场。

二、专利权人的专利运营策略

一般而言，专利运营形式与企业自身设定的经营目标具有密不可分的关系，基于实现企业目标而对专利运营事项做出决策便是专利运营策略。创业企业需要了解的是不同的专利运营方式有助于哪些企业目标的实现。建立起专利运营方式与企业目标之间的联系是做出合适的专利运营决策的前提。专利的使用方式主要有专利自用、专利转让、专利质押和专利许可等四种方式。

专利自用有助于实现的企业目标主要有五种：①改进产品性能，提升产品竞争力；②品牌营销，提高企业知名度和美誉度；③改进生产设备，提高生产效率；④抵御企业的专利侵权指控；⑤利用专利侵权诉讼打击竞争对手。

专利转让有助于实现的企业目标主要有三种：①节约专利管理成本；②解决生产经营过程中的资金不足；③将专利权作价入股进行技术投资。

专利质押有助于实现的企业目标就在于获取金融机构的信贷支持。

专利许可有助于实现的企业目标主要有五种：①获取专利许可费；②与其他企业形成技术联盟共同抵御专利进攻；③通过专利交叉许可实现技术互补；④遏制竞争对手的技术成长；⑤参加专利池创建技术标准。

在所有的专利运营形式当中，专利许可对企业具有重要意义，一种形象的说法是"三流企业卖产品、二流企业卖技术、一流企业做标准"。所谓做标准是指企业通过专利许可的形式将其技术在所在的行业领域普遍推广。对于专利权人来讲，实施专利许可是实现专利技术商业价值最为常用的方式，专利权人既可以允许被许可人在专利权有效期限内、专利权效力所及全部地域内实施各种类型的受专利权控制的行为，也可以对被许可人的专利实施行为施加明确的限定。我国法律把专利许可分为独占实施、排他实施及普通实施三种类型，通常专利权人为实现自己特定的目的而选择不同类型实施。

三、受让专利或被许可使用专利的法律风险及防范

创业者初创期由于缺少各种资源，往往需要通过技术引进提升企业的竞争力来完成创业期技术积累。在这个过程中，创业者应当注意法律风险评判与防范。对于受让专利而言，受让人应当认真核查所受让专利技术的市场价值及专利权有效性，避免所受让的专利因存在瑕疵而沦为垃圾专利或无效专利，进而遭受到第

三方的侵权指控。为此，受让方应当尽量在专利转让合同中针对垃圾专利或无效专利的问题设置详细保障条款，尽可能避免自身遭受经济损失。受让人还应当认真核查所受让的专利是否存在被独占许可或者排他许可的情形，如果受让方对此不予以高度重视，将会使企业对专利技术的垄断独占受到极大程度的影响，不利于充分发挥产品的竞争优势。

在许可交易中，作为专利被许可的一方应当注意的法律问题则包括四个方面：①许可交易的种类以及许可的期间、地域范围、交易费用的支付方式，作为专利被许可人最好将许可交易费用的金额、交易支付方式、专利技术的市场价值建立起关联；②必须明确专利许可方对专利权的维护义务，避免因专利权人不履行专利权维护义务而丧失专利权，从而使专利的被许可方受到不利牵连；③对于签订有独占许可或者排他许可使用合同的专利权而言，受让方应当督促许可方及时向专利行政主管机关办理许可备案登记手续，以防止因专利权的后续转让而影响在先使用权人对专利技术的使用；④在专利许可交易中，被许可方还应当注意专利权人有无在许可协议中设置不合理条款，从而限制被许可方的正常市场经营活动，如遏制被许可方技术创新活动、不允许被许可方对所使用的专利技术的有效性提出质疑、限制被许可方产品价格或者销售区域、在许可交易中搭售或者强迫购买相关产品或不必要专利的条款等。如果在许可交易中存在限制竞争或构成垄断的条款，被许可方应当及时提出质疑。

第六节　商标运营的策略

我国很多企业在商标运营的过程中都有过惨痛教训，国内知名商标在国外被抢注的案例不胜枚举，还有企业品牌知名度攀升非常快，但由于缺乏保护商标的意识和能力，所注册商标居然变成所注册商品通用名称，因此商标运营的策略对企业而言显得格外重要。

一、注册商标的使用义务

关于商标的运营涉及商标的自用、转让与许可。注册商标的权利人对注册商标负有使用的义务，注册登记是企业取得商标专有使用权的必经程序，然而真正决定商标价值高低的是企业使用商标的程度。如果过度强调商标注册的法律意义而忽视对商标的使用则可能会削弱商标保护的法律基础，同时也可能助长商标抢注的不正之风从而浪费商标资源。为了防止商标注册人囤积商标资源、影响他人对商标标识的合理使用，《商标法》规定，如果没有正当理由，连续三年不使用注册商标，任何单位或者个人都可以向商标局申请撤销该注册商标，这意味着注册商标所有权人要注意商标的合理使用和适当宣传，并且要注意保存注册商标的使用证据。另外，在商标的侵权诉讼中注册商标的专用权人如果不能够证明此前三年内实际使用过该注册商标，也不能证明因侵权行为受到了其他损失，那么被控的侵权人则不用承担赔偿责任。

二、注册商标的规范使用

我国不仅规定了注册商标的权利人应当负有注册商标的使用义务，同时还要求规范使用注册商标。规范使用主要表现在两个方面。一方面，注册商标人在使用注册商标的过程当中，不得自行改变注册商标注册人名义、地址或者其他的注册事项，否则将可能面临被商标局撤销注册商标的不利后果。另一方面，在注册商标的有效期满之前需要继续使用商标，那么商标注册人应当在期满之前 12 个月内按照规定及时办理续展手续；如果在此期间没有及时办理续展手续，则应在 6 个月的宽展期内续展。在注册商标期满没有及时去办理续展注册手续的情况下，企业在生产经营过程中仍然继续标注注册商标的属于将未注册商标冒充注册商标使用，这种商标违法行为要受到相应的行政处罚。

三、商标的许可使用

商标作为企业重要的无形资产，其价值主要体现在市场交易过程中。对于知名度极高的品牌来说，商标的作用绝不仅限于帮助消费者指认产品来源，更是品质和信誉的保证。因此，品牌所有者通常会对商标采取许可使用策略，将商标授权其他生产经营者使用，进而获得丰厚的品牌许可使用费。从我国当前的情况来看，许多跨国企业与国内生产企业之间所体现的正是商标许可和被许可的关系。对于初创企业来说，企业在起步阶段知名度较低，打开市场销路往往需要更大的营销成本，因此初创企业通过与知名度高的企业建立商标许可使用关系不失为企业积累成长资金的便捷路径。

企业在接受商标的被许可的过程中，也应当注意防范好相应的法律风险。这主要包括以下三个方面：①许可双方应当签订书面许可协议，在协议中要对许可使用的具体类型、期限、范围、许可费用支付方式等问题作出明确约定；②许可协议签订后，许可人应将商标使用许可情况报商标局备案，由商标局进行公告，如果许可方对备案工作有所忽视以至于商标使用的许可没有获得商标局备案，则有关许可协议可能要面对无法对抗善意第三人的这一法律后果；③在商标使用许可关系建立后，许可人负有监督被许可人使用其注册商标的品质义务，而被许可人也应当保证使用该注册商标的商品的品质。

四、注册商标权的转让

对于注册商标的所有人而言，除商标许可外，在企业并购、重组投资、经营活动、破产清算过程中都可以基于特定的目的将商标权转让给其他商业经营者作为企业的无形资产。转让是由双方来自由达成协议，但出于对消费者利益的考虑，为防止因商标转让而使消费者的利益受损，我国商标法也对商标的转让做出了两点限制性规定：①转让注册商标的商标注册人对其在同一商品上注册的近似商标或者在类似商品上注册的相同或者近似的商标应当一并转让；②对容易导致混淆或者有其他不良影响的转让，商标局将不予核准，书面通知申请人并要求说明理由。

五、注册商标的保护

在日常生产经营活动中企业应当委派专人对注册商标的受保护情况进行实时监控，防止商标利益的流失。如果企业的侵权风险防范措施缺位，则可能使企业在侵权诉讼中处于明显不利地位。对于注册商标的保护主要体现在应对商标的抢注风险、防范对注册商标的侵权使用、防范对知名商标的不正当利用三个方面。

首先是应对商标的抢注风险。在现实生活中，一些商家出于"打擦边球"或"搭便车"的目的往往选择与知名品牌较为近似的标识，在相同或者类似商品上注册使用，虽然这种行为被相关法律所明文禁止，但在商标的注册审查中难免有漏网之鱼。根据《商标法》的规定，一般情况下商标权人对在后申请注册的有争议商标可以向商标评审委员会申请宣告在后注册商标无效。但宣告无效的申请须在后注册商标被核准注册之日起五年之内提出，若商标权人没有在五年内及时发现在后注册争议商标，在后注册商标将由争议商标转变成不可撤销商标。这对于在先注册的商标权人而言是较为不利的情形。一方面，会给企业多元化经营带来不利影响，由于其他企业已在类似商品上抢注相同或近似商标，其很可能会阻止在先注册者对商标的延续性使用；另一方面，企业也将不得不以较高的营销成本和精力在市场上对不同商家的产品做区分。好的应对策略应当是把争议期间往前移，发现有抢注行为时及时在商标抢注公告期内提出异议申请，同时可以考虑在与自身商标指定使用或者相关的商品或服务上，申请注册与自身商标容易造成混淆的商标。另外，也可以考虑为商标图形办理版权登记，在纠纷中对他人恶意申请商标或外观设计形成有效抗辩。

其次是防范对注册商标的侵权使用。商标权人的侵权防控包括对其他商家不法使用其注册商标的行为及时加以制止、纠正甚至提出诉讼。商标权人之所以要及时对侵权行为加以制止，不仅因为不法商家的侵权行为会对企业的品牌知名度造成破坏，更在于企业商标在经过他人长期广泛地使用后极有可能丧失显著性，进而沦为商品的通用名称。在现实生活中，许多耳熟能详的商品通用名称都曾经是商品的商标标识，但由于商家的保护不力丧失了显著性，例如优盘、尼龙、氟利昂这些商品的通用名称曾经都是企业的注册商标。

最后是防范对知名商标的不正当利用。对于知名度较高的驰名商标来说，品牌监控是企业日常经营活动中的一项重要工作。考虑到驰名商标具有极高的商业价值，商标法为驰名商标提供了区别于普通注册商标的特别保护，在保护的范围上突破了商品的类别，只要其他商家在所经营的商品上对驰名商标采取复制、模仿、翻译等在客观上可能会对驰名商标造成淡化、污化或者有不正当利用驰名商标声誉的行为，那么驰名商标所有权人均有权利加以制止。我国商标法以及知识产权公约对驰名商标负有扩张保护的义务，如果经营者怠于行使自己的权利，不仅会对驰名商标的知名度造成不利影响，同时也会使品牌知名度被其他商家所污染。对于初创企业来说很难谈得上驰名商标的问题，但这并不表示初创企业品牌监控工作不重要。任何品牌都必须经历从无到有、从弱到强的过程，企业在花重金打造品牌知名度的同时，应当适时监控商标在市场上的受保护状况，避免品牌知名度昙花一现。

第七节　商业秘密保护中的法律风险分析

在商业秘密的保护中企业面临的最大风险是商业秘密泄露的法律风险，侵犯商业秘密情节严重的可以构成侵犯商业秘密罪。商业秘密一旦遭到侵犯，即使获得赔偿，有关信息的秘密性也可能丧失。商业秘密泄露主要是指企业内部管理过程中和外部交往活动中的泄露。

一、研发阶段商业秘密泄露的法律风险

在技术开发阶段，对技术情报、资料、试验数据、设计方案、技术程序、电子文档、开发计划和进度等信息缺少保护，尤其是对核心员工掌握的技术数据和成果缺少有效监控，有的技术开发人员甚至为了晋升高级职称擅自发表论文，把整个技术研制的过程、主要理论依据、主要技术参数都通过论文公开从而使技术成果价值流失。企业商业秘密若过于集中，部分员工就可掌握企业整套能够投放市场的商业秘密，一旦员工离职则可能导致商业秘密泄露。研发系统若过于集中，员工则能够集中接触商业秘密，以致部分员工可以带走公司的完整技术。此外，广告、商贸展览等信息发布行为也有泄露商业秘密的风险。

值得注意的是，对新开发的技术进行说明和描述属于向公众披露，等于放弃

或损害了企业获得商业秘密保护的权利。企业若不谨慎对待发布或泄露研发信息，则容易引起竞争对手的警觉和重视，竞争对手可能在技术上率先取得突破，对企业占有市场先机造成不利影响。

二、申请专利权过程中商业秘密泄露的法律风险

获取专利权而产生的不利代价是在申请过程中公开技术秘密时容易被他人通过专利申请检索获取关键信息，从而进行模仿或利用，往往出现申请者尚未取得专利权市场上已经出现同类产品的情形。企业如果缺乏保护意识，就有可能将全部技术秘密或核心技术成果通过法定的公布程序公开，因此公开范围的大小、是否涉及核心技术秘密、是否容易被模仿等都是企业在申请专利过程中必须考虑的问题。

三、商业合作中商业秘密泄露的法律风险

企业在从事外部商业合作时也容易泄露商业秘密。这主要是由于企业保密意识不强，保密制度不健全，往往只重视商业合作本身，而对相关的商业秘密缺乏保护手段或措施。泄露主要有以下三种途径，初创者应予避免：①企业自身在经验介绍及接待来访时易将信息透露给他人，因此企业需要有完善的外事接待商业秘密保护制度。②企业掌握某项技术但需要合作伙伴，在与合作伙伴商谈时为证明技术的价值，必然向合作伙伴披露部分或全部技术或商业信息，而许多企业往往忽视在商谈前签订保密协议。③企业经常需要把产品、零部件、材料、生产设备或工艺的机密透露给供应商和客户，而供应商或客户往往也要与企业的竞争对手或潜在竞争对手从事商贸往来，因此关键环节的供应商或客户亦是泄露机密的潜在因素。

四、员工流动中商业秘密泄露的法律风险

核心员工跳槽带走技术秘密和客户资源将给企业带来难以估量的损失。核心员工是指承担研发任务，掌握关键技术秘密的专业技术人员。许多企业对核心员工监管不力，主要表现为未针对员工签订竞业限制条款，从而造成核心员工通过跳槽泄露原企业的商业秘密。对于企业而言，证明商业秘密的存在本身就较为困难，要证明企业员工是否泄露商业秘密难度更高，尤其是难以区分一般信息与商业秘密的差别。

企业必须重视商业秘密的法律保护，保护过程中的风险多来自企业自身，如果企业能够明确商业秘密容易泄露的环节，并采取有力的预防措施，则可有效避免商业秘密泄露的法律风险。这需要企业根据我国目前规范商业秘密的有关法律

规定，结合企业的实际情况制定完善的商业秘密保护制度，并在实践中进行有效执行。总之，事先防范对防止商业秘密泄露极为重要，一旦出现问题则立即采取相应对策，必要时运用法律手段解决问题。

【练习与思考】

1. 结合真实的商战案例，体会商标运营策略及其价值。

2. 哪些类型的智力成果适宜以专利方法进行保护？哪些类型的智力成果适宜以商业秘密的方式进行保护？

第七章

企业经营管理

【学习目标】

1. 了解企业广告管理的法律规定。
2. 知道企业质量管理的法律规定。
3. 能说出合理节税的一般方法。
4. 掌握在合同管理当中应当注意的问题。

作为市场主体，企业积极参与市场经济活动。为适应市场经济的发展需要，充分保护自身合法权益，企业应当把各项经营管理活动纳入法治化轨道，切实做到依法治理，防范、化解和控制企业经营管理过程中产生的各种法律风险。若企业缺乏对自身经营管理过程中相关法律法规的认知，怠于建立法律风险管理和防范机制，在经营管理环节存在违法违规操作等情形下，企业将遭受源于法律和市场的各种风险。如今，企业正处于激烈的市场竞争环境中。企业若要实现进一步发展的各项目标，必须在各项管理工作中强化法律风险防范和质量管理意识。在经营管理过程中，企业之间通常形成复杂的经济法律关系。同时在企业发展的过程中，各种利益主体之间的纠纷频繁产生。企业应当强化法律风险监控，在国家相关法律法规规定的范围内实施各种经营行为，为企业可持续发展奠定坚实的基础。企业经营管理活动涉及多个维度，本章从广告管理、质量管理、合理节税、合同管理等四个方面对企业经营管理进行介绍。

第一节 广 告 管 理

广告是企业自我宣传的主要方式，是消费者了解企业产品的重要途径。当前，广告宣传已经成为企业树立良好形象和提升知名度的重要方式。为保证企业广告宣传的顺利开展，企业应当进行相应的广告管理活动，规范广告宣传内容及活动，防范广告宣传中的法律风险。学习广告宣传、合同订立以及履行过程中的法律规则有助于企业规避广告宣传中的各项法律风险，以真正实现广告宣传的预期效益。

一、广告管理概述

广告管理有广义和狭义之分。广义的广告管理包括广告公司的经营管理和广告行业及广告活动的社会管理等内容。前者是指广告公司对广告宣传活动的管理；后者是指政府监管部门、广告行业和社会组织等多种主体对广告行业的指导、监督、控制，其针对的对象是广告本身。本节所指的广告管理是指狭义的广告管理，专指企业对广告宣传活动的管理。企业实施广告管理应当充分审查广告宣传活动的合法性，在合法性的基础上追求广告效益的实现。

企业实施广告管理过程中应当建立相应的广告管理制度。广告合同制度和广告业务档案制度是广告管理制度的重要组成部分。

广告合同制度是指广告主、广告经营者和广告发布者等广告活动参与主体，在实施广告活动前依法签订协议，以书面形式明确各方之间权利义务的制度。建立广告合同制度有助于保护广告活动参与主体的正当权益。广告合同依法订立时产生法律效力，合同各方应当履行相关义务。广告合同的各方主体必须遵守法律、行政法规等法律规定，遵循平等互利、协商一致的原则。广告合同纠纷是指广告合同各方主体在依法订立广告合同后，针对合同履行情况和违约责任承担等内容产生的争议。它包括广告合同履行情况争议和违约责任承担争议两方面的内容。解决广告合同纠纷的主要办法包括协商、调解、仲裁和诉讼等。

广告业务档案制度是指广告经营者和广告发布者对广告主所提供的关于主体资格和广告内容的各种证明文件、材料以及在承办广告业务活动中涉及的承接登记、广告审查、广告设计制作、广告发布等情况的原始记录材料，进行整理、保存并建立业务档案，以备随时查验的制度。广告业务档案是在广告业务活动过程中建立起来的，它是广告经营者和广告发布者从承接登记，到收取和查验各种广告证明、材料，再到广告设计、制作、代理、发布等情况和结果的总汇，是广告业务活动的正式记录。因此，建立广告业务档案制度具有业务参考以及法律凭证等作用。

二、广告管理的法律风险及其防范

近年来，广告宣传引发的纠纷逐渐增多，企业在实施广告宣传过程中缺乏对相关法律法规的认识，甚至实施法律法规所禁止的虚假宣传行为，企业因此承受法律上的不利后果，并且遭受商誉和经济效益损害。广告主、广告经营者、广告发布者从事广告活动负有遵守法律法规、恪守诚实信用原则、公平参与市场竞争等义务。广告主体在广告宣传中应当积极履行上述法律义务。广告主体违反上述义务将承担法律责任，因而企业在进行广告管理活动时，应当注意识别相关法律风险并及时进行规避。

（一）广告内容的法律风险

广告主体在确定广告宣传内容时，需遵守《中华人民共和国广告法》（简称《广告法》）、《消费者权益保护法》、《商标法》、《民法典》等法律规范中有关广告内容的限制性规定。广告主体违反法律禁止性规范，应当承担法律上的不利后果。

1. 广告用语不合规法律风险

广告用语应当符合法律规定，不能包含法律明确禁止使用的词句。根据《广告法》《消费者权益保护法》的规定，企业在广告中不得使用国家级、最高级、最佳、顶级、极品、绝对化等用语以及具有欺诈性、诱导性的词语，如"国家级""第一品牌"，以及品牌赞助企业在宣传中使用的"指定""唯一"等用语。

除上述情形以外，企业在广告管理中应当规避《广告法》关于广告内容的禁止性规范。例如，《广告法》第九条规定：广告不得使用或者变相使用国家机关、国家机关工作人员的名义或者形象；广告不得含有淫秽、色情、赌博、迷信、恐怖、暴力的内容；广告不得含有民族、种族、宗教、性别歧视的内容；等等。企业须对广告用语予以慎重选择，在进行各种广告宣传、促销活动前应将宣传方案、促销方案等的文本、样本等材料交由本单位法律事务部门进行合法性、合规性审核，避免因广告用语违法而受到行政处罚或引发其他负面舆情。

2. 侵犯形象权法律风险

侵犯公民形象权，是指未经本人同意使用其形象的行为。企业常见的侵权行为包括未经许可将他人形象用作商业广告、商品装潢、书刊封面，以及印刷挂历等。根据《民法典》第一百一十条、第九百九十九条、第一千零一十八条、第一千零一十九条和《广告法》第三十三条等规定，自然人享有形象权，任何组织、个人未经本人许可，不得以营利为目的使用其形象。所以，企业在社交媒体发布宣传报道时，应核实相应的图片、视频是否具有权利人，避免使用来源不明的图片、视频。

3. 字体侵权法律风险

根据《著作权法》《著作权法实施条例》的规定，计算机字库字体在满足独创性要求的前提下，属于著作权法规定的美术作品，应受著作权法保护。企业在网络上未经授权转载他人作品，不属于著作权法规定的合理使用和法定许可范畴，因而构成对字体著作权的侵权。企业应当尊重他人的智力成果，使用他人字体前应当取得著作权人授权或许可，并向其支付报酬。

企业在社交平台上不可避免地会通过转载、转发等方式达到分享、宣传的目的，但转载不同于转发，转载涉及对原作品内容的重新编辑，可能对原作者的相关权益产生影响。企业在信息网络上未经权利人许可转载其文章内容，即便标明作者姓名及出处，仍然可能侵犯文章中涉及的字库字体、图片等内容的信息网络传播权。企业转载、转发时要对稿件来源进行严格审查，避免通过网上搜索内容、直接复制粘贴等方式转发来源不明或未获得授权的内容。

4. "最终解释权"的法律风险

在商品促销广告中，企业经常采用格式条款的形式声明"最后解释权归其所有"，例如规定"某某公司对本次活动拥有最终解释权"，这一做法逐渐发展成许多行业约定俗成的用语。但根据《消费者权益保护法》以及国家工商行政管理总局颁布的《合同违法行为监督处理办法》的规定，经营者不得以格式合同、通知、声明、店堂告示等方式作出对消费者不公平、不合理的规定，或者减轻、免除其应当承担的民事责任，含有上述内容的格式合同、通知、声明等均属无效。

企业具有对自己的产品或业务规则进行解释的权利，但上述权利应该体现在法律允许的范围内。真正具有最终解释权的主体只能是享有法定权利的机关，如行政机关、司法机关等。因此，企业在宣传促销广告中应当删除损害消费者合法权益的格式条款，避免出现"最终解释权"的表达。

5. 虚假广告的法律风险

虚假广告是指广告主或广告经营者、广告发布者以欺骗、误导方式实施的含有虚假内容的商品或服务宣传活动。根据《广告法》的规定，广告应当真实、合法，不得含有虚假或者引人误解的内容，不得欺骗、误导消费者，并明确广告主应当对广告内容的真实性负责。虚假广告是指广告主、广告经营者、广告发布者、广告代言人等主体在宣传自身产品服务时，传播不真实信息或者误导消费者。企业发布虚假广告应当承担包括民事责任、行政责任、刑事责任在内的综合性法律责任。

企业在进行广告宣传时，应当确保商品的性能、功能、产地、用途、质量、规格、成分、价格、生产者、有效期限、销售状况、曾获荣誉等信息，或者服务的内容、提供者、形式、质量、价格、销售状况、曾获荣誉等信息，与实际情况相符。企业保持广告宣传与实际情况的一致性，不仅是遵守法律的体现，也是对企业良好商誉的维护。

6. 未成年人代言的法律风险

广告主或者广告经营者在广告中使用未成年人的名义或者形象应当满足以下条件：①事先取得未成年人的书面同意；②事先取得其监护人的书面同意。此外，《广告法》第三十八条明文规定："不得利用不满十周岁的未成年人作为广告代言人。"

企业在使用未成年人拍摄平面或者视频广告时，应当特别注意未成年人的身份特殊性，不仅要经过未成年人本人同意，还要征得未成年人监护人的书面同意，并且在拍摄时要结合未成年人的特点，充分保障其休息权。

（二）广告合同的法律风险

广告合同的签订和履行是广告宣传中的关键环节，在广告合同签订与履行的过程中蕴藏着诸多法律风险，企业应当重视风险，以免造成不必要的损失。

1. 代言人声誉降低的法律风险

企业应当重视由于代言人个人形象变化而导致广告代言合同不能继续履行的风险。一般情况下，企业选择订立广告代言合同的对象以影视剧演员等公众人物为主，其广告效应与演员的个人形象密切相关。在广告合同履行过程中，如果代言人的形象受到损害，将会牵连消费者对企业形象的好感，可能给企业造成严重损失。但企业在选择产品或品牌代言人时，对代言人个人形象的受损难以预料。若因代言人巨大的市场效应，企业而未在合同中约定由代言人承担因其个人形象变动造成的企业损失，则将自身置于不利的法律风险之中。由于双方未能在合同中约定因代言人一方形象受损而导致宣传效果丧失的归责条款，企业可能陷入遭受损失且无法获得足额赔偿的困局。

企业应当针对性地预防广告合同不能履行造成的损失。企业在与代言人签订广告代言合同之初应当采取合理的预防措施，以避免因代言人个人形象问题导致合同不能履行，进而造成经济损失。与代言人签订代言合同时，双方应当约定因代言人形象降低而给企业造成损失时，企业所享有的单方合同解除权及赔偿金条款。代言人自身形象的受损程度难以用固定标准衡量，而因代言人形象美誉度降低给企业造成的损失更加难以准确计算。因此，为了避免上述问题，双方应当尽可能提前约定赔偿幅度。关于代言人形象美誉度降低的问题，双方可以在代言合同中约定禁止性条款，限制代言人实施与自身形象不相符的行为，例如特别约定代言人不得实施酒驾等违法行为。此外，双方可以在代言合同中约定代言人不得代言同本企业有竞争关系的其他企业的同类产品。企业选择合适的代言人，并与代言人提前约定代言人形象降低造成的损失的赔偿条款，能够有效帮助企业规避广告代言过程中潜在的代言人声誉法律风险。

2. 怠于履行合同义务的法律风险

广告合同的履行具有一定的期限,不同企业的广告合同,履行期限各不相同。企业怠于履行广告合同中的约定义务,应当承担违约责任,因违约行为致使对方遭受损失的,还需要承担损害赔偿责任。合同义务包含给付义务和附随义务。给付义务是指合同关系所固有的、必备的,并用以决定合同类型的基本义务。附随义务是指根据诚实信用原则,当事人在履行合同的过程中,由合同的性质、目的及交易习惯而附带产生的义务。企业不仅要履行给付义务,也要积极履行附随义务。以广告牌为例,广告牌的所有人、管理人和使用人对户外广告牌负有管理义务,在涉及使用户外广告牌的广告合同中通常存在一段较长的合同履行期限,在该履行期内,企业应当积极履行相应的管理义务。在通常情形下,企业作为广告主一方,需要对本企业所投放的户外广告牌承担连带责任;而作为广告经营者一方时,企业应对户外广告牌承担直接责任。企业因设立户外广告牌不当导致广告牌砸伤人或物时,企业将承担额外的经济负担。《民法典》第一千二百五十二条规定:"建筑物、构筑物或者其他设施倒塌、塌陷造成他人损害的,由建设单位与施工单位承担连带责任,但是建设单位与施工单位能够证明不存在质量缺陷的除外。建设单位、施工单位赔偿后,有其他责任人的,有权向其他责任人追偿。"第一千二百五十三条规定:"建筑物、构筑物或者其他设施及其搁置物、悬挂物发生脱落、坠落造成他人损害,所有人、管理人或者使用人不能证明自己没有过错的,应当承担侵权责任。所有人、管理人或者使用人赔偿后,有其他责任人的,有权向其他责任人追偿。"企业的户外广告牌,无论是广告主、广告经营者、广告投放者均需承担连带责任。在实际情况中,户外广告牌的损物伤人后果通常不是单一因素导致的,比如容易受到恶劣气候的影响。但根据实际调查,户外广告牌出现损物伤人后果与企业不履行管理义务存在密切联系。因此,企业在广告合同的履行阶段仍然不能懈怠,需增强法律风险防范意识。

企业在履行广告合同过程中应积极履行合同义务,推进合同顺利履行。例如,在户外广告合同中,广告牌的日常管理属于广告合同履行的重要内容,企业只有履行定期维护广告牌的义务,才可能将户外广告牌倒塌而导致的损物伤人事件发生的可能性降到最低。广告牌损物伤人的直接原因是广告牌基座的稳固程度和广告牌自身的质量。如果广告牌基座不稳固,在受到恶劣天气影响时,广告牌倒塌而造成人身或物品损害的概率将增加。因此,企业必须重视户外广告牌的维护。企业应加强对大型户外广告牌损物伤人的防范,首先应提高对户外广告牌危险性的认识,保持警惕,在户外广告牌投放时严格保证广告牌质量,在建设广告牌基座时确保牢靠稳固。其次,企业还应对自身投放的广告牌进行定期检查,做好日常维护与管理工作，审查广告设施的衰老程度，及时加固并更换有问题的广告牌基座。企业积极履行相应的管理义务有助于及时发现各种问题，并提早制定预防措施，将企业面临的法律风险降到最低程度。

第二节　质量管理

企业作为高效的经济组织形式，其最基本的功能是为社会提供商品和服务，因而其最基本的法律义务是为社会提供合格的产品。企业的质量管理是指产品和服务的经营者通过内部控制制度对质量进行管理的活动。在企业的质量管理活动中，对产品质量的有效控制是其关键和核心，若因产品质量问题而致使消费者遭受人身、财产损害，产品的生产者和销售者都要承担法律上的不利后果。

一、产品责任概述

产品责任，是指产品存在可能危及人身、财产安全的不合理的危险，造成消费者人身或者除缺陷产品以外的其他财产损失后，缺陷产品的生产者、销售者应当依法承担的特殊侵权法律责任。

根据《中华人民共和国产品质量法》（简称《产品质量法》）的规定，产品责任可以分为生产者应当承担的产品责任和销售者应当承担的产品责任。生产者应当承担的产品责任，是指产品存在缺陷，造成人身或者除缺陷产品以外的其他财产损失后，缺陷产品的生产者应当承担的赔偿责任。销售者应当承担的产品责任，是指由于销售者的过错，致使产品存在缺陷造成人身或者除缺陷产品以外的其他财产损失后，销售者应当承担的赔偿责任。销售者不能指明缺陷产品的生产者或者不能指明缺陷产品的供货人的，销售者也应当承担赔偿责任。《产品质量法》关于产品责任的归责原则采用的是过错责任和无过错责任相结合的具有中国特色的立法体制，即生产者承担的是无过错责任，销售者承担的是过错责任，这种立法体制是符合我国国情的。

在现代化大生产中，通常一件产品要经过多个主体、多个环节的转换才能最终达至消费者手中。在这种情况下，如果产品造成损害，需要明确责任主体以及责任主体间责任的承担方式。根据法律规定，产品的生产者、销售者均为承担产品责任的主体。生产者、销售者对受害人承担连带赔偿责任，受害人有权向致害产品生产者、销售者中的任何一方请求赔偿，任何一方均有义务赔偿；一方赔偿损失后，有权向负有责任的另一方追偿。即生产者、销售者承担侵权损害赔偿责任之后，有权依法向对产品造成损害负有责任的仓储者、运输者要求赔偿损失。

《产品质量法》明确规定了认定产品责任的依据，主要包括以下三个方面：

①法律、行政法规明确规定的产品质量必须满足的条件，如可能危及人体健康和人身、财产安全的工业产品，必须符合保障人体健康和人身、财产安全的国家标准或者行业标准；未制定国家标准、行业标准的，必须符合保障人体健康和人身、财产安全的要求。②明示采用的产品标准。作为认定产品质量是否合格以及确定产品责任的依据，无论何种标准，一经生产者采用，并明确标注在产品标识上，即成为生产者对消费者的明示承担有关责任的担保承诺。③产品缺陷。即产品存在的不合理的危险，指产品存在明显或者潜在的，以及被社会普遍公认不应当具有的危险。

产品责任是一种综合性法律责任，包括产品质量民事责任、产品质量行政责任和产品质量刑事责任。

产品质量民事责任是指违反产品质量义务所应承担的民事法律后果。产品质量民事责任除了包括前述的产品侵权损害赔偿责任外，还包括产品质量瑕疵责任。产品质量瑕疵责任指的是生产者、销售者对产品的瑕疵应承担的责任。售出的产品不具备产品应当具备的使用性能而事先未作说明的，不符合在产品或者其包装上所注明采用的产品标准的，或不符合以产品说明、实物等方式表明的质量状况的，生产者、销售者应承担产品质量瑕疵责任，即销售者应当负责修理、更换、退货，给消费者造成损失的，应当赔偿损失，赔偿的范围包括消费者在要求销售者进行修理、更换、退货过程中所发生的运输费、交通费、误工费等；销售者按规定负责修理、更换、退货、赔偿损失后，属于生产者的责任或者属于向销售者提供产品的其他销售者（简称供货者）的责任的，销售者有权向生产者、供货者追偿。生产者之间、销售者之间、生产者与销售者之间订立买卖合同、承揽合同有不同约定的，按合同约定执行。

产品质量行政责任是指违反《产品质量法》的单位或个人所应承担的行政性法律后果。生产者、经营者违反产品质量义务应承担行政责任，承担行政责任的主要形式是行政处罚。质量监督部门、工商行政管理部门依照各自的职权，对违反《产品质量法》的行为可以责令纠正，并给予下列行政处罚：警告，罚款，没收违法生产、销售的产品和没收违法所得，责令停止生产销售，吊销营业执照等。

产品质量刑事责任是指违反《产品质量法》、构成犯罪的行为人所必须承担的刑事法律后果。《产品质量法》第五十二条规定："销售失效、变质的产品的，责令停止销售，没收违法销售的产品，并处违法销售产品货值金额二倍以下的罚款；有违法所得的，并处没收违法所得；情节严重的，吊销营业执照；构成犯罪的，依法追究刑事责任。"可见，当违法行为有较为严重的情节时，不仅要受到行政处罚，还要依法追究其刑事责任。

二、产品质量法律风险

产品质量法律风险是指产品因自身的缺陷、瑕疵或其他产品特征未能满足产品使用地国家的相关法律法规、质量标准以及合同约定的产品的适用性、安全性等特性的要求，产品生产者、销售者或者其他责任者承受不利法律后果的可能。

产品质量法律风险包括许多因素，涉及众多方面。但从产品质量的国内立法角度来看，导致产品质量法律风险的原因主要为三大产品质量问题，分别为产品瑕疵、产品缺陷和产品质量不合格。

（一）产品瑕疵

国内现行法律并未对产品瑕疵的含义作出明确界定。一般而言，产品瑕疵是指产品不具备良好的特性，不符合明示的产品标准，或者不符合以产品说明、实物样品等方式表明的质量状况，但是产品本身并不存在危及人身、财产安全的不合理危险，如产品的使用性能不稳定等。

产品瑕疵责任，亦称产品瑕疵担保责任，是指在产品买卖关系中，产品销售者为了全面履行买卖关系中所承担的义务，就出卖产品的使用性、效用性或其他品质对买受者承担的默示或明示担保责任。产品瑕疵担保责任是基于产品交易合同而产生的责任，所以在法律性质上应属于合同责任。根据《产品质量法》的规定，售出的产品不具备应当具备的使用性能而事先未予以说明、不符合在产品或者其包装上注明采用的产品标准的或不符合以产品说明、实物样品等方式表明的质量状况的，销售者应承担修理、更换、退货或赔偿损失的法律责任。

产品的销售者负有瑕疵担保责任，如果产品出现瑕疵，销售者应当承担由此而引起的法律后果。上述责任包括两个方面：一方面，明确规定销售者应当首先承担责任；另一方面，明确规定销售者首先向产品购买方承担责任，表现为修理、更换、退货或赔偿损失等多种形式，然后依法享有向负有责任的生产者、供货者进行追偿的权利。

（二）产品缺陷

认定产品缺陷导致的产品质量风险应当首先明晰产品缺陷的含义。根据《产品质量法》，产品缺陷主要包含以下两层含义。

1）生产者、销售者向消费者提供的产品存在不合理的风险，风险必须控制在可接受的范围内。产品符合消费者对产品的安全性、可靠性的合理期待，产品不存在不合理的危险。具体而言，对"不合理危险"的确定需综合考虑以下两个因素：其一是生产者、消费者的主观因素，即一个合理谨慎、对消费者负责的生产者知道或应当知道其产品的危险时，其会不会将产品投入市场。一个普通的消费者如果能够意识到该危险的存在，愿不愿意承担此后果，如愿意承担，则不属于不合理危险。由于信息不对称等原因，生产者的注意标准应高于消费者。其二是客观因素，即囿于当前的科技水平，不能生产出更加安全的产品，就不能认定该产品具有不合理危险。

2）认定产品缺陷的第二个标准是产品不符合保障人体健康，人身、财产安全的国家标准、行业标准。生产者、销售者向消费者提供的产品应符合国家标准和行业标准。同时，产品符合国家、行业标准是强制性规范，生产者不得将不符合标准的产品投入市场。产品缺陷是同国家标准、行业标准存在密切联系而又不能完全等同的两个概念，理由包括以下两个方面：首先，产品缺陷的界定标准涵盖了国家标准和行业标准的内容，前者的概念外延要更为宽广；其次，即使产品符合国家标准和行业标准，其仍有存在产品缺陷的可能性。因此，产品缺陷的审查标准高于国家标准和行业标准。

产品缺陷责任是一种特殊侵权责任，其责任主体是生产者。在受缺陷产品侵害的情形下，请求赔偿的权利主体包括产品买受者和其他受害人。

（三）产品质量不合格

对产品质量不合格进行界定应当充分明确"产品质量"的含义。一般认为，产品质量是指产品满足规定要求的程度。主要包括产品的可用性、安全性、可靠性、经济性、维修性等方面的内容；同时还包括产品的品种、规格、款式、造型、外观、包装等表面状况等。产品不能满足上述规定要求的程度即为产品质量不合格。所谓产品质量不合格是指产品不符合相关国家标准、行业标准，或者未制定国家标准、行业标准但可能危及人体健康和人身、财产安全。判断产品质量是否合格，依据的是有关法律的规定和当事人的约定。相比于产品瑕疵和产品缺陷，产品质量不合格多适用于国家对产品质量的监督管理、产品质量纠纷以及消费者保护等领域，其最大的优点在于定义清晰、判别标准明确且易于掌握。

《产品质量法》第十二条指出："产品质量应当检验合格，不得以不合格产品冒充合格产品。"因而，产品缺陷、产品瑕疵应属于产品质量不合格的当然内容。产品质量不合格通常表现为产品存在缺陷或瑕疵，但产品质量不合格并非完全等同于产品缺陷或产品瑕疵。另外，《产品质量法》还规定了生产者、销售者应承担的其他产品质量义务。例如，生产者、销售者生产或销售的产品或其包装的标识应符合相关要求；应有产品质量检验合格证明、中文标明的产品名称、生产厂厂名和厂址等；生产者不得生产国家明令淘汰的产品；等等。生产者、销售者违反上述规定生产或销售产品的，其生产或销售的产品应当判定为质量不合格的产品。

因产品质量不合格产生的行政责任由《产品质量法》第十七条加以规定："依照本法规定进行监督抽查的产品质量不合格的，由实施监督抽查的市场监督管理部门责令其生产者、销售者限期改正。逾期不改正的，由省级以上人民政府市场监督管理部门予以公告；公告后经复查仍不合格的，责令停业，限期整顿；整顿期满后经复查产品质量仍不合格的，吊销营业执照。"监督抽查的产品有严重质量问题的，则需依法接受罚款、其他行政处罚及刑事责任追究。例如，企业以不合格产品冒充合格产品的，由职能监管部门责令其停止生产、销售，没收违法所得，并处违法生产、销售产品货值金额百分之五十以上三倍以下的罚款；情节严重的，将接受被吊销营业执照的行政处罚；构成犯罪的，依法追究刑事责任。

产品缺陷责任、产品瑕疵责任分别为特殊侵权、民事违约责任，这种责任只能在损害或违约的事实发生后产生。而产品质量不合格涉及相关民事责任、行政责任和刑事责任，产品质量不合格以生产者、销售者违法生产或销售不合格产品为构成要件，与是否造成损害的结果并无联系。

三、产品质量法律风险防范

识别产品质量法律风险是进行风险防范的前提，企业需要通过积极的质量管理规避产品质量法律风险。

（一）产品质量风险管理控制

在企业原材料购买、加工制造、储存、检验、运输、销售各个环节中都有产生产品质量风险的可能。企业应当在各个生产经营环节加强对产品质量的控制，按照科学的质量管理体系进行操作、执行，以保证出厂产品的质量符合计划预期。为规避产品质量风险，企业应当在经营管理环节留存足够的证据，以建立完整证据链条和证据体系，证明交付给买受者的是质量合格（无瑕疵）的产品。在产品质量纠纷或诉讼中，企业应当通过证据说服法院裁判人员，认定其无产品质量民事法律责任。

1. 采购环节

为避免出现原材料缺陷，采购原材料时，根据各行业的需要，注意供方是否提供完备的资质证书、产品出厂分析报告、质量说明、产品合格证等，己方是否有《产品性质分析评价报告》《进厂原材料质量报告》《器材入库申请、验证记录》《原材料使用情况表》等作为验证资料，是否明确上述资料的归档部门。采购产品进行销售的单位，还需注意是否建立法律规定的进货检查验收制度。

2. 加工制造环节

为避免出现设计和制造缺陷，企业应当注意是否有原材料、半成品、成品内控质量指标和控制程序，应当记录原材料和中间产品、成品的状态并且维护其连续性。企业可以通过资料、记录追溯至产品生产各个过程（包括原料品种、工艺参数、操作记录和验证人员及记录等）。

3. 检验环节

检验环节是产品质量控制中的关键环节，企业需要核查检验机构资质，以确认检验机构和检验人员是否具有检验资格，确保检验报告或结果的真实性和合法性，并积极按照产品试验的国家、行业标准执行试验程序。

4. 销售环节

为避免经营缺陷带来的法律风险，企业销售产品前应进行产品的出厂检验，并留存相应的质检证据。通过质检程序，企业可以移转半成品、瑕疵产品出厂的产品质量风险。在销售环节，企业需要进一步审核产品的销售对象是否具有经营资质，尤其是特许经营产业。例如，出厂石油化工产品需符合石油化工产品国家标准、行业标准或协议标准，成品油零售单位（如加油加气站）需齐备相关资质。

5. 储存、运输环节

在产品的储存、运输环节，企业需要高度关注产品质量风险的转移节点，依照国家、地方有关存储、运输产品的规定和要求执行，并及时建立存储、运输档案，直至产品顺利完成交付，通过完整的产品记录来佐证产品质量合格的连续性状态。例如，在运输和储存石油化工产品时，需要依照《石油产品包装、贮运及交货验收规则》执行，并严格遵守《危险化学品安全管理条例》的有关要求。

（二）积极履行产品质量义务

规避产品质量法律责任的主要途径在于充分及时地履行法律义务。

1. 产品内在质量要求

企业应当对其生产的产品质量负责，应当生产、销售符合保障人体健康和人身、财产安全的国家标准、行业标准的产品。企业生产的产品质量需要符合在产品或者包装上注明采用的产品标准，需要符合以产品说明、实物样品等方式表明的质量状况。

2. 产品标识

产品标识是用于识别产品或其特征、特性所做的各种表述和指示的统称。部分因自身特征而难以附加标识的裸装产品，可以不附加产品标识，除此之外的包装产品，企业应按照规定标注产品标识，包括以下内容：①产品质量检验合格证明，主要有合格证书、检验合格印章和检验工序编号印鉴三种形式。②中文标明的产品名称、生产厂厂名、厂址。③根据产品特点和使用要求，具有事先让消费者知情的必要性的，企业应当在外包装上标明。④针对限期使用的产品，企业应当在显著位置标明产品标识。针对安全使用期或失效日期，企业可以选择其一标注，但要注意上述两者必须标注在产品的显著位置。⑤使用不当，易造成产品损坏或者危及人身、财产安全的产品，应当具有警示标志或者中文警示说明。

3. 明令淘汰的产品生产的禁止

国家明令淘汰的产品，一般是指涉及消耗能源高、污染环境、产品性能落后、毒副作用大等方面的产品。任何单位不得生产国家发布的淘汰产品目录中的产品，不得销售国家明令淘汰并停止销售的产品和失效、变质的产品。

4. 其他规定

企业在生产经营活动中不得实施质量标志伪造和冒用行为。除此之外，《产品质量法》第三十二条规定，企业生产产品需要恪守三项禁止性规定："生产者生产产品，不得掺杂、掺假，不得以假充真、以次充好，不得以不合格产品冒充合格产品。"销售者还应遵守下列法律义务：建立并执行进货检查验收制度；采取有效措施来保持销售产品的质量；不得伪造产地，不得伪造或者冒用他人的厂名、厂址。

（三）产品质量风险之商事预防

产品质量风险之商事预防的主要内容是对产品交易流程的控制。

1. 产品质量检测的控制

保证出厂产品质量合格的首要条件是企业拥有产品质量的合法检验资格。上述条件形成的基础是企业依据相关法律法规的要求，对进行质量检测的化验分析人员进行培训使其取得相关检验资格。质量检测部门应当随时保持国家对质量检验资格认证的要求，其人员和机构的相关资质证书要及时进行年检。同时，检测化验人员应当具有高度责任感，对工作认真负责，严格执行标准或检测化验程序，做到检测规范、印鉴规范、报告规范。针对检测化验结果，企业应当实行"谁实施、谁负责"的责任机制。

2. 产品质量的工艺流程控制

一是应当建立明确的技术规范、工艺流程、生产控制、操作规程以及工艺设备的设计或修改图，通过形成完整的证据链条证明产品生产、检测、出厂、交付全过程产品质量合格的连续性状态。二是产品走向的原始记录应当齐全、准确，并且相互吻合。原材料台账、成品库存台账、销售日台账、票据等的记录情况应当相互吻合、一一对应，并且记录应当保持准确、整洁，没有涂改。对于原始资料，应当按质量管理体系要求和保管时限进行归档，针对电子报表或台账，应当留下现时痕迹作为证据保留。企业所有相关部门和单位都应注意保证产品质量合格的证据链条完备。

3. 产品质量的合同条款控制

生产者与使用者签订销售合同时，应当以合同条款的形式对产品可能造成的损害约定免责事项。在约定免责事项范围内发生产品责任时，生产者有权以合同免责条款为由主张免除相关责任。在当前技术更新日益频繁、产品升级换代逐渐加快的生产背景下，产品销售合同中包含的免责条款逐渐增多。免责条款的约定适用于半成品，缺乏国家标准、行业标准而只有参照标准的产品，以及某些包装产品的销售活动。在强调契约自由的市场经济环境下，事先约定免责条款有助于规避偶发产品质量风险，有利于企业的稳定发展。

4. 产品质量的运输控制

产品运输途径有多种，以石油运输为例，存在管输、火车运输以及汽车运输等多种运输方式。如果特定产品的运输领域存在有关法律法规和规章条例的特别规定的，应当遵守相关规定。在选择货运工具后，企业需要注意规避法律风险。由于在货物交付客户之前，存在影响因素可能导致产品质量不稳定等，企业需要加强对运输环节的质量管控。企业自运应当按规定办理车辆、驾驶员、押运员的相关资格证书，委托外单位通过公路运输产品时只能委托有相关运输资质的运输企业承运。在货物交付时，企业可以要求签收人提交单位委托提货证明和签收收货凭证，如有条件须在交付现场及时进行货物数量的清点和货物质量的抽检，以防范无法界定责任的产品质量运输风险。

5. 产品警示缺陷风险的规避

产品警示缺陷的原因主要包括以下三项：①缺乏对某项危险性的预先警示；②缺乏安全使用方法的正确说明；③缺乏消除或减轻损害后果措施的正确说明。企业规避警示风险的实务操作应当注意以下两个方面：①对产品要进行充分、合理的说明和警示。警示说明的语言应当准确无误，力求不产生歧义，警示义务应当具有连续性。②以普通人的可预见标准作为危险的认定标准。根据日常生活经验可以获知的危险是普通人应当具有的安全常识，对于这种具有明显危险性的产品和产品风险，可以免除企业警示义务。

（四）产品质量危机事件的应对

对于因产品质量问题产生的法律纠纷，企业应当及时评估其法律风险并决定采用非诉讼方式或者诉讼方式予以解决。对于法律纠纷解决方法的评估，应当结合纠纷的原因、己方过错、他方过错、风险大小、主动权、证据情况、社会影响等多方面因素进行决定。针对法律纠纷的解决，企业必须获得专业人员的支持，制定详细的方案和步骤，准备有关的法律文件。法律纠纷解决不及时或者方法有误，将会给企业带来不必要的损失。企业应当将进入司法程序的法律纠纷及时上报上级主管部门以及相关领导。

对明显属于己方责任造成的产品质量危机事件，企业应当及时与对方进行沟通，了解其对事件的基本态度。通过适当途径了解对方对事件解决的潜在需求。主动以谈判方式与对方沟通，争取以和解方式解决产品质量危机事件。在谈判破裂时，企业应当争取与权威和中立的第三方联系，同时进一步调整谈判立场，实现具有第三方参与和主持的调解。

对明显不属于己方责任或者成因、责任不明确造成的产品质量危机事件，企业应当及时与对方进行沟通，分析对方有无进一步的事实和证据及诉求主张，明确阐明己方的态度和立场，并提示对方其行为的相应法律后果。企业应主动与媒体进行沟通，通过媒介向社会公众传达己方的立场和态度。在对方恶意进行司法诉讼的情形下，企业应积极应诉，通过法律手段捍卫企业的合法权益和社会形象。

危机事件事后管理首先应当总结经验教训。上述经验总结主要包括以下三个层次：第一个层次是针对所发生的危机事件处理本身的总结；第二个层次的总结则是反思检查企业应对整个危机的全过程，检查在应对危机中所做的决策与所采取的行动，从中发现不足之处；第三个层次是针对产生危机事件的原因，查找产品质量管理是否存在漏洞并采取措施加以完善。

第三节　合 理 节 税

税收是国家依法实现其职能，依靠政治权利，在税收工具的辅助下，征收参与国民收入和社会产品分配以及再分配取得财政收入的一种形式，具有无偿性、固定性以及强制性。合理节税对于企业来说是非常重要的，通过合理节税可以增强企业的净利润收入和市场竞争力。创业组织在创立初期选择组织形式时，应当将合理节税作为一项重要因素予以考虑。此外，企业通过纳税筹划来减轻企业自身对税费的承受负担是较为普遍的做法。企业纳税筹划的前提是应当符合国家相关法律法规，经过筹划之后企业较之前少缴纳税费，从而增加企业的利益，为企业实现利益最大化提供保障。

一、选择合适的组织形式

企业进行合理节税的手段和方式是多样的，企业选择何种组织方式是其中的一种方式。企业在不违法的情况下选择缴纳税费较少的方案，不仅能够为企业节约税负，减轻企业负担，还可以在一定程度上增强企业实力，为企业利益最大化提供有利条件。

（一）企业组织形式的选择

企业组织形式主要包括个人独资企业、合伙企业以及公司企业，子公司或者分公司也是企业的重要形式。上述不同的组织形式在计算缴纳税费方面具有差异性，有的组织形式选择会加重企业税负，有的组织形式选择则会适当地降低企业负担，因此企业在创业初期应当妥善决定其组织形式。

个人独资企业不具有法人资格，企业对债权人承担无限责任，即公司财产如果不足以清偿债权人债权时，企业实际管理者应当对未偿还的债务承担责任。另外，该种类型的企业不需要缴纳企业所得税，仅需缴纳个人所得税，企业所对应的个税税率是五级超额累进税率。

合伙企业与个人独资企业具有相似性，二者均没有法人资格，对企业的债务均承担无限责任。在合伙企业中合伙人对公司的债务共同承担责任，并不能约定仅由一人承担债务，同时合伙企业也不需要缴纳企业所得税。

公司企业主要包括两种类型：有限责任公司和股份有限公司。有限责任公司对债务承担有限责任，即企业因为偿还债务导致破产清算的，即使企业财产仍未能清偿全部债务，企业股东对未偿还债务也不承担连带责任。股份有限公司包括上市公司，相对而言，有限责任公司的规模较小。股份有限公司在债务的责任承担上同有限责任公司一样，股东均承担有限责任，股东仅以自己的出资额为限对外承担责任。

根据我国相关法律法规的规定，公司企业需要定期向税务局缴纳企业所得税，个人独资企业和合伙企业并不需要缴纳企业所得税，而只需缴纳个人所得税。总体而言，公司企业虽然可以享受到一定的税收优惠，但所承担的税负较其他两种组织形式而言较重。

（二）企业从属机构形式的选择

当前我国的宏观经济水平保持增长趋势，经济的正向发展预期、宽松的创业法律环境，以及政府对创业的扶持政策，都为创业企业的发展壮大奠定了基础。

为了进一步扩大企业的经营规模，企业往往选择设立子公司或分公司，以满足企业的发展需要。子公司和分公司具有较大区别，主要体现在设立条件限制不同、缴纳税费的方式不同等。

子公司具有完全独立性，可以独立纳税，独立从事生产经营活动，并不需要向总公司报备。当子公司盈利时需要独立地进行纳税，并不需要与总公司汇总，若子公司亏损则当年度不需缴税，此外子公司还可以得到税务局的相关纳税优惠。

分公司成立时所需的条件限制较少，办理的手续相对较简单。在纳税方面，分公司无须单独纳税，其与总公司进行汇总纳税。如果分公司该年度亏损，由总公司对其进行弥补，所以可在一定程度上减轻总公司的税费。相对于子公司而言，分公司所承担的税负较轻，但缺点是其不能享受税务局的相关优惠政策，且分公司并不属于法人，所以在生产经营上并没有完全的独立性。企业应该根据自身的实际发展需要合理选择企业组织形式，避免缴纳高额税费。

二、纳税筹划

企业在发展过程中应当高度重视纳税工作，通过适当的纳税筹划实现合理节税目的。纳税筹划是一种合理利用税收政策进行税务管理的活动，是在合法、合理、遵循国家法律基础的情况下，降低企业税收负担，控制成本，提高企业的经济效益。纳税筹划是财务管理的重要内容之一，重视纳税筹划的必要性，突出纳税筹划工作重点，是推动企业长远发展的关键。

（一）企业纳税筹划的重要性

纳税筹划是在合理合法的基础上进行税收筹划活动的行为，是降低税收负担、合理控制成本的有效途径，也是提升企业经济效益的主要手段。因此，企业进行纳税筹划活动具有重要的意义和价值。

1）进行纳税筹划活动有助于提升企业的财务管理质量和水平。企业追求健康稳定发展，需加强财务管理，保证财务管理效果与水平。纳税筹划是财务管理的重要内容与关键环节，通过纳税筹划可以与其他经济项目形成互补，避免出现财务危机，同时可以有效地规避和转移风险，实现利润最大化，提升企业的财务管理效果。

2）通过纳税筹划可以提升企业的市场竞争力。对企业而言，获得独特的竞争优势，提升市场竞争力，是企业生存和发展的必由之路。部分企业盲目追求利润提高，容易实施偷税、漏税、逃税等行为，从而影响企业声誉，不利于企业的长远发展。通过纳税筹划，及时了解税收政策的变化，对税收政策进行正确的解读，可以有效地开展税务筹划管理工作。

3）纳税筹划有助于降低税务风险，提升国家财政收益。从宏观角度而言，企业开展纳税筹划活动，可以降低税收负担，增加自身竞争优势，以期获得更为长足的发展。企业的长期稳定有助于促进国家经济的可持续发展，企业通过纳税筹划产生良性的长效激励作用，增加市场经济的活力，从长期来看，还将有助于提高国家财政收益，促进国家经济整体协调发展。

（二）纳税筹划方法

企业进行纳税筹划可以采取多种方式，较为常见的纳税筹划方法包括以下几种类型。

1. 利用减半征收的优惠政策

私营企业在创立及发展初期，受限于资金、场地、人力等因素，大多数呈现出规模不大的特点。根据国家财税部门的规定，为促使中小企业更好地发展，对中小企业采取减降税政策，以助力中小企业创新和发展。近年来，国家税收扶持政策的优惠力度进一步加大，在已有优惠财税政策的基础之上，2019 年以来，国家财税部门实施了更多财税优惠政策。初创型中小企业需抓住优惠政策，降低生产成本，以获得更好的经济效益。

中小企业对纳税筹划进行合理安排和优化，找出适合自身的纳税方法，最大限度地延缓和减轻税务，从而实现利润最大化。国家财税部门为保证经济发展，制定税收优惠政策，帮助企业渡过难关。企业根据税收优惠政策制定发展战略，应积极向政府鼓励和支持的产业进行布局和发展，以此来享受国家税收优惠政策，达到降低生产成本的目的。企业应当根据最新的税收优惠政策调整纳税方案。例如，受新冠肺炎疫情影响，困难企业在 2020 年度发生的亏损，依据国家有关政策，最长结转年限由 5 年延长至 8 年。中小企业需积极使用上述政策，在规定年限内减少税收。

2. 降低税率的纳税筹划

税率式筹划是指利用税率的高低差异，通过制定纳税筹划减少纳税的方法。

1）选择低税率行业投资和纳税。在我国实施的税收制度中，不同的行业具有不同的纳税差别，企业在发展过程中选择经营策略时，为降低生产成本，可以向国家优惠政策支持的行业发展，选择纳税少的行业制定经营策略，减少企业纳税成本，增加企业收入。比如，我国高新科技行业存在优惠政策，高新技术企业在纳税时可以采用 15%的税率。除了高新科技行业以外，我国为支持第三产业发展，针对乡村推广、林站等项目也制定了税收优惠政策，企业在制定发展战略时可以向该方面倾斜。除此之外，企业在制定筹划减税策略时，可以选择向教学行业发展。近年来我国高度重视教育工作，针对教育领域相关企业制定了税收优惠政策。企业应当依据上述扶持政策合理减少纳税支出。

2）选择低纳税地区投资。我国征税体系具有依据地域差异制定不同纳税制度的政策背景，企业可以根据优惠政策支持行业和地域，进行市场准入决定，依据政策支持降低纳税成本。企业在制定相关经营策略时，不仅需要考虑纳税因素，还需结合企业实际发展需求，选择从事企业熟悉行业，这样才可以获得更加长远和稳定的发展。出于合理节税的考量，企业可以在自身实际情况的前提下，根据地区性不同的纳税优惠政策开展纳税筹划。比如，国家为了支持中西部地区的发展，在我国中西部地区发展的企业和在其他地区发展的企业有不同的优惠政策。企业可以结合自身的发展现状和发展战略，选择合适纳税区域开展经营项目，减少企业的纳税成本，帮助企业获得更高的经济效益。

3. 减少税基的纳税筹划

税基是计税的基础，税基减少可以直接减少企业应纳税所得额。初创阶段和发展阶段的企业大多为中小企业，其收入总额弹性一般较小。在上述情形下，专业会计人员在遵守各项制度和准则的前提下，进行纳税筹划时降低税基，适当提高企业生产运营中产生的生产支出材料、人工等费用，可以有效减少纳税金额，促进企业发展。

4. 存货计价纳税筹划

企业在生产经营中，为维持正常的生产销售应储备各种资产和消耗品。上述资产、消耗品等被称为存货。相关存货计价的法律规定体现了存货计价自主选择、相对稳定的原则，在上述基础上，专业会计人员在进行税收筹划时应根据企业经济运行状况做出判断和决定，制定对节税有利的存货计价方法。

5. 折旧计价纳税筹划

企业成本折旧计算是纳税筹划的重要组成部分。成本折旧是指企业在前期生产时投入的固定资产，包括厂房、设备等。企业主要依靠折旧计算后将固定资产折算为商品成本，采用商品价值方法对固定资产进行回收。会计人员开展会计工作时，需要使用快速折旧法将企业投资的固定资产快速回收，采用快速折旧法不仅影响商品成本计算的正确率，也会影响企业的成本，从而影响企业纳税的多少。

三、纳税筹划风险及其防范

制定合适的经营策略对企业的发展至关重要。因此，在企业的经营过程中，必须借助纳税筹划来使企业的经营更加完善，最终达到企业经营利益最大化的目标。但是企业在实际运营中，容易受到环境因素的影响而出现各种各样的变故，这也就意味着企业在实施纳税筹划的过程中，可能会遇到很多风险，并且还有可能因为风险问题而给企业带来很多副作用，严重影响到企业未来的发展。

（一）纳税筹划风险概述

纳税筹划风险就是企业统筹纳税和企业实际纳税的差额，所以做好企业的纳税筹划风险工作和企业的经济利益有着紧密的联系。企业纳税筹划风险主要来源于三个方面。

1）国家税收法律进行了修改和增减。纳税企业依据国家出台的税收法律进行纳税筹划，因此国家一旦对税收法律做出调整，就会直接影响企业的纳税筹划工作。对企业而言，在依据新的法律法规进行纳税筹划工作时，由于缺少实战经验，很有可能出现所制作的纳税筹划方案与企业的实际情况脱节的问题，使企业的纳税筹划风险增大。

2）纳税企业对纳税的法律法规认识不足。国家在制定税收法律法规时，必须要使其符合企业的实际发展情况，以其普遍性来支持其广泛适用性。在一些没有进行详细说明的法律法规中，不同的企业会出现不同的理解，由此出现了千差万别的应对措施。个别企业由于没有把握好弹性区域的合理尺度，做出了错误的纳税筹划，从而增加了纳税筹划风险。

3）企业的纳税筹划模式和制度存在不合理的情况。企业必须遵守税法的相关规定。一方面，企业要依法纳税；另一方面，要做好纳税筹划，在税法规定具有"弹性"的区域，企业如果不懂得使用灵活变通的纳税筹划办法，会使纳税筹划工作处于被动、僵化的状态，这与企业实现利润最大化的目标是背道而驰的。当然，如果所谓的纳税筹划违反了法律强制性的禁止规定，就会造成企业违反税收法律的违法、犯罪风险。

纳税筹划是一门综合性学科，涉及税法、会计、财务管理、企业管理、法学等诸多学科，对筹划人的知识素养和能力水平要求很高。从事税收筹划的人员不仅要具备综合的专业素质，还要全面了解企业的情况，合理预测行业前景，更要准确把握法律变化及政府政策导向，在了解不断变化的外在条件后及时动态评估纳税筹划方案，适时更新筹划内容，使其适应实际情况。为了高效地完成纳税筹划工作，规避纳税筹划风险，企业可以聘请税务所、会计师事务所等专业的中介公司税务进行纳税筹划工作。

（二）防范税收风险

企业在争取企业综合利益最大化的过程中，同时也在争取企业的税后利益最大化。私营企业进行税收筹划时，经常会在税收法律法规的边缘操作，这样的操作蕴含着较大的风险问题。为了规避风险，中小企业在进行税收筹划时就要采取分散风险措施，使风险最小化，趋利避害，争取最大的税收利益。

1. 规范化纳税筹划工作

依法纳税是公民的义务，中小企业更要树立依法纳税的理念。在税务筹划过程中，中小企业应建立完整规范的财务制度，建立健全票据凭证、台账明细、财务报表等资料，扎实规范会计基础工作，为企业提高税务筹划效率提供真实可靠的依据，提高中小企业的纳税筹划效果。企业在纳税筹划方案、税务政策的理解运用、纳税筹划的具体操作上应当寻求法律和政策上的确切依据，进行规范化操作。

2. 积极与税务机关沟通

政府税务部门在税务筹划工作中占据主导地位，相关工作必须在其税务政策指导下进行。企业加强与税务部门沟通是预防相关风险的重要手段之一。一方面，企业在进行纳税筹划方案编制时，若遇到难以准确解读的政策条款，可以主动向当地税务机关寻求帮助，便于更加透彻地掌握相关政策。另一方面，国家为支持企业发展，颁布各种税收优惠政策。企业应该加强与税务部门的交流，享受政策优惠，保证纳税筹划的高效性，避免错失优惠的风险发生。例如，2019 年税收工作的主题是减税降费，某单位积极与税务部门展开交流，对减税降费政策进行有效解读，及时准备纳税资料与申报工作，进而享受相关优惠政策，避免了由此引发的税务风险。

3. 树立风险意识，紧密关注税收政策

由于外界市场环境复杂且不断变化，企业经营过程中常出现不确定性事件。企业在制订税收筹划实施方案时，应充分考虑税收筹划方案的风险，树立风险意识，进行风险评估和预判。企业应定期收集与企业经营相关的国家税收政策、利好消息和政策的变动情况，及时掌握税收变化对其自身发展的影响，恰当地调整纳税筹划方案。在获取自身发展动力时，企业应当将纳税筹划行为控制在税收法律允许的范围内。

第四节　合同管理

在当前经济环境下，合同贯穿于企业各项经济活动的始终，在企业经营管理活动中发挥着十分重要的作用。随着合同管理相关法律法规的建立健全，企业对

合同合规审查的压力日益增大，由此产生的法律风险也日益增强。交易的活跃提升了合同管理在企业管理中的重要地位，而交易行为往往存在双方利益的博弈，使得合同在磋商、签订、履行等过程中存在各种各样的风险，合同管理在此种背景下逐渐被企业管理者重视。如何在合同管理过程中预防和控制交易风险和法律风险成为合同管理工作者面临的重要问题。

一、合同管理概述

合同管理是对交易的法律、业务等风险的一种集中管控，有利于保证企业的资金、运行管理安全。通过对合同进行有效的管理和控制，督促处在相对位置上的合同当事人能够从企业经营、交易安全和法律风险等多个方面对合同风险进行评估与管控，有利于交易平稳进行和企业安全经营。

企业合同管理过程中的风险无处不在：从风险类型来看，分为交易风险和法律风险；从风险环节来看，存在磋商、签订、履行等各个环节之中。

交易风险是指因交易行为本身，如交易相对人的选择、交易期待利益的流向等预判错误导致的正常的商业运行风险，这是每个企业都会面临的正常经营风险，需要经营者根据价值经验和市场敏感度进行判断。法律风险则是合同管理部门的重点管控内容，尤其是交易事项中约定的内容是否触犯国家强制性法律而产生的合同无效结果以及面临的行政、刑事处罚结果，需要合同管理者着力进行管控警惕。

二、合同管理的法律风险

企业在合同管理中进行法律风险控制时，需要先进行法律风险识别，再根据法律风险的不同类型，切实结合企业经营活动的特点以及企业自身的特点制定合理有效的防范措施。法律风险存在的形式是多种多样的，以下列举了四种典型的法律风险类型。

（一）合同条款存在瑕疵

合同条款是双方权利义务设定的直接体现。企业在订立合同时应当对直接影响双方权利义务的重要条款，如交易内容、规格型号、履行期限、付款时间、履行地点、违约情况处理、价款支付方式等内容进行明确而准确的规定，同时应当审核合同条款的合法性和对己方的有利性等因素，以求最大限度地维护自己企业在交易行为中的利益。部分企业因合同意识较差，在签订合同甚至变更合同时，不制定书面协议。《民法典》规定，口头约定是被认可的合同形式，但是在实践中存在因为口头约定不明或者缺乏证据而使企业面临交易纠纷等风险。拟定合同的基本要求是：有效合同中的条款内容应清晰准确；采用的语句必须严谨不能有歧义；不能采取模棱两可和含糊不清的语句。为规范合同语句，企业在合同管理中可以制定相应的合同模板和规范标准。例如，在对合同名称进行设定时，有许多企业混淆了"合作协议书"与"合作意向书"的概念，但上述两个文件在法律概念和效力上具有差异性。在合同条款方面，由于起草合同的工作人员缺乏专业素养，合同内容规定的条款无法清晰表达企业的真正诉求，企业在合同纠纷产生时因缺乏确切标准而处于不利地位。

（二）相对人资质缺乏审查

相对人的资质信誉状况等内容是选择合作伙伴、保证交易安全的重点内容和前置环节。我国法律虽然对企业的经营范围与签订合同内容尚未规定同一性要求，但是企业在日常经营中还是应当重视审核缔约相对人是否具备按约定履行合同内容的能力，另外还需要审查缔约相对人是否具备合同内容要求具备的特殊资质，以及是否具备良好的企业信誉。如果经营业绩对合同义务具有重要影响，还应当在不违背法律规定的情形下，约定对经营业绩的要求。签订合同的双方代表是否具备法律上的签订资格，将影响合同的效力形态，并可能埋下法律风险隐患。在合同签订之前，还需要严格审核对方企业的磋商、签约代表资格，查看是否具有有效的法定代表人身份证明或者委托代理人的授权委托证明，避免出现无权代理、合同诈骗等情形。有许多企业并没有认识到这一问题，在签订合同时没有对对方代表的资格进行确认，从而使合同的效力受到影响，致使合同可能成为效力待定的合同，甚至是无效合同，为企业带来不必要的经济损失。

（三）合同效力未能成就

合同的有效性不仅以齐备的合同基本条款为前提，还需以不违反法律、行政法规的强制性规定，不违反公序良俗为基础。在现实生活中，存在企业因合同条款违法、合同主体不适格、合同签订不符合法律规定等事由导致合同最终无效的情形。部分企业没有建立合同主从概念，只签订从合同，而尚未签订主合同，在这种情况下，签订的任何合同不具有法律效力。例如，在建筑工程的经营中，没有签订总体承包的合同，只签订了分包合同，所签订的任何分包合同均没有生效。企业为了能够快速地开展工作，往往容易忽视主合同的签订，仅签订相应的从合同，相关合同为未生效合同，并不发生法律上的拘束力，亦无法为建筑工程提供法律保障。此外，存在部分企业为了进行非法活动或者出于逃避税收的目的，签订虚假合同。上述合同只是为了掩盖企业的非法目的，属于无效合同。

（四）合同履行欠缺管理

合同生命周期中最重要的环节是合同履行，它是关系合同目的实现的最根本因素，应该引起合同管理人员的高度重视。但是在企业管理过程中，合同管理人员将大量的精力放在前期的合同磋商、签订过程中，而对合同的履行管理采取放任态度，仅仅由合同的具体执行部门负责。这虽然体现了企业在管理过程中的分工原则，但是为更好地实现合同目的，合同管理部门应对合同进行全过程监管，在合同签订后认真与合同执行人员进行主要内容和条款沟通，并在合同履行过程中和履行后进行监管检查，监控实际履行和合同文本约定是否存在"两层皮"的问题，保护企业交易利益和交易安全。

三、合同管理法律风险防范

企业在开展合同管理的过程中存在着许多法律风险问题，产生上述问题的根本原因是企业未能掌握有效合理的防范措施。企业要根据自身情况，从合同管理的不同方面着手，注重管理的细节并进行深入探讨、逐条分析，找出适合有效的防范措施。

（一）注重提高合同管理人员的综合素质

企业应当在内部成立专业法律部门，一手抓现有工作人员法律意识的培养，一手抓专业高素质管理人才的吸纳。合同管理相关工作人员的职业素养是企业进行合同管理的重要基础保障。企业要重视员工整体工作水平的提升，员工不仅懂经济管理，还应具备法律意识，才能保证企业顺利运营。可以从以下两个方面提高合同管理相关工作人员的综合素养。

1）对在职的工作人员进行定期培训。首先对在职的工作人员进行能力考核，了解工作人员的能力，针对不同人员存在的不同短板进行培训。并且针对合同管理过程中重要环节所需的工作技能进行重点培训，从而提高在职工作人员的综合素质。

2）企业要重视对优秀人才的吸引。我国每年具备合同管理专业知识的高校毕业生非常多，这为企业招纳优秀人员提供了人员保障。在这些优秀的毕业生中进行选拔，不仅要对学历进行严格把控，还要对应聘人员的业务能力进行严格筛选，要求应聘员工不仅要具备扎实的理论知识，还要具备一定的实践经验，即使有些人员的经验暂时不足，良好的基础知识和强大的实践能力也能够使其较快具备优秀的综合素质。

参与合同管理的相关工作人员，必须要精通合同管理的基本业务，能够熟练地运用并掌握相关法律法规，熟练地把握合同履行以及合同管理的相关法律法规和流程。企业要结合自身的实际情况，根据缔约双方的不同特点，总结合同管理中以往的经验和教训，有针对性地教育培训合同管理人员，提高其专业化水平，从而有效地巩固和完善法律风险的防范机制。

（二）建立健全合同管理的相关制度

企业要对合同管理的相关制度进行完善，让合同的全部流程能够有法可依、有理可循，通过法律来维护企业的合法权益。要对合同进行规范化和系统化的管理，并结合企业的实际情况改革管理制度，增强合同管理制度的适用性、科学性、合理性。企业要严格管控合同管理的流程，监督和控制合同的全过程，在合同不同环节出现偏差时需要及时有效地解决，并且能够主动对未来可能出现的纠纷进行防范。合同管理的相关工作人员要跟进合同的每一环节，全权负责合同的全部流程。

企业在开展经营活动时，要着重加强合同管理的相关工作，以便能够更好地落实合同管理的相关工作。企业在处理法律风险问题时，要详细地记录执行情况，事后加以分析和评价，为以后法律风险的识别和处理打好基础和提供参考。

（三）加强对合同履行的监督

签订合同的主要目的是使缔约双方按照约定内容履行义务，因此，企业要注重对合同履行情况的监督。从签订合同开始应当对合同中的每一项内容进行定期或随机检查，在合同项目开展的过程中，监督履行合同项目的使用资金和资金的流动情况，及时跟进工程运行的进度以及处理突发的事故，才能保障合同的顺利履行。企业的高层管理人员还可以采取动态的监督方式，关注合同谈判、订立到履行的全过程，以确保合同的有效履行。

为了提高对合同履行情况的监督力度，还可以聘用高素质、专业的法律顾问来参与监督工作，以更好地帮助企业管理者深入了解合同履行的情况，一旦对方企业存在违约行为，及时采取有效措施来防范损害结果的进一步扩大，并依法依约向违约方主张损害赔偿责任，从而降低合同履行时发生的经济风险，使企业避免一些不必要的经济损失。

（四）加强合同管理的审查工作

企业在管理合同时，不仅要监督合同的全部流程，也应当积极完成合同的审查工作。在开展审查工作时，合同管理人员不仅要审查合同的内容以及合同的履行情况，还须对施工时的图纸以及所使用的材料进行质量审核，全面、快速、有效地对合同进行审查。若发现合同履行中存在问题，合同管理人员应及时地将问题上报给相关部门，不仅应当及时解决问题，还应建立相应的惩处机制，从整体上提升合同管理的效益和效率。

合同审查的相关工作主要包括：对合同项目的审查、签订；对合同内容的拟定；合同的变更或解除。在合同审查过程中，需要严格落实这些审查工作，才能够保证合同管理工作的有效性。合同管理工作的顺利及有效开展，将有助于企业规避法律风险，提升经济效益。

【练习与思考】

1. 以"网红"直播的方式进行企业及产品的宣传和销售有哪些利弊？
2. 税收的合理筹划和逃税避税之间的区别在哪里？

第八章

人力资源管理

【学习目标】

1. 了解签订劳动合同的主要内容及其注意事项。
2. 掌握企业内部规章制度制定的基本程序。
3. 能说出企业各种特殊用工方式的利弊。

近年来，在创新创业带动广泛就业的政策驱动下，无数年轻人对新生的创业企业寄予厚望，希望通过创业实现理想，使得创新创业的热潮疾风迅雷般席卷南北。党的二十大报告指出："就业是最基本的民生。强化就业优先政策，健全就业促进机制，促进高质量充分就业。"并且，党的二十大报告还指出："健全劳动法律法规，完善劳动关系协商协调机制，完善劳动者权益保障制度，加强灵活就业和新就业形态劳动者权益保障。"我们知道，创业中的劳动纠纷确实会给年轻的创业者带来不少困惑和烦恼，本章从员工合同、员工福利两个制度面板的介绍入手，在为创业者厘清企业与员工之间的劳动法律关系，规避劳动纠纷带来的法律风险的同时，帮助创业企业在法律框架内建构合理的员工福利制度，以期在创业企业与员工之间构建和谐的劳动关系。

第一节 员 工 合 同

与其他企业一样，创业企业除了有作为团队成员的联合创始（合伙）人，还有很多普通员工。怎样对普通员工进行管理，这是公司运营中的一个大命题。创业企业与员工之间的所有一切关于人力资源的相关内容，都应在国家法律法规所规定的基础之上展开，其核心是劳动法律关系。

一、招录员工

招工是用工的开始，也是企业人力资源管理的起始环节。

（一）招聘

创业企业在发布的招聘广告中公布的信息要真实，不得进行虚假宣传。信息的真实性会直接影响到用人单位与劳动者之间接下来要签订劳动合同的法律效力。另外，因为在招工阶段，创业企业会与网上人才市场、中介公司、劳务公司等单位发生居间合同等法律关系，所以要明确所招聘的员工是创业企业直接招聘，还是需经由劳务派遣公司派遣，二者有着巨大差异。

（二）面试

从订立合同程序的角度来看，面试其实是一个不断要约的过程。创业企业介绍单位的情况，应聘者介绍个人自身的情况，企业再介绍可以给什么待遇，希望员工可以为单位带来怎样的效益。另外，用人单位还要审查应聘人员与原单位之间是否存在未解除劳动关系的情况、竞业限制的情况，等等。

（三）订立劳动合同

创业企业通知面试者决定录用，求职者也没有异议的情况下，双方就进入签订劳动合同的阶段。创业企业一般会直接从网上下载一个劳动合同的版本，填写之后交给员工签字。实际上，可靠的具体操作远要复杂得多。

1. 书面形式

从创业企业的角度看，首先必须签署书面的劳动合同。从理论上来说，书面的劳动合同包括纸质（这是最常见的），也包括电子数据形式，即它需要是书面形式的载体。但在司法实务中，劳动仲裁机构和法院通常只对形式为书面的劳动合同予以认定。

书面合同的具体内容是记载双方信息及权利义务的条款。《劳动合同法》第十七条规定："劳动合同应当具备以下条款：（一）用人单位的名称、住所和法定代表人或者主要负责人；（二）劳动者的姓名、住址和居民身份证或者其他有效身份证件号码；（三）劳动合同期限；（四）工作内容和工作地点；（五）工作时间和休息休假；（六）劳动报酬；（七）社会保险；（八）劳动保护、劳动条件和职业危害防护；（九）法律、法规规定应当纳入劳动合同的其他事项。"

现实中，有的创业企业书面劳动合同中只是约定了双方当事人的主体、工作职责、工作岗位、薪资待遇等简单事项，其他一律未作约定。那么，从实体法上来说，仅仅记载了上述信息，不会使双方当事人之间的权利义务因此而无法界定，因为劳动合同法律中规定的强制性的内容，比如单位需要给员工交社保、创造安全的劳动保护条件等，并不会因为劳动合同中没有约定而导致单位免除其义务。但是在司法实务当中，这样一份仅仅记载双方当事人信息、工作岗位和薪资待遇的书面法律文件，往往可能不被劳动争议仲裁委员会和人民法院所认可。主要原因在于，劳动仲裁机构和法院出于自身裁判结果需要经得起法律和历史检验的考虑，其认可的书面劳动合同都是由政府劳动行政主管部门颁发的指导性劳动合同书，且内容也必须齐全。

因此，创业企业直接采用劳动行政主管部门统一制发的劳动合同范本来与员工签署劳动合同更为妥当。

2. 书面劳动合同的签署时间

一般情况下，劳动合同签署的时间，应当早于实际用工之日。如果实际用工之日仍未签署，则最迟不能超过实际用工后的一个月。用人单位实际用工一个月未签署书面劳动合同的，用人单位依法应向员工支付双倍的工资，且双倍工资一直支付到签署书面劳动合同或实际用工满一年为止。如果实际用工超过了一年，用人单位仍然不签署书面的劳动合同，那就应按照法律规定由员工直接与用人单位订立无固定期限的劳动合同。

因此，员工招聘进来之后，单位应尽快与员工之间签署书面的劳动合同。在《劳动合同法》实施之前，部分用人单位不愿签署劳动合同的主要原因是，企业管理者为了更灵活机动地让员工马上"走人"，员工还无处讨说法。而现在，员工如果与用人单位之间发生了劳动争议，员工没有书面劳动合同并不会构成其维权的障碍，反而会增加维权所获得的利益。

在司法实践中，员工凭借工作服、工作牌、薪金流水单、其他员工的证人证言等，即可证明其劳动者身份。可见，用人单位如果不与员工签署书面的劳动合同，其所面临的败诉法律风险极大。

二、劳动合同的注意事项

根据《劳动合同法》的规定，劳动合同除了必备条款外，单位还可以与劳动者约定试用期、培训、保守秘密、补充保险和福利待遇等其他事项。

（一）试用期

1. 试用期的功能

试用期的作用是保证双方的反悔权。在试用期间，单位解除劳动合同不需支付经济补偿金。就员工而言，在试用期可以随时通知企业离职；就单位而言，在试用工的工作不能符合岗位要求时可以辞工。当然，尽管《劳动合同法》规定员工在试用期被证明不能适应工作岗位的才可以辞退，但在实务中，通常只要单位在试用期间认为员工不适用该工作岗位就可以作辞退处理。

2. 试用期的期限

《劳动合同法》第十九条规定："劳动合同期限三个月以上不满一年的，试用期不得超过一个月；劳动合同期限一年以上不满三年的，试用期不得超过二个月；三年以上固定期限和无固定期限的劳动合同，试用期不得超过六个月。"

对于单位来说，试用期一、二、六个月三种选择，哪一种模式最有利，需要符合具体的用人岗位的特点。比如，就创业企业而言，如果某个需要有创造性劳动的岗位需要比较长的时间才可以将劳动者的素质以及岗位匹配程度展现出来，则用人单位和员工签署劳动合同的期限建议选择三年，因为三年的劳动合同可以有六个月的试用期，而六个月应该足以充分评估员工素质以及其与岗位的匹配度。如果用人单位需要相对较长的试用期，又需要有足够的用工灵活性以留住优秀的员工，则可以考虑在劳动合同中增加关于试用期的详细条款，比如试用期六个月不变，但当员工在工作满三个月之后，可以经公司考核提前转正。这样的方式，对员工既是激励，同时也是约束。

根据法律规定，试用期的工资不得低于转正后工资的80%，且不得低于当地最低工资。

3. 禁止延长试用期

可能人会有疑惑，为何单位不先签订两年的劳动合同，约定三个月的试用期，如果在试用期满后仍不能确定的，再延长三个月，这样不是更好吗？不行。主要原因在于这种做法在法律上行不通。《劳动合同法》第十九条规定，同一个人在同一个单位只能适用一次试用期，延长试用期视为用人单位与员工双方之间又签署了新的劳动合同。比如，双方签订"再延长三个月作为新的试用期"的合同，法律会认定该新合同是用人单位与员工就这三个月而单独签署了一个新的劳动合同。对于用人单位而言，不仅没有达到想要的延长试用期的目的，而且还相当于这个员工已经和单位连续两次签署了劳动合同，那么员工有权在所谓的第二个试用期期满后，直接要求和用人单位签署无固定期限的劳动合同。

（二）保密协议

1. 需要签署保密协议的员工范围

需要和用人单位签署保密协议的员工范围，可以适用《反不正当竞争法》关于商业秘密保护的规定。考虑到公司的很多技术信息和经营信息都有可能构成商业秘密，所以掌握和接触此类信息的企业高管、技术人员、销售人员以及直接管理这些信息的工作人员（通常的角色是办公室的秘书、行政文员、网管等），都属于需要签署保密协议的员工范围。

2. 保密费

对于签署保密协议的员工是否需要用人单位支付保密费，目前法律没有规定。从司法实践中看，保密协议不会因为单位不支付相关员工保密费而失去效力。

无论是技术信息还是经营信息，如果确定其为商业秘密，员工即使不签署保密协议，也要履行保密义务。但是如果创业企业支付员工保密费，不仅能对员工起到激励的作用，也能在企业为原告、员工为被告的侵犯商业秘密诉讼中带来举证责任倒置的结果，增加企业胜诉的概率。

（三）竞业限制

1. 员工的竞业限制

竞业限制依法是企业董事、监事和高级管理人员的义务。企业普通员工的竞业限制义务不是法定义务，即如果没有双方约定，用人单位的普通员工就不承担竞业限制义务。当然，用人单位可以与普通员工约定竞业限制。如果进行竞业限制约定，需要注意的就是竞业限制的期限。根据现有法律规定，约定的竞业限制期限不得超过两年，超过的部分无效。

2. 竞业限制补偿金

（1）关于竞业限制补偿金的支付数额

签订竞业限制协议，用人单位应向员工给付补偿金，否则竞业限制协议对离职员工无约束力。目前我国法律没有明确规定竞业限制补偿金的标准，但各地方对此较为统一的认识是：①竞业限制补偿金原则上不得低于当事人在该单位就职期间上一年度平均月工资的30%；②竞业限制补偿金额不得低于当地政府颁布的最低工资标准。可见，有些创业企业和所有的员工均签订竞业限制协议的做法，不仅没有必要，而且会增加成本。

（2）关于竞业限制补偿金的支付时间及方式

竞业限制补偿金通常要在竞业限制的期限内支付。这个期限是指劳动合同解除以后到竞业限制期限届满为止。因为此阶段员工不能去从事其本身擅长的工作，其收入会受到影响。实践中，有部分企业为了降低成本，在竞业限制协议中增加一条"竞业限制补偿金为员工目前薪资报酬的30%，该部分费用已经包含于员工在职期间发放的工资中"，言下之意是说，单位给员工的工资包括了未来应给付的竞业限制补偿金。该条款是否合法有效，目前的法律没能给出明确的答案，司法实践中也存在争议。从创业企业的角度来看，建议坚持实事求是的原则，毕竟规避法律的行为均应承担行为无效的法律后果。

另外，竞业限制补偿金是用人单位一次性支付还是按月支付，目前法律也没有规定，所以这两种方式创业企业都可以采取。

（四）专项培训

除了竞业限制以外，劳动合同需要双方自行约定的内容还可以包括专项培训。

1. 专项培训的形式

《劳动合同法》中所规定的专项培训，是指企业为了让员工掌握某项技术或提高员工工作能力而出资组织的有针对性的培训，所以称为专项培训，以区别于员工的上岗培训。具体是指下列情形：①委托全日制大中专院校、科研院所、培训中心、职业学校代培学生；②学历培训；③能力培训，如外语等级进修、专业技术职称（晋级）培训，以及劳动技能培训等；④出国或异地培训、进修、研修、做访问学者等。

根据《劳动合同法》，用人单位为员工提供专项培训费用，对其进行专业技术培训的，可以与该劳动者订立协议，约定服务期。

2. 专项培训的培训费

用人单位为员工专项培训所支付的费用包括各种学杂费、往返交通差旅费、住宿费和在外期间的生活补助费等，再加上培训期间其基本的工资待遇，但是一般不包括聘请讲师和添置设备的费用，也不包括公司给员工提供的"企业内训"所支出的费用。

3. 员工违反服务期约定的违约责任

员工违反服务期约定的，应当按照约定向用人单位支付违约金。违约金的数额不得超过用人单位提供的培训费用。也就是说，用人单位向提前解除劳动合同者索赔培训费，只限于分摊到具体员工的专项培训的培训费的范围。而且，用人单位不能提供支付凭证的，员工可拒绝赔偿。

（五）员工保险

1. 社会保险与商业保险

用人单位给员工购买社会保险不用劳动合同约定，因为这是法律的强制性规定。如果是购买商业保险则需要劳动合同的约定。比如说某个创业企业在运营的过程中，某块业务可能在员工的人身安全方面存在较大的隐患，如果出现人身伤害的情况，单凭工伤保险不足以弥补当事人所遭受的损害，用人单位可以为履行该职责的员工额外购买商业保险。

2. 员工要求不交社保及其应对

员工如果主动向单位提出不交社保，而把用人单位本来应用于缴纳社保的那部分金额直接作为工资发放给员工个人，用人单位不能同意。给员工缴纳社会保险是用人单位的法定义务，如果用人单位同意了员工的上述要求，则该员工获得了随时可以解除劳动合同的权利，还可以要求单位双倍支付经济补偿金。一旦该员工将单位没有为其缴纳社保的情况投诉到人力资源行政主管部门，人力资源行政主管部门不但会要求单位足额补交应缴部分，而且会进行罚款、通报等行政处罚。并且用人单位不依法缴纳员工社保，如果员工负工伤就没有工伤保险待遇，全部的工伤损害费用都须由用人单位负担，会在经济上给创业企业造成较大的压力。

三、员工的违约责任

鉴于企业员工可能对用人单位有提供虚假的个人信息、单方解除劳动合同等行为，那么，在劳动合同中是否可以有员工向用人单位承担违约责任的约定呢？根据目前《劳动合同法》的规定，用人单位与员工之间关于员工承担违约责任的约定无效。然而，在实际操作中，合同无效与是否可以约定是两个概念。作为创业企业的用人单位，约定员工未经公司同意擅自离岗、单方解除劳动合同等行为要承担相应的违约责任，在企业管理的过程中对员工可以产生实际的约束力。

另外，《劳动合同法》第九十条规定："劳动者违反本法规定解除劳动合同，或者违反劳动合同中约定的保密义务或者竞业限制，给用人单位造成损失的，应当承担赔偿责任。"以员工未经用人单位同意擅自解除合同为例，此种情况下，用人单位的直接经济损失包括招录、培训新员工所支出的费用。

四、劳动合同的解除

双方结束劳动关系，从用人单位的角度来说有开除、解聘、解雇、辞退等，从员工角度来说有请辞、辞职、离职等。解除劳动合同通常有以下几种方式。

1) 合同自然终止。有固定期限的劳动合同有到期终止约定，因此合同到期日就是劳动合同解除日。另外，如果在劳动合同履行过程中双方协商一致提前结束劳动合同，也属于正常自然的终止。劳动合同自然终止的情况下，用人单位需要向员工支付经济补偿金。

2) 员工单方面解除合同。劳动合同员工提出离职，往往会向单位提交一份离职申请单，如果单位仅仅是签批"同意其离职"，然后签字盖章，有可能会被视为双方协商一致解除合同，那么单位就要支付给员工经济补偿金。所以，稳妥的做法应该是收到员工的离职申请书之后，用人单位通过企业内部的流程或者直接书面通知员工办理离职手续的期限。

3）单位单方面解除员工劳动合同。用人单位单方面解除劳动合同，原则上需要向员工支付经济补偿金。数额按工作满一年补偿 1 个月计算，如果工作不满 6 个月，按 6 个月计算，超过 6 个月的按满一年计算。另外，用人单位如果没有按照法律规定支付补偿金，要双倍支付补偿金。

第二节　创业企业的规章制度

用人单位要单方面解除劳动合同，可以基于法律的直接规定，比如员工如果故意犯罪被定罪，用人单位就可以直接单方面解除劳动合同且不需要承担法律责任。

但现实生活中，更多的是员工的行为没达到犯罪的严重情况，但是却对单位的工作产生相当不利的影响，比如旷工等。对这样的员工及时妥善地做出处理，就要靠用人单位的规章制度。根据法律的规定，如果员工严重违反单位规章制度，单位可以单方面解除劳动合同，且不需要支付经济补偿金。

一、规章制度的主要内容

一般来说，把握企业规章制度的内容要考虑到国际惯例、政策目的与企业实践三个要素。首先，根据世界上主要市场经济国家的管理，企业规章制度的主要作用是明确劳动条件，所以有关劳动条件的规定应该是企业规章制度的主要内容。其次，根据我国劳动政策，尤其是《劳动法》的要求，企业应该完善保障劳动者履行权利和义务的规章制度。因此，企业规章制度的内容应该是对劳动者权利和义务的明确化和具体化。再次，从我国一些企业制定劳动规章的实践来看，企业规章制度的内容，除公司简介、公司信念、管理方针等一般性规定外，关于劳动条件的规定、关于劳动纪律的规定以及关于程序管理的规定是其最主要的内容。同时，企业有权根据本单位实际情况选择决定企业规章的内容，但是这些内容应以不得低于劳动法律、法规规定的最低劳动标准为基本要求，并要求企业不得以法律法规所规定的最低标准为借口降低劳动条件，规章规定应力求高于最低标准。

综上，我国企业的规章制度大致应该包括以下内容：工作时间及休息休假、工资与劳动报酬、劳动安全卫生、员工培训、社会保险和福利、劳动纪律、岗位规范、奖励与惩罚、员工招聘、劳动合同管理、劳动争议管理等。就这些内容而言，创业者在网络上搜索一下关键词"用人单位规章制度"或者"劳动用工制度"，马上就可以找到大量的模板。

二、规章制度的制定程序

相对于规章制度的内容而言，创业者需要特别注意规章制度的制定程序。比如某创业企业的《企业劳动用工制度》规定了连续两天旷工属于严重违反公司规章制度的行为，属于可以将相关员工予以开除的情形。但是，该规章制度仅仅是公司董事会通过，而没有经过职工大会或者职工代表大会审议。那么，用人单位是不能依据这个规章制度单方解除与职工的劳动合同的。原因就在于这个规章制度的制定程序违法。《劳动合同法》第四条规定："用人单位在制定、修改或者决定有关劳动报酬、工作时间、休息休假、劳动安全卫生、保险福利、职工培训、劳动纪律以及劳动定额管理等直接涉及劳动者切身利益的规章制度或者重大事项时，应当经职工代表大会或者全体职工讨论，提出方案和意见，与工会或者职工代表平等协商确定。在规章制度和重大事项决定实施过程中，工会或者职工认为不适当的，有权向用人单位提出，通过协商予以修改完善。用人单位应当将直接涉及劳动者切身利益的规章制度和重大事项决定公示，或者告知劳动者。"

制定或修订规章制度的正确程序如下。

1）讨论。单位在提出了规章制度的草案后，应将草案交给职工大会或职工代表大会讨论。就创业企业而言，如果没有职工大会或职工代表大会，就要由全体员工进行讨论。用人单位要对讨论的过程进行记录，而记录当中最关键的是参与讨论人的签到记录。原因在于，《劳动合同法》对规章制度讨论的相关规定的立法目的是保障员工的知情权，员工签到记录是用人单位完成了该法定义务证据。讨论会议结束后，用人单位必须要将相应的签到材料、会议资料和会议记录进行装订存档。

2）修订规章制度。将规章制度草案经员工进行讨论后，用人单位可以根据讨论中员工合理性建议的结果对草案进行修订。当然，用人单位具有规章制度内容的决定权，如果认为员工建议不合理，用人单位有权对草案不进行任何修订。

3）告知。规章制度正式发布后，应向全体员工公示，可以请员工阅读包含了规章制度的《员工手册》并签名，也可以组织线上、线下会议进行传达。

第三节　创业企业的特殊用工

在创业企业中，除了与单位之间存在劳动关系的劳动者，还有一些用工方式也为用人单位提供着人力资源的补充。

一、实习生

实习生通常是指在校就读期间，因为教育教学的需要到用人单位进行实践学习的大学生。

从理论上来说，用人单位帮助大学完成教学任务，因此实习期间大学还要给实习单位支付费用。但实践中，现在很多单位把实习生当成普通的员工来使用，需要明确的是，实习生与实习单位之间的法律关系是劳务合同关系，这种关系受《民法典》调整，而不是《劳动合同法》调整。

实习合同的本质是"劳务合同＋辅助教育合同"，其与基于雇佣关系的劳动合同存在较大的区别，主要体现在以下三个方面：①实习生在工作期间发生人身伤害不被认定为工伤。实习生不需要像正式员工一样缴纳工伤保险，也不享受工伤待遇。实习生在工作期间发生人身伤害的由雇主即实习单位来依法承担赔偿责任。人身损害的赔偿额明显高于工伤赔偿额，而且全部要由实习单位承担，因此建议创业企业给实习生购买短期的意外伤害保险。②实习生不享受最低工资标准的待遇。法律规定劳动者的工资不得低于当地的最低工资标准，但是法律只是规定应当给实习生适当的劳动报酬且并未规定报酬标准，用人单位通常的做法是给实习生发放部分食宿补助作为劳动报酬。③实习双方的权利义务由实习协议来确定。相比于劳动合同，实习合同更尊重当事人的意思表示，法律的强制性规定较少，因此创业企业如果要用实习生，则应当事先制作好实习协议，约定详细的权利义务，以便于维护双方的利益。

二、劳务派遣员工

劳务派遣，是指劳动者和用人单位（也称劳务派遣单位）签订劳动合同，而实际上却是为用工单位（也称接受以劳务派遣形式用工的单位）工作。用工单位采用劳务派遣方式多是为了降低用工成本、规避用工风险，以及便于用工管理。

创业企业作为用工单位，涉及的主要法律关系是用工单位与劳务派遣公司之间的商务合同关系。劳务派遣被规定在劳动法当中，主要是为了解决被派遣员工的劳动权利保护问题，核心内容是用工单位要对用人单位的劳动违法行为承担连带责任，比如用人单位不给员工交社保的，用工单位要承担连带责任。也就是说，劳动法中关于劳务派遣的相关规定，更多的是关注员工、用人单位和用工单位发生纠纷应如何去解决，关于用人单位和用工单位的权利义务，应由双方企业通过合同方式加以约定。

三、综合用工

中国实行劳动者每日工作 8 小时，每周工作 40 小时这一标准工时制。有条件的企业应实行标准工时制。有些企业因工作性质和生产特点不能实行标准工时制，应保证劳动者每天工作不超过 8 小时、每周工作不超过 40 小时、每周至少休息一天。然而，许多创业企业的产品服务需要 24×7 全天候在线，于是上下班时间和加班加点及劳动报酬的计算就可能会出现问题，综合用工制则可以解决相应的问题。

综合用工制是指企业因生产需要并经劳动保障行政部门批准的非标准工时制度。对于实行综合工时制的员工，用人单位应当根据标准工时制合理确定员工的劳动定额或其他考核标准，以便员工安排休息。其工资由企业按照本单位的工资制度和工资分配办法，分别以月、季、年等为周期，综合计算工作时间，但其日平均工作时间和周平均工作时间应与法定标准工作时间基本相同。具体而言，在综合计算周期内，某一具体日（或周）的实际工作时间可以超过 8 小时（或 40 小时），但平均每周工作时间不超过 44 小时。同时，综合计算周期内的总实际工作时间不应超过总法定标准工作时间，超过部分应视为延长工作时间并按劳动法的相关规定支付报酬，其中法定休假日安排劳动者工作的，按劳动法的规定支付报酬。而且，延长工作时间的小时数与标准工时制相一致，即平均每月延长工作时间不得超过 36 小时。也就是说，如果在整个综合计算周期内的实际平均工作时间总数不超过该周期法定标准工作时间总数，只是该综合计算周期内的某一具体日（或周、月、季）超过法定标准工作时间，其未超过部分不应视为延长工作时间。并且，应根据劳动者的实际工作时间和完成劳动定额情况计发。对于符合带薪年休假条件的员工，用人单位要安排其享受带薪年休假。

四、非全日制用工

《劳动合同法》第六十八条规定："非全日制用工，是指以小时计酬为主，劳动者在同一用人单位一般平均每日工作时间不超过四小时，每周工作时间累计不超过二十四小时的用工形式。"非全日制用工是随着市场经济的就业形式多样化而发展起来的用工形式。与全日制用工相比，非全日制用工更为便捷、灵活，有利于用人单位灵活用工。

非全日制用工也是正常用工制度的补充。企业应根据法律规定，在保障职工身体健康并充分听取职工意见的基础上，采用集中工作、集中休息、轮休调休、弹性工作时间等适当方式，确保职工的休息休假权利和生产、工作任务的完成。就创业企业而言，需要适时地保存与非全日制用工人员的沟通或工作记录，以便于双方就结算或成果归属问题进行确定。

【练习与思考】

1. 在哪些情况之下企业不得单方面解除劳动合同？
2. 关于劳务派遣工只能用于临时、非专业性岗位的法律规定，你是如何理解的？

第九章

创业者的家庭关系

【学习目标】

1. 了解家庭关系的各种具体类型。
2. 能说出家庭关系的状况对创业企业的具体影响。
3. 知道健全的财务制度在规避家庭关系给企业带来的风险中的重要作用。

回顾我国创业企业的发展历程，不少企业曾出现过"窝里斗"的情形，这使我们不得不思考并重视家庭关系在创业者创业过程中的重要作用。家庭关系也称家庭人际关系，它表现为不同家庭成员之间的联系和互助，是家庭成员之间的纽带，主要包括婚姻关系、父母子女关系、兄弟姐妹关系和姻亲关系等。

第一节　家庭关系对创业企业的影响

由夫妻、兄弟等相互间具有家庭关系的人员组成的创业团队简单、灵活、机动性强，治理成本较低，有其独特的竞争优势。家庭成员之间分工协作、勠力同心，确实可以推动企业快速发展。但与此同时，家庭关系对于创业企业而言同样蕴藏着巨大的风险，家庭关系一旦恶化将很有可能导致企业分崩离析，给企业带来致命性打击。因此，应运用辩证思维从正反两方面看待家庭关系对创业企业的影响。

一、家庭关系对创业企业的正面影响

（一）助力企业快速成长，提升企业绩效

创业初期，各家庭成员同心协力、不计得失，一心将企业做大做强，此时，家庭成员之间的精诚合作可以为企业迅速凝聚各项资源。创业企业利用来自家

庭成员各自家族的资本、专业知识、信息、社会关系等多项优质资源而取得快速成长。

家族成员之间风雨同舟、荣辱与共，每个人都将维护企业形象、提升企业价值视为自己义不容辞的责任，这有助于打造更高效、稳定的管理团队。此外，每一位家庭成员均对企业怀有深厚的归属感和主人翁意识，因而在具体事务管理以及关乎企业未来的重大事项决策方面能够审慎思考，一切以企业发展作为决策的出发点，从而有利于提升企业绩效。

（二）降低代理成本

委托代理关系起源于"专业化"的存在。企业所有者由于缺乏相关管理经验或精力，一般会委托代理人进行经营管理。在这种情况下，企业所有权与经营权两权分离，代理人和委托人利益不完全一致，在委托人处于信息劣势又不能及时监督代理人的情况下，代理人可能会为了自身利益而做出有损企业和股东的行为，此时则产生了委托代理问题。但对于家庭关系深嵌的企业，其实际控制人与管理者一般都是家庭成员，这种共同治理、风险共担、两权合一的治理模式可以很好地消除利益冲突和信息不对称等问题，从而有助于降低企业的代理成本。

（三）增强企业凝聚力

从企业文化的角度来看，良好、和谐的家庭关系注重仁义礼智信、长幼有序、以和为贵，这样的关系反映到企业文化中则凸显出家文化的凝聚力。这种凝聚力可以使创业企业形成强大的向心力和统一的价值观，从而降低企业内部的交易成本。

二、家庭关系对创业企业的负面影响

（一）阻碍企业长远发展

1. 体制固化，战略保守

市场环境风云变幻，企业需要因时而动，不断创新，灵活调整经营战略。家族企业的创始人往往对初始创业项目怀有特殊感情，在战略调整方面比较保守，不愿意对企业进行产品、管理、技术乃至发展方向上的变革，这很有可能导致企业错失发展良机，走向衰落。

另外，随着企业的发展，家族企业可能会向现代企业转型，雇用专业管理者进行管理，但是家族企业往往对内部人士较为信任，而对外来管理者存在一定的信任危机，致使部分外聘经理人处于较为尴尬的境地。当企业利益遭受损失时，企业主首先对经理人失去信任，这也就造成了经理人缺少归属感以及忠诚度。而且在我国，职业经理人发展体系还不是很完善，家族企业往往通过熟人或家人引荐等方式寻找经理人，这在一定程度上使得经理人的职业道德以及管理水准难以得到保障。因此，较为固化的"家长式"制度使得企业很难彻底摆脱家族企业的限制，导致企业很难形成较为专业、规范的委托代理关系，最终阻碍企业的长远发展。

2. 阻碍企业扩张与上市

创业企业内部家庭关系出现危机很有可能导致企业停滞不前，进而影响企业的扩张与上市进程。创业企业内部家庭关系不睦，会影响企业的经营和管理，直接影响企业的发展壮大，另外，根据国内和国际通行要求，公司首次发行股票时发行人的主要资产不得存在重大权属纠纷。所以，家庭关系危机无疑会给企业的前进带来巨大风险。

3. 造成外部人才障碍

面对激烈的市场经济竞争，企业要想实现长远健康发展离不开大量专业管理及技术人才，因此，企业需要广纳贤士并使其进入核心管理层，为未来发展做好人才储备。但是家庭关系的存在可能导致企业内部衍生出裙带关系，核心职位被家庭成员把控，一定程度上出现"排外"或"力量牵制"的情形，这就有可能给企业的人员配置造成阻碍，使得企业很难吸引到优秀人才，限制企业的发展。同时，在企业管理过程中，管理者可能会因为奉行"家文化"的管理模式，重视人情、任人唯亲，从而忽略了现代企业员工治理。最终，企业看似和谐融洽，实则外强中干，危机四伏。

4. 面临传承困境

家族企业是指以血缘关系为纽带，以追求家族利益为目标，以实际控制为手段，以企业为组织形式的经济组织，其规模可以小至夫妻小店，大到由两三代家族成员组成的商业帝国。我国改革开放 40 多年来，一大批优秀的家族企业在激烈的国际竞争中成长起来。如今，第一代创业者基本已达到退休年龄，但是很多家族企业在发展过程中没有实现现代企业的顺利转型或没有制订传承计划，再加之很多继承人"志不在此"或缺乏相关知识与经验导致家族企业往往面临着传承危机。

（二）控制权争夺，损害公司利益

当家庭关系过多地参与到企业的运营管理中时，随着企业不断发展壮大，各家庭成员受利益驱使很可能形成利益集团，各自为战，甚至演变成家族的权力争斗。此类因私人利益所引发的控制权争夺战将会严重降低企业的管理效率，使得企业成员从共同努力创造财富变成选边站队，不断内耗，可谓"成也萧何，败也萧何"。

（三）增加融资困难

1. 难以获得风险投资、私募股权投资

风险投资和私募股权投资都是重要的股权投资方式，可以为中高速发展企业以及即将上市的成熟企业提供重要的资金支持。股权投资机构主要从三个方面选择投资对象：①行业和上市公司基因；②公司治理结构；③管理。如果发展中公司或拟上市公司高管因家庭、婚姻问题，导致企业存在重大资产权属纠纷，将使企业无法上市，投资公司也将无法获益，这无异于极大地增加了投资公司的风险。因此，投资机构往往会把创业企业创始人的家庭关系考虑在内，以规避因公司治理结构不健全带来的风险，比如要求创始人签订婚前协议、做出继承安排等。虽然涉及人身性质的婚姻不能通过协议予以限制，但是这也从侧面反映了嵌有家庭关系的创业企业往往面临着较大的融资困难。

2. 难以取得银行贷款

对于以家庭关系作为纽带的中小型家族企业来说，在取得银行贷款时实践中存在困难。一是金融机构对该类企业信任度低，而我国的担保体系、信用信息征集及评价体系不健全，担保机构较少，小型家族企业很难找到担保机构为其提供担保；二是银行对企业的借贷融资具有严格的筛选标准，只有在规模、会计核算等方面具有较高资质的企业，才较为容易获得银行贷款。总之，小型家族企业在初创阶段规模小、会计制度不完善、财务预算控制不健全、公司治理不够规范、信用等级较低，一般很难获得银行的资金支持。因此，该类企业扩大规模比较困难，有时甚至会出现资金链断裂的情况。

（四）损害员工、股东利益

企业内部，若处于家庭关系中的一方意图壮大己方利益团体而排挤他方信任或招募的员工，员工很有可能成为家族争斗的牺牲品，其相应权利很难得到保障。同时，创业者内部的家庭关系很有可能造成企业双重领导，即员工不清楚应该听命于哪位上司，因此，家族企业员工的心理压力明显要比非家族企业的员工大。

此外，家庭关系的纠纷、家庭成员间的利益争夺一旦将企业置于危难境地，股东的利益势必受到牵连，投资者的财产很有可能有去无回。

第二节　规避家庭关系给企业带来的风险

家庭关系对于企业来说有利有弊，既可能成为企业迅速发展壮大的强大动力，

也可能导致企业内部分裂，走向分崩离析。本节主要探讨如何规避家庭关系可能给企业带来的风险，以发挥家庭关系的良性作用。

一、健全企业的财务制度

从前文分析可知，家族企业融资难、获得银行信用贷款难的原因主要有两点：①缺少能够提供信用担保的机构；②公司会计核算体制不健全，经营风险较大。政府对构建完善的担保机构体系发挥着重要作用，应当尽快出台相应政策，引导及推动担保机构，尤其是能够为中小型家族企业提供贷款担保的机构的建立；与此同时，政府应制定相关优惠政策，扶持担保机构的发展，以降低银行贷款的风险，为更多运行良好的中小型家族企业提供更多的资金支持，使市场经济更加具有活力。此外，创业企业应当对自身会计核算体系进行完善，按照相关要求规范构建完善的预算核算制度体系，使企业财务得以良好运行，以达到获取银行贷款的条件。

二、信赖统一透明的经理人市场

在中小型家族企业经营过程中，企业主和职业经理人往往会产生诸多矛盾，这也是此类企业存在的发展困境之一。解决该困境，应当从建立信任机制、健全激励机制、完善管理机制等多方面入手。首先，家族企业应当建立互信互惠的企业文化，逐步改变经营理念，将职业经理人视为平等的合作伙伴，对经理人给予更多的信任。其次，企业应当建立完善的激励机制，把物质激励与精神奖励相结合，使企业主和经理人两者利益趋于统一，从而为企业的发展奠定基础。最后，社会应当搭建职业经理人管理平台，公开职业经理人部分信息，以督促职业经理人提高职业操守，并采用市场化竞争上岗的方式提高经理人的竞争能力。

三、制订并执行企业传承的方案

中小型家族企业应当在创业发展较为稳定的时期就开始着手制订继承或者传承方案，根据企业的发展需要及后续规划来选定、培养合格的继任者，使企业实现可持续经营。

企业应当立足于企业发展目标、途径等实际情况，明确继任者标准，从而确定继任者人选。在此基础上，企业通过合法内部会议，初步确定继任者人选，之后引导继任者较早地了解企业发展情况以及自己所需具备的能力。此后，企业应当开始对继任者进行培养锻炼，使其提前了解适应企业，熟悉岗位需求，以便未来较快地融入到自身角色中。最后，当继任者已经基本具备所需资质时，企业应当进行管理权的交接，在创立者的指导下，完成企业传承，实现家族企业的可持续经营。

【练习与思考】

1. 检索并阅读家族企业成功与失败的典型案例，从中体会家庭成员关系对企业发展的具体影响。

2. 寻找互联网企业发展的案例，并回答：为什么夫妻离婚可能导致企业上市失败？

第十章

纠纷的法律解决

【学习目标】

1. 了解企业发生法律纠纷的风险点。
2. 知道企业获取法律服务的基本方式。
3. 能说出解决企业法律纠纷的具体方式。

由于前期准备不当、没有对潜在法律风险进行识别与预防等，一旦创业企业或创业者涉入法律纠纷，诉讼就可能成为创业者之累。因此，创业者应当正确认识纠纷对企业的负面影响，做好对法律风险的评估与计算，善用企业法律服务，以最大限度规避创业路上的法律风险，确保企业在面临纠纷时可以调用恰当救济途径顺利化解矛盾，转危为安。

第一节 法律纠纷对企业的影响

对于一个初创企业来讲，在与其他各方面均稳定成熟的公司进行商务谈判时，必然处于相对弱势的地位，而对方往往会抓住这一点，将创业企业的弱势无限放大，避免对合同条款进行深究，而围绕创业企业的长远发展陈述利弊，再以发起诉讼相威胁，最终促使创业企业答应大部分条件，丧失谈判的主动性。这是因为，一般情况下，中小型企业，尤其是创业型企业，大多不愿意主动发起或陷入任何诉讼程序。除了传统意义上对诉讼所耗费的时间、人力、财力、机会成本等因素的考虑，企业现在又不得不面临一项新的诉讼成本，那就是全面推行的裁判文书上网公示对企业信用、商誉等无形价值所带来的影响。

一、创业企业易涉法律纠纷的类型

法律纠纷，是指创业者在经营和管理活动中，因权利和义务履行而产生的难以协商处理，需经诉讼、仲裁、调解、诉讼外和解等方式解决的分歧和争执，包括诉讼和非诉讼案件。法律纠纷的范围包括但不限于已发生和可能发生的行政纠纷、商事纠纷、劳动纠纷等案件。

（一）行政纠纷——创业实体与行政管理机关

行政纠纷是以实施具体行政行为的国家行政机关为一方，以作为该具体行政行为相对人的公民、法人或者其他组织为另一方，针对行政机关实施的具体行政行为是否合法而引起的纠纷。创业企业缺乏相应的法律知识很容易使自身涉入行政纠纷之中。

（二）商事纠纷——创业实体与其他平等商事主体

商事纠纷主要包括合同纠纷和侵权纠纷。

1. 合同纠纷

合同纠纷是指创业实体在从事商事行为中，因合同的签订、履行、变更、解除和终止与对方当事人发生的分歧与冲突。

创业经营必然涉及市场主体间的各种交易行为，无论是从合同的订立到合同的履行，还是违约责任的承担，都与《民法典》密切相关。创业者要有一定的法律知识储备，以法律知识指导自己的经营行为，以防范相关法律风险。

2. 侵权纠纷

侵权纠纷是指因侵害他人的合法民事权益所发生的纠纷。与创业相关的常见侵权纠纷事由包括商标、专利、著作权、计算机知识产权、生物知识产权、网络知识产权、商业秘密、不正当竞争等。

（三）劳动纠纷——创业实体与员工

劳动纠纷是指员工与用人单位之间的权利与义务的不同主张冲突，主要包括劳动时间、休息休假、劳动报酬、劳动条件、社会保险和福利等。创业企业要注意，企业需与有劳动关系的人员均签署劳动合同，包括联合创始人。如若在工作满一个月未签书面劳动合同，那么用人单位就需要支付双倍工资。

二、法律纠纷对企业的负面影响

裁判文书上网以及各类商查机构的服务初衷是让企业信息透明化，帮助用户快速了解公司的基本经营状况以及一些变更提示，降低合作风险。但从企业的角度来说,这样一来,案件不论输赢都可能会对涉案企业产生或多或少的负面影响,包括以下几种可能的情况。

(一)一方胜诉的原因可能并非完全由于对方当事人的过错

人民法院做出判决的依据多种多样,以常见的合同纠纷来讲,实际违约的一方仍然有可能获得胜诉,这可能是由于另一方诉讼策略不对、提错了请求,也可能是因为另一方举证不力,甚至有可能是对方代理人工作失误忘了开庭时间。在法律专业人士甚至某些普通公众看来,这当然无可厚非,但是,在客户或者潜在合作伙伴看来,可能就会产生排斥心理。因此,对于创业企业来说,即使诉讼案件胜诉,也可能会暴露自己在与其他企业合作中出现过的问题,比如延期付款、货物或服务质量存在瑕疵等,从而引起客户或者潜在合作伙伴的警惕。

(二)诉讼案件过多,容易引发潜在客户或合作方的担忧

无论是胜诉还是败诉,如果一家公司在裁判文书网上留下的案件数量过多,难免会给人留下"好讼"的印象,尤其是在该公司的大多数案件均为主动发起的情况下。如果大多数案件都是作为被告应诉,情况则可能更加糟糕,毕竟没有人会无端发起一场诉讼,而被动陷入大量诉讼,可能会让人觉得该公司诚信失格,或是经营出现了重大困难。

(三)劳动争议案件对人才吸引的影响

虽然很多劳动争议是通过仲裁程序解决的,但是在实践中,仍有较大比例的劳动争议案件会被诉至法院,从而存在被公开的可能性,而此类案件若是数量庞大,则很可能会降低该公司在社会以及员工心目中的评价,从而降低对优秀人才的吸引力。

(四)重大诉讼案件对企业征信的影响

近年来,我国征信业方兴未艾,各种征信查询工具不断涌现,将个人、企业有关的方方面面信息集成到了一起,这当然包括对重大诉讼案件情况的搜集。中国人民银行《征信业务管理办法》第三条规定:"本办法所称信用信息,是指依法采集,为金融等活动提供服务,用于识别判断企业和个人信用状况的基本信息、借贷信息、其他相关信息,以及基于前述信息形成的分析评价信息。"仅就人民银行的征信系统而言,就已经将涉诉败诉信息纳入征信评价体系。

从目前的趋势来看,随着各类公示、统计和分析工具的不断发展,涉诉案件将更快、更准确地被反映到企业的征信情况中。随着涉诉案件的增多,即使大部

分都胜诉了，也可能引起有关方对企业信用的担忧，从而对企业融资、评级等产生不良影响。

（五）商业秘密的泄露

《中华人民共和国民事诉讼法》（简称《民事诉讼法》）规定，如果案件涉及商业秘密，当事人可以申请不公开审理。当事人还可以根据《最高人民法院关于人民法院在互联网公布裁判文书的规定》第四条的规定，申请删除在裁判文书网公开的裁判文书中跟商业秘密有关的内容。但是，是否属于商业秘密，并不是由当事人判断，而是由人民法院来裁量。从这个角度来讲，不论胜诉败诉，商业秘密都可能泄露。而对于中小企业，尤其是创业型企业来说，一个较为隐蔽的进货渠道或者一种比较独特的商业模式，可能就是关系企业存续的关键信息。如此，在涉及商业秘密的争议中，是否有必要进行诉讼，就成了一个必须要慎之又慎的问题。

总而言之，在一般情形下，通过诉讼这一方式来解决争议，之于中小型企业，尤其是创业型企业，确实难以称得上是上佳的选择，更多的可能是一种讼累，但缘于商业交易与市场的复杂，争议也好，诉讼也罢，都无法完全避免。如何尽量防止争议的产生，如何在涉诉的情况下最大限度地维护己方合法权益，是每一个创业者都不得不思考的问题，也是广大法律人在为创业型企业提供法律服务时势必要提示创业者的问题。

第二节　获取法律服务

当前社会深刻变革，市场经济深入发展，在这样的外部环境下，企业的发展将会面临法律环境、市场竞争、政府政策等方面的各种风险，尤其是随着经济的全球化，外部不稳定因素更为多样。法律风险是企业各种风险爆发的一个主要"导火索"，如果企业不能善于运用各种法律服务，有效识别与防范风险，将会遭受严重的损失，甚至是破产、倒闭。因此，创业企业需要在了解法律服务获取途径的基础上，学会甄选创业律师与法律顾问，构建法律风险防范体系，借助法律手段来化解和防范各种经营风险，提升自身的竞争力，实现稳定的发展。

一、获取法律服务的必要性

（一）企业难凭一己之力对抗法律风险

创业企业对法律风险的识别与评估手段有限，难以正确甄别企业法律风险并及时做出应对措施。所谓企业法律风险，就是从企业自身或者外部因素产生，会对企业各项合法权益造成伤害的各种可能性。一旦企业法律风险爆发，企业多数情况下就要受到法律的制裁，需要承担影响的行政或民事责任，甚至是刑事责任，只有在极个别情况下不会受到法律追究，但是各种纠纷也会不利于企业的正常生产经营，需要耗费各种资源去协调解决，而且会对企业的声誉等造成非常不良的影响。法律风险的成因包括法律环境的不完善性、法律的不确定性、违法行为、自甘冒险行为，以及法律监控活动的不规范性等。企业法律风险从其本质上看，具有如下特征。

1. 不确定性

任何风险都具有不确定性的本质特征，企业法律风险也不例外。企业法律风险的产生是偶然的，产生的后果是不确定的，并不是说就一定会造成实际损失，只有在符合一定的条件下才能把风险转化为损失。例如，法律纠纷当事人双方中，其中一方存在违法事实，另一方属于正当地依法维权；即使一方当事人确实没有违法行为，但另一方却认为对方侵害了自身的合法权益，从而出现了法律纠纷；等等。

2. 客观性

风险是建立在人类活动基础上的，而法律是维护人类正常秩序的客观实在的行为准则，因而人类活动与法律这两方面的客观实在性就决定了法律风险也是客观的。企业法律风险并不是凭空杜撰的，而是由很多客观条件影响并决定的，能够根据一定的科学方法进行估测。它是客观存在的，主要表现为以下两个方面：一方面，法律主体没有实现目标而造成的成本损失是客观的；另一方面，人身财产损失和需要承担的法律责任也是客观的。

3. 危害性

一旦法律风险变成现实，就会出现各种危害性后果，比如行为目的没有实现、人身财产受到损害或是需要依法承担法律责任等。法律风险的危害不仅包括物质损失，还有无形财产损失，如名誉权遭受损害、企业形象受损、市场占有率下降、资源难以获取等。

4. 可防控性

企业法律风险虽然说是客观存在的，但大多数还是具有可防控性特征的。如果对行为人双方进行深入研究，就能对风险引发的可能性进行预测，进而通过提前纠正非法行为而有效地规避和防范风险，这也是法律服务为企业保驾护航的意义。

（二）律师能为创业者提供专业服务

1. 提供创业企业模式的选择规划

（1）创业企业的模式设计

首先，律师可以帮助创业企业进行运作模式设计。例如，创业者采用哪种企业形式进行创业，是采用公司形式还是合伙企业形式；创业者采用哪种方式引入投资者，是股权融资还是债权融资，这将决定创业者和投资人之间的法律关系是股东关系还是借贷关系；创业者具体接受哪种货币的投资，人民币、美元还是欧元，它决定了公司的架构采用内资模式还是外资模式，或者是可变利益实体（variable interest entity，VIE）模式；企业具体接受多少投资，出让多少股份，它决定了公司的股权比例和出让股权的价格，股权比例将决定公司的话语权，即创业企业今后经营管理的决策权，可以避免企业内部控制权之争。其次，具体投资合同的起草、修改和审核也是非常关键的，通过专业律师的把关，可以避免发生"一字之差，损失百万"，甚至创业者最终被赶出企业而他人坐享渔翁之利的惨痛后果。

（2）企业内部股权结构设计

律师可以帮助创业者制订股权激励计划、期权计划。现代企业经营管理理论和国内外企业发展的实践证明，股权激励对改善公司组织架构、降低管理成本、提升管理效率、增强公司凝聚力和核心竞争力都起到积极的作用。股权激励的具体内容一般包括股票期权、员工持股计划和管理层分红等形式。

2. 拟定公司章程、制度和各类法律文件

首先，设立公司必须制定公司章程。公司章程是公司的基本法律文件，包括股东的出资方式、比例、金额缴纳期限，非货币出资的评估作价，公司的利润分配、亏损分担，公司的经营范围和期限，公司的解散条件，公司组织机构如股东会、董事会、监事会的组成、权限、议事方式等，公司事务的决策、执行，股东的入股、转让和退股规则，争议解决办法等。其次，根据《民法典》"合同编"起草公司经营过程中必备的各类基本合同，如采购合同、加工合同、租赁合同、销售合同等。最后，拟定劳动合同、公司手册等公司各类规章制度。鉴于前文专论，在此不再赘述。

3. 确保合法性，预防法律风险

（1）确保公司经营行为的合法性

律师通过对各类合同的起草、签订、履行和争议解决等全程法律服务，尤其通过对合同的审核来预防和控制法律风险，其工作重点就是保证公司行为的合法性、合规性。创业企业和大企业合作一般会使用对方的合同文本，俗称格式合同，且修改空间有限，许多合同条款十分苛刻，律师可以帮助创业企业找出合同的主要风险点，提出修改建议，供创业者决策参考。

（2）提供必要的尽职调查

对于首次合作的他方，包括但不限于供应商、销售商等，需要进行适当的尽职调查。律师通过尽职调查帮助创业者尽可能及时地获取有关签约他方的真实信息，尽职调查其实就是风险管理。

合同履行中经常会有许多不确定的因素，双方可能会对合同进行变更，一方可能会违约，也许因不可抗力而导致合同不能履行等等。因此，律师可以及时建议采取有效措施，避免企业在合同履行中遭受不必要的损失。

4. 提供知识产权保护服务

律师可以帮助创业企业建立知识产权保护制度，规范知识产权的申请、归属、使用、许可、转让和保护等行为。例如，设立防火墙，约定职务发明的归属；设立奖励制度，鼓励员工发明创造，依法保护企业合法权益。

律师还可以提供申请商标、著作权、专利的具体建议，可以让创业企业在有限成本下获得最大限度的知识产权保护。

商业秘密与其他知识产权相比保护期限可以是无期限、保护措施更加复杂。因此，在律师的协助下制定与知识产权保护相结合的商业秘密的保密条款显得很有必要。

5. 担任企业投融资顾问

创业企业以融资为主，时机成熟时也会进行一定的对外投资。律师通过针对性的尽职调查，协助创业企业设计和制订方案，包括但不限于投资意愿及投资方向、投资标准、投资方式、投资额度、遴选要求、执行要求等详细的各项有关文件、资料、报告；协助创业者进行投资项目的可行性调查、分析、研究，并与项目有关的政府机关、金融机构、合作者等进行投资行为的具体工作，以达到协助委托方执行投资、预防和控制风险的目的。

6. 建立债权债务管理体系

创业企业要加强对赊销及其账款的管理和控制，如不重视最后形成死账而无法收回，将造成重大经济损失。所以企业自身要建立账款回收制度以及逾期款项催收制度，律师可以结合对合同的审查和履行的规范来帮助创业企业规避风险，对遇到有逾期情况的客户要主动了解其经营状况和资产情况，摸清其资产范围、性质和权属，一旦发生诉讼，律师也可以帮助创业企业直接进行保全，防止损失的扩大。

二、聘请法律顾问

随着我国经济的快速发展和各项法律法规的日益完备，企业在经营、管理活动中涉及法律的事务越来越多，企业法律事务工作日显重要。企业法律顾问工作也随之迅速开展起来。

企业获取法律服务的主要方式是聘请法律顾问。法律顾问应由律师等法律服务人员应聘担任。聘请法律顾问的基本程序包括选定对象、协商并签订聘任合同、缴纳聘金、下达聘书等。

（一）企业法律顾问制度的概念

企业法律顾问制度是指企业内部通过设置法律顾问机构或者配备专职法律工作人员处理本企业法律事务的一整套制度。企业配备的具有执业资格专门从事法律顾问工作的人员就是企业法律顾问，企业法律顾问是企业"内部法律工作者"。企业法律顾问制度是市场经济条件下促进企业依法经营管理，有效参与市场竞争和维护自身合法权益的一项重要管理制度，是现代企业制度的有机组成部分，也是维护市场经济秩序的一项基本保障措施。

（二）建立企业法律顾问制度的必要性

1. 企业参与市场竞争的需要

市场经济是法治经济。随着社会主义市场经济的发展和完善，企业对外经济联系日趋广泛。在激烈的竞争中，建立和完善现代企业法律顾问制度，增强企业的法治观念，实行科学决策，推动依法治企，强化内部管理，运用法律手段，化解经营风险，是企业法治化的重要内容。

2. 企业自身经营管理的需要

企业经营、管理的整个过程，从宏观上看，也可以理解为各种经济合同的谈判、签订、履行、解决纠纷的过程。企业的经营目标主要依赖各个经济合同的正常、实际履行来实现。而各个经济合同的谈判、签订、履行和纠纷的处理，均必须符合国家的法律法规。这就需要企业建立企业法律顾问制度，使之成为企业制度的组成部分，配备主要从事企业管理的内部法律服务的企业法律顾问，使之参与企业生产经营活动的全过程。

（三）企业法律顾问工作的特点

企业作为国家法律规范的对象，其法律顾问工作必然有着不同于国家司法机关的自身的特点。

1）企业法律顾问工作的内容主要体现在以下三个方面：一是企业领导重大决策过程中的法律顾问。包括企业的设立，投资项目的选择、谈判，重大经济合同的签订，企业的改制、上市，企业重大问题、突发问题的处理等。主要涉及企业法、投资法、公司法、合同法、金融法等内容。二是企业经营、管理过程中的法律顾问。企业规章制度的制定、劳动人事的管理、经济合同的管理、金融税收的处理等等，均不同程度地涉及相关的法律问题。三是解决各种经济、民事纠纷过程中的法律顾问。除经济、民事纠纷涉及的有关经济、民事法律问题外，还有关于仲裁、诉讼、执行等程序性法律问题。

2）企业法律顾问工作不享有任何的执法权力，而是着重知法守法，防止发生法律冲突，依法维护企业的合法权益。

3）企业法律顾问工作以预防为主，以避免发生法律纠纷为目标，其次才是依法解决、处理已发生的法律纠纷。

（四）企业法律顾问在企业中的作用

1. 预防功能

通过为企业领导进行重大决策提供法律意见，就企业经营、管理活动中有关法律问题提供法律意见，参与、协助企业领导和职工的有关工作，起草、审查企业的经济合同和有关法律事务文书，解答企业职工的法律咨询等，使企业依法进行各项经营、管理活动，防止出现违法行为和各种法律漏洞，预防企业发生法律纠纷，避免企业经济损失。

2. 挽救功能

在企业发生法律纠纷或企业合法权益受到侵害时，通过代理企业进行协商、调解、仲裁、诉讼等活动，依法维护企业的合法权益，避免或挽回企业的经济损失。

3. 宣传教育功能

在处理企业法律相关问题的同时，通过与企业职工的广泛接触和解答咨询等，宣传有关法律常识，提高企业职工的法律意识，使企业职工能够自觉地遵守和维护法律，并结合自己的实际工作运用法律武器维护企业的合法权益。

随着我国经济的进一步发展和法律的日益完善，企业与法律的关系也将日益密切。大量的事实说明，企业的法律事务工作做得越好，企业经营、管理人员和职工的法律意识越高，企业越有可能正常、健康地发展，越可以避免许多法律纠纷和经济损失。相反，企业越忽视法律事务工作，企业经营、管理人员的法律意识越低下，企业的法律纠纷越多，经济损失越大，甚至还会陷入一些不法之徒所

设下的法律陷阱。因此，在建立现代企业制度的过程中，建立企业法律顾问制度
是其中的一个重要组成部分。

第三节　法律纠纷的解决方式

如何快速有效地化解纠纷，排除对企业生产经营的不利影响，对维护企业利
益至关重要。目前企业普遍采用的纠纷解决方式有协商、调解、仲裁与诉讼。

一、协商

协商是指争议双方当事人以口头或书面的方式直接交涉以解决争议的一种方
式。协商的特点是双方当事人之间的交涉可不拘形式和程序，也不必求助于第三
者。协商解决争议的优势如下。

（一）协商可快速解决争议

任何一方当事人发现双方之间存在任何争议，都可立即向对方提出通过协商
来解决争议的意愿。只要双方有解决争议的诚意，不损害第三方利益，不违反法
律法规强制性规定，在互谅互让的基础上达成谅解或和解是完全可能的。

（二）成本低

之所以使用协商解决债务纠纷的方式较为普遍，一个重要的原因就是成本少。
因为双方只需要坐下来对其争执进行谈判协商，拿出处理意见，而不需要采用诉
讼或者其他方式，从而减少了成本。

（三）协商可有效保守当事人之间的商业秘密

由于没有第三者的参与，协商的双方可就他们之间的任何涉及商业秘密的争
议进行谈判。如果谈判成功，当事人之间的争议会在秘密的情况下解决，这符合
当事人的利益。

（四）协商有助于维护当事人之间的友好合作关系

协商的基础是双方当事人自愿寻求妥善办法来消除争议，它会促进一方当事
人了解和理解对方的意见和主张，同时认识到自身的问题和地位。成功的协商通
常会使双方当事人加强了解、增进友谊，促进合作。

协商是解决争议的方法之一，但不是解决争议的唯一方法。如果一方拒不与
对方合作，对协商要求置之不理；对拒不协商的一方又不可能有什么制裁措施时，

当事人可按照具体情况和双方的约定，采取调解、仲裁或诉讼的方式解决争议。由于协商具有很大的随意性，即使在调解、仲裁或诉讼中，当事人如果有协商的愿望，也可继续协商。

二、调解

调解是指双方当事人自愿将争议提交给第三者，在查清事实的基础上分清是非和责任，以促进当事人和解的一种解决争议的方式。调解的优越性如下。

（一）调解员的专业技术增加了解决争议的可能性

调解员可利用专业知识和技能说服当事人互谅互让，尽可能地消除当事人之间的抵触情结，从而增加和解的可能性。调解书对当事人有约束力。当事人通过调解达成和解后会在一定程度上解决他们之间的争议，另外，当事人在签订和解协议之后拒不履行的，应承担相应的法律责任。

（二）调解可与诉讼、仲裁结合起来，简化解决争议的程序

调解是在双方都自愿的前提下进行的，因此不会损害当事人以往的友好关系。目前，中国的调解制度可分为人民调解、行政调解、法院调解的调解和仲裁机构的调解。在把调解作为争议解决的一种独立方式来讨论时，是把法院调解和仲裁机构的调解排除在外的。

三、仲裁

仲裁是指争议双方在纠纷发生前或纠纷发生后达成协议，自愿将纠纷交给仲裁机构进行审理并做出对各方当事人均具有约束力的裁决，从而解决争议的一种方法。作为企业经济纠纷解决途径的仲裁指的是民商事仲裁。民商事仲裁的重要原则是当事人意思自治，即各方当事人通过签订合同中的仲裁条款或事后达成的仲裁协议，可自行约定选择仲裁事项、仲裁地点、仲裁机构等。

（一）仲裁的特点

仲裁与法院对民事案件的裁判在性质上截然不同。仲裁机构不是国家设立的司法机关或行政机关，而是社会组织。国家承认仲裁裁决具有与法院判决类似的效力，但仍保留对仲裁的监督权。当事人之间没有仲裁事项或协议或者仲裁程序违法时，当事人可向法院申请不予执行或者撤销仲裁裁决。同时，法院在接受当事人对仲裁裁决的执行申请时，可对仲裁裁决的合法性进行监督。

仲裁只涉及当事人可处分的权利，只适用于部分民事争议，依法应当由行政

机关处理的行政争议不能仲裁，婚姻、收养、监护、扶养、继承纠纷不能仲裁。

仲裁必须当事人自愿。当事人自愿决定采用仲裁方式解决哪些争议事项，自愿决定具体的仲裁机构。

仲裁实行"一裁终局"。仲裁裁决是终局裁决，具有法律效力。只有通过法律程序才可对不适当的仲裁裁决予以纠正。

（二）仲裁的程序

1. 提出仲裁申请和组成仲裁庭

提出仲裁申请才能启动仲裁程序。由于各仲裁委员会的规则不尽相同，创业者在启动仲裁程序前，应了解争议所约定的仲裁委员会的仲裁规则，尤其是关于仲裁庭如何组成的规定。各仲裁委员会的仲裁规则通常均规定，仲裁申请人和被申请人各自在仲裁委员会仲裁员名册中指定一名仲裁员，但是首席仲裁员如何产生，规则各有不同。仲裁庭组成后，其单独审理案件，不受仲裁委员会干涉。

2. 审理案件

仲裁庭审理案件的形式有两种：一是不开庭审理，这种审理形式一般是经当事人申请，或由仲裁庭征得双方当事人同意，只依据书面文件进行审理并做出裁决；二是开庭审理，这种审理形式是仲裁规则规定的通常形式。另外，仲裁庭审理案件以不公开审理为原则，如果双方当事人均要求公开进行审理，由仲裁庭作出是否公开审理的决定。

3. 作出裁决

裁决是仲裁程序的最后一个环节。裁决作出后，审理案件的程序即告终结，因而仲裁裁决也被称为最终裁决。仲裁裁决除由于调解达成的调解书外，裁决书应说明裁决所依据的法律以及事实和理由，并写明作出裁决书的仲裁员和裁决日期。

对于仲裁裁决书，当事人应依照其中所裁定的履行截止时间主动履行，裁决书未规定期限的，应立即履行。一方当事人不履行的，另一方当事人可以向有管辖权的人民法院申请强制执行，或根据有关国际公约或者中国缔结或参加的其他国际条约的规定办理。

（三）办理仲裁案件应注意的几个问题

1. 要注意审查仲裁协议

仲裁协议是仲裁得以启动的依据。因此，无论是仲裁申请方还是被申请方，参加仲裁首先要看该案件纠纷是否有仲裁协议作为依据。没有仲裁协议，或虽有仲裁协议但协议约定不明有可能导致协议无效的，应及时采取诉讼措施，以维护企业的合法权益。

2. 要重视仲裁程序

代理人除了要熟知和遵守仲裁程序，还要善于利用自己所拥有的程序上的权利，灵活处理仲裁过程中的各种程序性问题，以最大限度地维护本企业的实体权利。

3. 要注意涉外仲裁中的法律运用问题

在涉外仲裁中法律适用是一个重要的问题，适用不同法律所作出的裁决往往会有很大的差别。根据中国的现状，大多数企业法律顾问对外国法了解得不多，因此，应尽量争取在涉外仲裁中适用中国法。要做到这一点，最好是在起草仲裁协议时明确规定"仲裁所适用的实体法为中国法"。当然，在实践中，由于种种原因很可能争取不到这种条件。在这种情况下则要根据合同的具体情况，在合同中选择自己所熟悉或对自己较为有利的第三国法律作为仲裁的适用法，或者是对仲裁适用法不做规定，留待仲裁发生后，根据有关法律规定和国际私法中的一般原则选择对自己有利的法律，并在仲裁申请书或答辩书中提出此要求，力争为仲裁庭所接受。

四、诉讼

诉讼是人民法院在诉讼参与人的参加下，审理和解决纠纷和争议的活动，以及在活动中产生的各种法律关系的总和。

（一）诉讼的特点

诉讼不仅是当事人和其他诉讼参与人的活动，更主要的是法院的审判活动。在诉讼过程中，法院和当事人、诉讼参与人的活动都必须遵守法定的程序和形式。

当事人的诉讼活动对诉讼的发生、变更和消灭有很大影响，但法院的审判活动在诉讼中起主导作用，对诉讼的发生、变更和消灭有决定意义。

诉讼是当事人之间就有关争议的最终解决方式。为保护当事人的合法权益和维护社会秩序，当事人之间的纠纷和争议均可以诉讼方式解决。

诉讼是国家审判权的重要体现，以国家强制力来保证实施。因此，对发生法律效力的法律文书可通过法定程序和措施得以实现。

（二）诉讼的程序

根据《民事诉讼法》的规定，企业进行民事诉讼的程序主要由一审和二审程序构成。

1. 一审程序

一审程序的环节和步骤主要包括以下几个方面。

1）原告提交起诉书。

2）法院经审查受理后将起诉书副本送达被告。

3）被告在十五日内提交答辩状，法院在五日内将答辩状副本送达原告。如果被告不提交答辩状，不影响审理。

4）决定开庭审理的案件，同时法院在开庭三日前通知当事人并公告。开庭审理主要过程包括以下三个阶段。①法庭调查，包括：当事人陈述；告知证人的权利义务，证人做证，宣读未到庭的证人证言；出示书证、物证和视听资料；宣读鉴定结论；宣读勘验笔录。②法庭辩论，包括：原告及其诉讼代理人发言；被告及其诉讼代理人答辩；第三人及其诉讼代理人发言或者答辩；互相辩论。③法庭按照原告、被告、第三人的先后顺序征询各方最后意见。

5）法庭依法作出一审裁决。

2. 二审程序

二审程序的环节和步骤与一审基本相同，主要区别在于《民事诉讼法》关于提起上诉程序的规定。即：当事人不服人民法院第一审判决的，有权在判决书送达之日起十五日内向上一级人民法院提起上诉。当事人不服地方人民法院第一审裁定的，有权在裁定书送达之日起十日内向上一级人民法院提起上诉。上诉状应当通过原审人民法院提出，并按照对方当事人的人数提交副本。当事人直接向第二审人民法院上诉的，第二审人民法院应当在五日内将上诉状移交原审人民法院。

（三）诉讼应注意的问题

原告应综合考虑，选择向对自己有利的法院起诉，特别是我国地域广阔，就近选择有管辖权的法院起诉，可以降低诉讼成本。

在对方当事人的行为可能引起将来判决不能执行或者难以执行的情况下，为了保护己方的合法权益，应及时申请财产保全；在证据可能灭失或者以后难以取得的情况下，应及时申请证据保全。

作为被告的一方，还应考虑有没有理由和必要提出反诉，以通过反诉来抵消对方的诉讼请求，化解对被告不利的因素。

被告还应积极主动地做好收集证据的工作。此外，还必须了解对方当事人向人民法院所提供的以及人民法院所收集的证据，以便对正反两方面的证据材料加以对比研究，综合分析，全面、客观地还原案情。

在庭审阶段，要考虑是否申请合议庭组成人员回避，以排除对案件公正判决的人为影响。当事人有权申请案件的审判员、书记员、翻译人员、鉴定人员、勘验人等与本案有利害关系的人员回避。

综合本章以上所述可见，企业纠纷的解决无外乎协商、调解、仲裁、诉讼四种方式，每种方式各有特点，需要企业结合纠纷的具体情况做出选择。一般而言，纠纷发生以后，通过和解、调解结案是化解纠纷最理想的方式，有利于快速化解纠纷，维护合作关系。

【练习与思考】

1. 聘请常年法律顾问和面对诉讼临时聘请律师这两种方式各有什么利弊？

2. 搜索并阅读你创业所在地仲裁委员会的仲裁规则，比较仲裁与诉讼不同的程序特点。

参 考 文 献

安鸿章. 2003. 企业人力资源管理人员[M]. 北京：中国劳动社会保障出版社.

安雪梅. 2010. 企业知识产权战略管理[M]. 北京：人民出版社.

毕桂花. 2016. "刺破公司面纱"的法律风险防范[J]. 法制与经济，（1）：89-91.

蔡莉，尹苗苗，柳青. 2008. 生存型和机会型新创企业初始资源充裕程度比较研究[J]. 吉林工商学院学报，（1）：36-41.

蔡笑. 2017. 热情创业要避免劳动纠纷的泥淖[J]. 江苏企业管理，（2）：36-37.

陈广正. 2019. 大学生创新创业能力现状调查及提升路径[J]. 现代教育，（10）：43-44.

陈锦铭，姜德杰，王少华. 2004. 产品责任与产品质量责任的界定[J]. 莱阳农学院学报（社会科学版），16（2）：59-62.

陈丽洁. 2012. 企业法律风险管理的创新与实践：用管理的方法解决法律问题[M]. 修订版. 北京：法律出版社.

陈培爱. 2014. 广告学概论[M]. 3版. 北京：高等教育出版社.

陈信勇. 2007. 劳动与社会保障法[M]. 杭州：浙江大学出版社.

陈奕霏. 2017. 从P2P与众筹视角分析中小微企业互联网金融融资模式[J]. 时代金融，（2）：180.

陈征，刘馨宇. 2018. 改革开放背景下宪法对营业自由的保护[J]. 北京联合大学学报（人文社会科学版），16（3）：23-30.

程熙镕，于晓东. 2019. 家族企业亲缘关系、家族控制权与创新战略研究：基于中国上市公司企业价值的视角[M]. 北京：中国经济出版社.

褚军花. 2012. 未签劳动合同而引发社保纠纷案[J]. 工会博览，（3）：27-28.

邓超越，孙晓光. 2018. 大学生创业的法律风险及教育实施策略[J]. 中国高校科技，（3）：39-40.

邓辉. 2015. 创业法学[M]. 上海：复旦大学出版社.

邸耀敏. 2019. 大学生创业过程中的法律风险识别及规避[J]. 劳动保障世界，（36）：8-9.

丁栋虹. 2014. 创业学[M]. 上海：复旦大学出版社.

杜慧梅. 2016. 企业法律风险防范之研究[J]. 化工管理，（1）：113.

范健，王建文. 2008. 公司法[M]. 2版. 北京：法律出版社.

范文圣，潘渊. 2013. 论现代企业广告宣传中的法律风险与防范[J]. 南阳理工学院学报，（1）：26-29.

冯聪. 2013. 论房地产企业法律风险防控体系的建设[D]. 华东政法大学硕士学位论文.

冯霞. 2020. 加强企业劳资管理的措施建议[J]. 纳税，（2）：266.

高位. 2017. 国有企业法律顾问、公司律师的工作原则及职能作用[J]. 人民法治，（10）：84-85.

格茨·怀克，克里斯蒂娜·温德比西勒. 2010. 德国公司法[M]. 殷盛译. 北京：法律出版社.

顾功耘，胡改蓉. 2011. 营业自由与国家干预交织下商主体营业资格之维度分析[J]. 政治与法律，（11）：74-81.

官玉琴，张弘，叶文庆，等. 2019. 创新创业与知识产权[M]. 厦门：厦门大学出版社.

光明网. 2020. 同企业家座谈，习近平传递了信心！信心！还是信心！[EB/OL]. （2020-07-22）https://m.gmw.cn/baijia/2020-07/22/34018691.html. [2021-12-15].

郭必裕. 2011. 大学生创业的初始资源与机会型创业的选择[J]. 现代教育科学（高教研究），（5）：25-27.

郭飞，云晓燕. 2018. 企业劳动法律风险防范实务[M]. 北京：法律出版社.

郭伟威. 2010. 大学生创业融资模式研究[D]. 山西财经大学硕士学位论文.

韩国文. 2007. 创业学[M]. 武汉：武汉大学出版社.

黄方辉. 2017. 青年创业初期融资渠道研究[D]. 吉林大学硕士学位论文.

黄健柏，李杜. 2010. 大学生创业合作制模式研究[J]. 中国高新区，（3）：89-94.

黄静，刘子奋. 2017. "双创"背景下大学生创业法律教育问题探析[J]. 长春大学学报，27（6）：64-67.

黄娴林. 2019. 试论公司营业自由的法律保障[J]. 山西青年职业学院学报，32（3）：54-56，85.

姜玲玲. 2016. 论创业团队的激励机制[J]. 经济研究导刊，（19）：107-108.

蓝金华，陈建财. 2019. 企业法律顾问工作存在的问题与对策[J]. 办公室业务，（10）：49.

李成龙. 2019. 大学生创业资源获取路径研究[J]. 湖北开放职业学院学报，32（14）：13-14.

李海娟. 2013. 小微企业纠纷司法解决规则重构新维度[J]. 边疆经济与文化，（11）：174-175.

李佳润. 2019. 企业知识产权法律维权管理的问题及完善研究[J]. 经济研究导刊，（28）：197-199.

李敏. 2018. 浅谈大学生创业中的财务规划[J]. 现代营销（下旬刊），（12）：247.

李新春，贺小刚，邹立凯. 2020. 家族企业研究：理论进展与未来展望[J]. 管理世界，36（11）：207-229.

李怡方. 2019. 私募股权融资中运用"对赌协议"的风险及应对政策研究[D]. 苏州大学硕士学位论文.

李越行，石鑫. 2019. 民营企业组织变革的制约因素研究[J]. 现代审计与经济，（3）：31-34.

李振华. 2014. 企业劳动用工的法律风险与防控[M]. 杭州：浙江大学出版社.

李志辉. 2019. "双创"背景下创业者能力和素质新要求[J]. 区域治理，（52）：201-203.

栗凯. 2017. "大众创业、万众创新"环境研究[D]. 黑龙江大学硕士学位论文.

梁鸿飞. 2007. 企业融资与信用能力[M]. 北京：清华大学出版社.

梁双燕. 2019. 企业纳税筹划风险管理存在的问题及改进措施[J]. 企业改革与管理，（21）：145，147.

梁文化. 2020. "双创"背景下大学生创业融资困境与路径选择[J]. 现代商贸工业，41（8）：84-86.

林别雨. 2019. 上市公司创业团队新型融资渠道探析[J]. 合作经济与科技，（14）：64-66.

林欢敏，刘雪萍. 2019. 大学生创新创业中知识产权侵权防范对策[J]. 知识经济，（16）：24-25.

刘春田. 2007. 知识产权法案例分析[M]. 北京：高等教育出版社.

刘德忠，唐伟旗. 2008. 产品质量法律风险防范与控制[J]. 北京石油管理干部学院学报，（1）：55-60.

刘海东. 2019. 有限责任公司股东协议的效力认定研究[D]. 吉林大学博士学位论文.

刘军. 2015. 我国大学生创业政策体系研究[D]. 山东大学博士学位论文.

刘康复. 2009. 论股东会决议与股东协议的区分——由一起股东会决议效力认定案件引发的思考[J]. 法学杂志，30（9）：89-92.

刘佩华，刘素敏. 2008. 企业员工的道德风险及其防范[J]. 世纪桥，（8）：92-93.

刘书唱. 2015. 企业常见经济纠纷的防控路径研究[J]. 全国商情，（24）：54-55.

刘岳川. 2017. 法律制度对创业创新机制的作用[J]. 上海师范大学学报（哲学社会科学版），46（2）：60-69.

娄冬晓. 2020. 涉外企业法律纠纷的防范和应对——以工程建设项目为例[J]. 中外企业文化，（9）：20-21.

罗芳. 2014. 股东协议制度研究[M]. 北京：中国政法大学出版社.

骆金成. 2016. 创业企业股权众筹融资研究[D]. 安徽大学硕士学位论文.

吕洪霞. 2011. "宁波帮"家族企业制度创新研究[M]. 杭州：浙江大学出版社.

马骏，黄志霖，何轩. 2020. 家族企业如何兼顾长期导向和短期目标——基于企业家精神配置视角[J]. 南开管理评论，23（6）：124-135.

马忠法. 2019. 知识经济与企业知识产权管理[M]. 2版. 上海：上海人民出版社.

年倩. 2017. 企业所得税税收筹划[J]. 经贸实践，（5）：101.

粘永昌. 2009. 大学生创业动机与创业模式探析[J]. 法制与社会，（15）：246-247.

彭姝晨. 2020. 浅析企业管理中存在的法律风险及其防范策略[J]. 法制与社会，（32）：45-46.

钱进. 2020. 风险评估方法在企业合同法律风险防范中的应用[J]. 法制与经济，（1）：92-93.

秦秉蔚. 2014. 企业法律风险管理体系中风险识别方法优化的研究[D]. 华东政法大学硕士学位论文.

邱生梅. 2018. 企业组织形式的税收筹划[J]. 农村经济与科技，29（18）：112-113.

全国人大常委会办公厅研究室，中华人民共和国产品质量法实用指南编写组. 2001. 中华人民共和国产品质量法实用指南[M]. 北京：华文出版社.

任书娟. 2019. 关联企业法人人格混同研究——以一起法律纠纷为切入点[J]. 法制与经济，（6）：14-16.

任衍珍. 2019. 探究我国小微企业民间借贷风险与应对措施[J]. 江西电力职业技术学院学报，32（12）：113-114.

盛立中. 2015. 创业组织形式选择与税收策略（上）[J]. 首席财务官，（6）：10-15.

石少侠. 2014. 公司法若干制度的司法适用[J]. 中国检察官，（1）：24-29.

石先广. 2007. 劳动合同法深度释解与企业应对[M]. 北京：中国法制出版社.

史隆芳. 2017. 如何选择适合企业自身发展的组织管理结构[J]. 经济师，（5）：264-265，267.

宋承谕. 2017. 浅析个人投资创业组织形式的选择——从所得税税收筹划角度[J]. 中国市场，（21）：210-211.

宋克勤. 2002. 创业成功学[M]. 北京：经济管理出版社.

孙祥和. 2013. 创业法律实务[M]. 北京：中国人民大学出版社.

孙志伟，王春艳. 2019. 创新创业知识产权教程[M]. 北京：经济科学出版社.

唐经伦. 2014. 公司高管与公司关系及道德风险[J]. 法制博览（中旬刊），（4）：235.

陶伟. 2020. 浅析企业税务筹划风险的防范与机制创新[J]. 商讯，（13）：115，117.

涂玉龙. 2018. 家族企业的可持续性发展：家族和企业的发展与平衡[M]. 北京：中国经济出版社.

汪歆萍，熊丙奇. 2001. 大学生创业[M]. 上海：上海交通大学出版社.

王晨. 2019. 创业板股权融资与企业创新[D]. 广东外语外贸大学硕士学位论文.

王锋. 2010. 知识产权法学[M]. 2版. 郑州：郑州大学出版社.

王昊为，夏欣玮. 2019. 大学生创业面临的财务管理及法律相关问题及建议[J]. 中国集体经济，（3）：122-123.

王化成，刘金钊. 2020. 企业组织结构的演进与财务管理发展——基于"点-线-面-网"发展轨迹的思考[J]. 财务研究，（2）：3-14.

王君. 2020. 探究促进中小企业发展的税收政策[J]. 商讯，（13）：116-117.

王鲲. 2020. 企业员工社会保险纠纷相关法律问题研究[J]. 劳动保障世界，（2）：39.

王品华，朱红星. 2010. 技术创业：知识产权理论与实务[M]. 西安：西安电子科技大学出版社.

王奇，吴秋明. 2020. 家族企业基因如何在代际间复制？——基于家族上市公司的实证分析[J]. 企业经济，39（10）：28-36.

王全兴. 2017. 劳动法[M]. 4版. 北京：法律出版社.

王小兵. 2019. 企业知识产权管理：操作实务与法律风险防范[M]. 北京：中国法制出版社.

王鑫. 2019. 浅谈大学生创业团队组建的问题与对策[J]. 人才资源开发，（4）：40-41.

王尹芬. 2011. 不同创业模式下大学生创业路径的选择[J]. 企业导报，（2）：267-268.

王正志，王怀. 2007. 公司法律风险防范与管理[M]. 北京：法律出版社.

魏振瀛. 2016. 民法[M]. 6版. 北京：北京大学出版社，高等教育出版社.

吴汉东. 2021. 知识产权法[M]. 北京：法律出版社.

吴家曦. 2008. 中小企业创业经营法律风险与防范策略[M]. 北京：法律出版社.

吴颖. 2019. 关于企业纳税筹划方法的思考[J]. 现代商业，（7）：143-144.

武宝雨. 2017. 企业组织形式研究[J]. 经贸实践，（17）：178.

武庆华. 2014. 经济法基本范畴之自由竞争权解析[J]. 韶关学院学报，35（1）：64-67.

武惟扬. 2018. J市社会保险补缴纠纷法律救济问题研究[D]. 山西大学硕士学位论文.

向飞，陈友春. 2006. 企业法律风险评估：企业识别、评估、防范法律风险指南[M]. 北京：法律出版社.

徐秉晖. 2009. 论经济转型中的中国经济法[D]. 西南政法大学博士学位论文.

徐永前. 2013. 企业法律风险管理操作实务[M]. 2 版. 北京：法律出版社.

许永斌，万源星，谢会丽. 2020. 家族控制权强度对企业科技创新行为影响研究[J]. 科研管理，
    41（6）：29-36.

闫振伟. 2018. ZP 科技股份有限公司创业期融资策略研究[D]. 西北大学硕士学位论文.

杨诚. 2020. 企业民间融资引发群体性债务纠纷案件若干法律与实务问题探析——以某某典当
    公司非法集资案为视角[J]. 经济师，（10）：72-73.

杨劲桦. 2009. 论企业法律风险的诊断与治理[D]. 中国政法大学硕士学位论文.

杨少华，王瑛，刘刚. 2016. 形式主义与实证主义之争及企业组织理论的演进[J]. 商业经济研究，
    （4）：103-107.

姚兴良. 2016. 加强大学生创业中的法律教育与培训[J]. 管理观察，（6）：145-147.

尹飘扬，李前兵. 2020. 家族二代特征对家族企业创新的影响——基于二代人口结构和教育状况
    及身份特征的视角[J]. 技术经济与管理研究，（11）：61-66.

于秋力. 2012. 浅谈当前企业经营中法律风险的预防与应对[J]. 商品与质量，（S3）：202-203.

俞立平. 2013. 技术创新金融研究[M]. 北京：经济科学出版社.

张畅. 2017. 企业法律风险管理问题[J]. 天水行政学院学报，18（3）：92-97.

张海凤. 2012. 浅论创业法律风险的防范处理机制[J]. 白城师范学院学报，26（6）：38-40.

张宏博. 2012. 家族企业对法律环境的制度适应分析——基于广东家族企业所有权安排的视角[J].
    经济师，（6）：66-67，69.

张华贵. 2015. 劳动合同法：理论与案例[M]. 2 版. 北京：北京交通大学出版社.

张文魁. 2015. 混合所有制的公司治理与公司业绩[M]. 北京：清华大学出版社.

张鑫. 2020. 大学生创新创业法律风险的识别与防范分析[J]. 法制与社会，（1）：48-49.

张艳飞. 2007. 浅谈经济纠纷中经济诉讼业务的会计处理[J]. 西部财会，（2）：43-45.

张翼翔. 2004. 浅议企业家婚姻的财产安排[J]. 经济师，（2）：258.

张玉利，杨俊. 2003. 企业家创业行为调查[J]. 经济理论与经济管理，（9）：61-66.

赵曾海，黄学诚. 2008. 砍掉风险：企业家如何阻止大败局[M]. 北京：法律出版社.

赵永楷，王东杰. 2017. 创新与创业[M]. 北京：中国人民大学出版社.

甄灵宇，王建波. 2010. 劳动用工法律疑难与风险控制[M]. 北京：法律出版社.

郑君. 2018. 论企业合同管理及其法律风险防范[J]. 中国管理信息化，21（24）：121-122.

周运兰，鲍明洋，虎晓芳. 2017. 我国创业企业公开上市前股权融资问题研究[J]. 科技创业月刊，
    30（15）：23-25.

朱锦清. 2017. 公司法学[M]. 北京：清华大学出版社.

朱仁宏，王心纯，王雅渲，等. 2019. 创业团队契约治理与团队成员退出意愿：一个有中介的调
    节模型[J]. 研究与发展管理，31（4）：103-113.

朱羿锟. 2012. 商法学：原理·图解·实例[M]. 3 版. 北京：北京大学出版社.

祝宁波，黄雷. 2013. 论法律风险识别的方法[J]. 西部法学评论，（3）：23-31.